Hans-Joachim Schabedoth (Hrsg.)
Gestalten statt Verwalten –
Aktive Mitbestimmung bei Arbeit und Technik

Mitbestimmung in Theorie und Praxis

Herausgegeben von
Wilhelm Beermann, Peter Hartz, Georg Ippers, Rolf Külpmann,
Heinz-Werner Meyer, Franz Steinkühler, Monika Wulf-Mathies

Editorial

Die Gewerkschaften setzen sich seit jeher für die politische und soziale Gleichberechtigung der arbeitenden Menschen ein. Diese Gleichberechtigung ist nur dann gewährleistet, wenn neben der politischen Demokratie die Mitbestimmung in der Wirtschaft verwirklicht ist.

Massenarbeitslosigkeit, Branchen-, Regional- und Umweltkrisen, Rationalisierungsprozesse und neue Technologien sind nicht erst Erscheinungen unserer Zeit, auch wenn sie in diesen Jahren in besonders extremer Form auftreten. In allen diesen Bereichen sind Arbeitnehmer Opfer von Entwicklungen, die sie nicht oder nur unzureichend beeinflussen können. Es bleibt deshalb Aufgabe der Gewerkschaftsbewegung, nach einer schon verankerten politischen Demokratie in unserem Land auch die wirtschaftliche Demokratie durchzusetzen.

Mehr Mitbestimmung in Betrieb und Verwaltung sowie am Arbeitsplatz, im Unternehmen und in der Gesamtwirtschaft ist eine Forderung, die gerade angesichts der Gefährdung und Aushöhlung ohnehin nicht ausreichender Mitbestimmungsrechte offensiv vertreten werden muß. Im Mittelpunkt steht dabei das Modell qualifizierter Mitbestimmung im Montanbereich, das für die Gewerkschaften im DGB nach wie vor die zentrale Forderung zur Demokratisierung privater und öffentlicher Wirtschaft bleibt.

Die Buchreihe »Mitbestimmung in Theorie und Praxis« stellt es sich zur Aufgabe, Idee und Durchführung der Mitbestimmung auf den verschiedenen Ebenen – im historischen Rückblick ebenso wie als aktuelle Berichterstattung und mit Blick auf die Probleme der Zukunft – zu dokumentieren und damit einen Beitrag zu leisten für die demokratische Fortentwicklung von Wirtschaft und Gesellschaft.

Die Herausgeber

Hans-Joachim Schabedoth (Hrsg.)

Gestalten statt Verwalten

Aktive Mitbestimmung
bei Arbeit und Technik

Bund-Verlag

Die Deutsche Bibliothek — CIP-Einheitsaufnahme
Gestalten statt Verwalten: aktive Mitbestimmung bei Arbeit und Technik /
Hans-Joachim Schadeboth (Hrsg.). — Köln: Bund-Verl., 1991
(Mitbestimmung in Theorie und Praxis)
ISBN 3-7663-2297-4
NE: Schadeboth, Hans-Joachim [Hrsg.]

© 1991 by Bund-Verlag GmbH, Köln
Lektorat: Paul H. Brand, Dr. Heribert Kohl
Herstellung: Norbert Neunaß
Umschlag: Design-Gruppe Jung, Bremen
Satz: KCS GmbH, Buchholz/Hamburg
Druck: satz + druck gmbh, Düsseldorf
Printed in Germany 1991
ISBN 3-7663-2297-4

Alle Rechte vorbehalten, insbesondere die des öffentlichen Vortrags,
der Rundfunksendung und der Fernsehausstrahlung,
der fotomechanischen Wiedergabe, auch einzelner Teile.

Inhalt

Vorwort 7

Mitbestimmungsfeld Arbeit und Technik *Hans-Joachim Schabedoth* 11

Teil I

Technikgestaltung aus der Betriebsratsperspektive *Peter Wedde* 33
Umsetzung von Gestaltungswissen als Herausforderung für Betriebsräte
Christian Kerst 45
Zwischen Reaktion und Prävention – Probleme technikpolitischer
Neuorientierung im Dienstleistungsbereich *Horst Tholfus* 57
Vom technologiepolitischen Paradigmenwechsel – oder: Wie die
betrieblichen Akteure sich und ihre Handlungsbedingungen verändern
Elisabeth Becker-Töpfer 68
Neue Techniken und der Wandel betrieblicher Innovation – arbeits- und
mitbestimmungspolitische Konsequenzen *Mario Helfert* 73

Teil II

Partizipation und Arbeitsgestaltung – zentrale Herausforderungen
für gewerkschaftliche Handlungsfähigkeit *Siegfried Roth* 89
Gewerkschaften und Technik – zwischen Rhetorik und Politik.
Rückblicke und Ausblicke *Ulrich Klotz* 104
Technikgestaltung in der Zukunftswerkstatt *Marieluise Pfeifer* 124
Technikgestaltung – ein schwieriges Projekt der Mitbestimmung
Lothar Kamp/Norbert Kluge 134

Mitgestaltung staatlicher Forschungs- und Technologieförderung:
Chancen und Grenzen für gewerkschaftliche Technologiepolitik
Johann Welsch 147

Technikgestaltung am Beispiel der Gentechnologie
Sabine Groner-Weber 162

Teil III

Tarifliche Gestaltung der Arbeitsbedingungen in der Druckindustrie
Michael Schlecht 175

Zielkonflikte: Arbeits- und Technikgestaltung in der Praxis einer
IG Metall-Verwaltungsstelle *Karl Röhrig/Jörg Schröder* 188

Sozialverträgliche Technikgestaltung – Erfahrungen
aus Nordrhein-Westfalen *Uwe Loss/Georg Simonis/Walter Weiß* 196

Teil V

Arbeit und Technik im Spannungsfeld gewerkschaftlicher und unternehmerischer Interessen. Eine kritische Bestandsaufnahme *Josef Schmid* 211

Politik in der Risikogesellschaft *Ulrich Beck* 223

Literaturauswahl zum Mitbestimmungsfeld Arbeit und Technik 229

Zu den Autorinnen und Autoren 234

Vorwort

Computergestützte Arbeitssysteme gehören inzwischen zum Alltag der Arbeit in Industriebetrieben und Dienstleistungseinrichtungen. Informations- und Kommunikationstechnologien erleichtern betriebsüberschreitend die Vernetzung von Planungs-, Produktions- und Vertriebsaufgaben. Neue Technologien, neue Werkstoffe, neue Formen der Arbeitsorganisation und selbstbewußte Arbeitnehmerinnen und Arbeitnehmer halten die Arbeitswelt in Bewegung. Über die Rolle des Menschen im Arbeitsprozeß wird deshalb immer wieder neu zu entscheiden sein. Ist er Kostenfaktor und Restgröße oder der Maßstab und Souverän in der Arbeitswelt?

So wie in den 80er Jahren das Mißtrauen der Bürger gegen Großtechnologien und Fortschrittsverheißungen gewachsen ist, hat sich in der gewerkschaftlichen Diskussion das Selbstverständnis im Umgang mit den neuen technischen Bedingungen der Produktion verändert. Bei aller Wertschätzung für schon erreichte Zugewinne an Humanisierung sprechen die Erfahrungen mit Technikgestaltung für erhebliche Ungleichgewichte bei der Verteilung des ökonomischen Nutzens und der sozialen wie ökologischen Risiken.

Statt nachträgliche Anpassung beanspruchen die Gewerkschaften eine aktive Gestaltung von Arbeit und Technik durch Mitbestimmung der Betroffenen. Wie in der gewerkschaftlichen Programmatik kommen auch immer mehr Anbieter und Anwender neuer Produktionstechnik zu der Einsicht, daß ohne Beteiligung der Betroffenen an Aushandlungsprozessen über die konkreten Nutzungsformen neuer Technik Arbeitszufriedenheit und effiziente Arbeitsergebnisse nur schwer zu erzielen sind. Selbst wenn es den Unternehmensleitungen im Interesse ihrer Gewinnziele primär um eine effektivere Nutzung von Produktionswissen und die Optimierung von Sozialkosten geht, führt es offensichtlich zu einer höheren Rationalität der betrieblichen Entscheidungsfindung, wenn die Beteiligungswünsche und sozialen Interessen der Beschäftigten nicht ignoriert werden. Weil es dabei den »one-best-way« nicht gibt, bieten sich für betriebliche Mitbestimmungsprozesse erhebliche Spielräume und Chancen für neue Interessenkoalitionen. Allerdings wirken immer noch alte Gewohnheiten, strukturell-rechtliche Restriktionen, Kompetenz- und Informationsdefizite und nicht zuletzt die tradierten betrieblichen und gesellschaftlichen Machtverhältnisse als Totengräber für neue Ideen weiter. Deshalb verdient das Engagement auf dem Mitbestimmungsfeld Arbeit und Technik nicht nur eine höhere Priorität in der gewerkschaftlichen und politischen Arbeit, sondern auch verstärkte öffentliche Aufmerksamkeit.

Die Autorinnen und Autoren dieses Buches beschäftigen sich in Forschungseinrichtungen und Gewerkschaften mit Technikpolitik und den Grundlagen, Problemen und Perspektiven einer sozialverträglichen Gestaltung von Arbeit und Technik. Ihre Erfahrung ist: Wer abwartet, bis andere entschieden haben, kann nur noch die Konsequenzen verwalten. Aktive Mitbestimmung bei Arbeit und Technik ist nötig, damit der Mensch in der Arbeitswelt auch noch Mensch sein kann. Diese Botschaft hat mehrere Adressaten:

— Alle Arbeitnehmerinnen und Arbeitnehmer, die nicht einsehen, warum sie unterhalb des arbeitsorganisatorisch und technisch schon möglichen Niveaus an humaner Arbeit tätig sein sollen;

— Gewerkschafterinnen und Gewerkschafter, die dabei mithelfen wollen, Arbeitsorganisation und Technikanwendung auf die sozialen Bedürfnisse der Menschen auszurichten;

— modernes Unternehmensmanagement, das ohne ideologische Scheuklappen ein Mitdenken und Mitbestimmen der betroffenen Arbeitnehmerinnen und Arbeitnehmer zu schätzen und zu nutzen weiß;

— politisch interessierte und engagementbereite Bürgerinnen und Bürger, die vor den Herausforderungen der Risikogesellschaft nicht die Augen schließen, sondern für Humanität und Überlebensperspektiven Partei ergreifen;

— Sozialwissenschaftlerinnen und Sozialwissenschaftler, Politikerinnen und Politiker, Journalistinnen und Journalisten, die auf der Basis der bisherigen Erfahrung mit Technikgestaltung und Risikoproduktion an Vorschlägen für eine Neuorientierung betrieblicher, tariflicher und politischer Praxis im Umgang mit neuer Technik interessiert sind.

Nicht die Anpassung an Vorgaben und die Bescheidung auf das Problemmanagement, sondern Partizipation und Gestaltung von Arbeit und Technik durch betriebliche, tarifpolitische und gesellschaftspolitische Initiativen, das heißt, durch Einflußnahme auf die Nutzungsbedingungen, auf Managemententscheidungen und Prioritätensetzung der gewerkschaftlichen Politik sowie auf Rahmensetzungen für die Forschungspolitik — das sind die Alternativen, die Herausgeber, Mitautorinnen und Mitautoren empfehlen. Sie liefern damit für das Mitbestimmungsfeld Arbeit und Technik Orientierungen, die auch in der Debatte um die Reform des mitbestimmungspolitischen Selbstverständnisses der DGB-Gewerkschaften Beachtung verdienen.

Frankfurt, Oktober 1991
Hans-Joachim Schabedoth

Hans-Joachim Schabedoth

Mitbestimmungsfeld Arbeit und Technik

1. Gestalten statt Verwalten — eine neue Problemsicht setzt sich durch

Gestaltung von Arbeit und Technik, ja natürlich! Aber wie und mit wem? So läßt sich etwa der Stand bisheriger Diskussionen über das Mitbestimmungsfeld Arbeit und Technik zusammenfassen. Daß die Bekräftigung von Mitgestaltungsansprüchen inzwischen nicht mehr den Charakter einer neuen Botschaft hat, sondern der Erfahrungsaustausch über Realisierungserfolge und -probleme auf der Tagesordnung gewerkschaftlicher Technikpolitik steht, bringt ein seit Anfang der 80er Jahre gewandeltes Selbstverständnis im Umgang mit neuer Technik zum Ausdruck (vgl. *U. Klotz*).[1] Dieser Wandel ist im wesentlichen durch drei Entwicklungslinien bewirkt worden.

Erstens hatten die Erfahrungen der Gewerkschaftsmitglieder, gesammelt unter dem Eindruck einer Arbeitswelt im raschen technologischen Wandel, nachhaltige Belege für die Grenzen der tradierten reaktiven Schutzstrategien vor Augen geführt.[2] In nahezu allen Arbeitsbereichen haben Computer die Arbeitsvoraussetzungen radikal verändert. Was anfänglich noch als rein arbeitsplatzbezogene Rationalisierung erlebbar war, wurde Zug um Zug als Bestandteil eines Prozesses der Vernetzung von Planungs-, Produktions- und Vertriebsentscheidungen erkennbar. Informations- und Kommunikationstechnologien erleichterten betriebs- und sogar schon länderüberschreitende Produktionsverbünde. Der enorme Zugewinn an Produktivität hätte eigentlich ermöglicht, die Beschäftigten in Form besserer Arbeitsbedingungen, kürzerer Arbeitszeiten sowie höherer Einkommen an den ökonomischen Nutzen der durch neue Technik möglichen Rationalisierungsfortschritte zu beteiligen. Doch trafen Teilhabebegehren dieser Art — vor allem bei den Tarifauseinandersetzungen um Arbeitszeitverkürzun-

---

[1] Hier und im folgenden beziehen sich Namensverweise in Klammern auf die Texte von Mitautoren bzw. Mitautorinnen dieses Bandes.
[2] Vgl. *H.-J. Schabedoth/R. Weckenmann*, Strategien für die Zukunft. Neue Technologien zwischen Fortschrittserwartung und Gestaltungsauftrag, Marburg 1988, S. 38 ff.

gen³ — auf unternehmerische Rentabilitätskalküle, die den Fortschritt der Arbeit nur ungern mit jenen zu teilen wünschten, die ihn erarbeiten halfen. Statt arbeitsplatzsparende Effekte in dem dadurch möglich gewordenen Umfang und Tempo in Arbeitszeitverkürzungen umzusetzen, erfolgte Arbeitsplatzabbau. Statt die neuen Humanisierungschancen zu nutzen, wurde ein Entwerten der vorhandenen Qualifikationen bei gleichzeitigem Ausschluß ganzer Arbeitnehmergruppen vom Erwerb neuer Qualifikationen registriert. Zudem ließ sich die Zunahme des Kontrollpotentials und eines Verlusts von Kommunikationschancen und Handlungsautonomie in der Arbeit beklagen. Neue Fragen zur Rolle des Menschen im Arbeitsprozeß waren damit aufgeworfen.

Zweitens befruchteten die Ergebnisse sozialwissenschaftlicher Analyse von Industriearbeit die gesellschaftliche Technikdiskussion. *Horst Kern* und *Michael Schumann* identifizierten auf der Grundlage umfangreicher empirischer Studien ein mögliches Ende tayloristischer Arbeitsstrukturen.[4] Ihre Kollegen *Martin Baethge* und *Herbert Oberbeck* untersuchten den Umbruch in der Arbeitswelt der Angestellten und ermittelten neue Konturen der Dienstleistungsgesellschaft von morgen, die durch Prozesse systemischer Rationalisierung möglich geworden sind.[5] *Peter Brödner* machte mit seiner vielbeachteten Studie darauf aufmerksam, daß es grundlegende und durchgängige Alternativen der Gestaltung von Produktionstechnik und Arbeitsorganisation gibt. Der Weg zur *Fabrik 2000* könnte sich sowohl auf dem »technozentrischen Entwicklungspfad« wie auch auf einem »antroprozentrischen Entwicklungspfad« vollziehen.[6] Nicht minder eindrucksvoll haben *Michael J. Piore* und *Charles F. Sabel* in ihrer Studie über die Requalifizierung der Arbeit empirische Belege für die These zusammengetragen, daß eine moderne Gesellschaft auch ohne Fließband, Konzerne und Massenproduktion vorstellbar ist, die dennoch Industriegesellschaft bliebe.[7]

Die Rezeption dieser und weiterer sozialwissenschaftlicher Analysen sowie staatlich geförderte Humanisierungsprojekte, vor allem das in Nordrhein-Westfalen aufgelegte Programm »Mensch und Technik«[8] und die durch sie beförder-

---

3 Vgl. *H.-J. Schabedoth*, Bittsteller oder Gegenmacht?, Marburg 1985, S. 144 ff.
4 *H. Kern/M. Schumann*, Das Ende der Arbeitsteilung?. Rationalisierung in der industriellen Produktion, München 1984.
5 *M. Baethge/H. Oberbeck*, Zukunft der Angestellten. Neue Technologien und berufliche Perspektiven in Büro und Verwaltung, Frankfurt/M. — New York, 1986.
6 *P. Brödner*, Fabrik 2000. Alternative Entwicklungspfade in die Zukunft der Fabrik, Berlin 1985.
7 *M. J. Piore/C. F. Sabel*, Das Ende der Massenproduktion. Studie über die Requalifizierung der Arbeit und die Rückkehr der Ökonomie in die Gesellschaft, Berlin 1985.
8 Vgl. *U. v. Alemann/H. Schatz*, Mensch und Technik. Grundlagen und Perspektiven einer sozialverträglichen Technikgestaltung, Opladen 1987, sowie *G. Simonis/E. Latniak/U. Loss/W. Weiß*, Gesellschaftsorientierte Technologiepolitik. Das Landesprogramm »Mensch und Technik — Sozialverträgliche Technikgestaltung« in Nordrhein-Westfalen, in: W. Fricke (Hg.), 1990. Jahrbuch Arbeit und Technik, Bonn 1990, S. 149 ff.

ten Diskussionen, hatten für die Neuformulierung der gewerkschaftlichen Technikpolitik jedoch weniger eine Anstoß- denn eine Bekräftigungsfunktion. Drittens darf für den geänderten Zugang der Gewerkschaften zu Fragen der Nutzung neuer Technik schließlich die gewachsene Bürgerskepsis gegen technische Großprojekte und gegen naive Fortschrittsverheißungen nicht unterschätzt werden. Wiederholte Störfälle in Atomkraftwerken, die Katastrophe von Tschernobyl, Schadstoffbelastungen von Boden, Luft und Wasser sowie in der Nahrungskette, aber auch der geschärfte Blick auf den Tanz am Rande des Vulkans, der mit der Fähigkeit des Menschen zur atomaren und ökologischen Vernichtung des Planeten einhergeht, erinnerten an die Kehrseite des Fortschritts in der zuerst von *Ulrich Beck* so bezeichneten »Risikogesellschaft«.[9] Das Engagement kritischer Bürger hat schließlich zum Aus für die Schnelle-Brüter-Technik, für Experimente mit Hochtemperaturreaktoren und für eine deutsche atomare Wiederaufarbeitungsanlage (WAA) geführt. Wachsende Besorgnis über gentechnologische Experimente und Bürgerzorn über Schadstoffbelastungen, Naturzerstörungen sowie über die professionellen Verharmloser aus Politik und Unternehmensführung gehören inzwischen zur politischen Kultur des Landes.[10]

Da sich die Staatsbürger unter den Rahmenbedingungen der Risikogesellschaft nicht mehr alles aufzwingen lassen, was mit dem Etikett des technischen Fortschritts beklebt wird, kann es nicht verwundern, daß sie auch in arbeitsweltlichen Belangen scheinbaren Sachzwängen mißtrauen und auf mehr Mitbestimmung bestehen. So ist es kein Sachzwang, daß z. B. die Arbeitserleichterungen durch Nutzung moderner Textverarbeitung mit gesundheitlichen Belastungen erkauft werden. Genausowenig ist es technisch determiniert, wenn Freiheitsgrade in der Arbeit verringert, Qualifikationen ersatzlos entwertet und Entlastungen von physischer Beanspruchung durch neue Belastungen psychischer Art überlagert werden. Auf Gefährdungen dieser Art machte bereits eine frühe Bestandsaufnahme der IG Metall zum Rationalisierungsstand in der Metallwirtschaft – erhoben 1982/83 – aufmerksam.[11] Die strategische Antwort *Der Mensch muß bleiben* findet sich im daraus abgeleiteten »Aktionsprogramm Arbeit und Technik«.[12] Andere Gestaltungsvorgaben, ganzheitliche Arbeitszuschnitte, Qualifikationsrechte für alle Arbeitnehmerinnen und Arbeitnehmer,

---

9 U. Beck, Risikogesellschaft. Auf dem Weg in eine andere Moderne, Frankfurt/M. 1986.
10 Vgl. *U. Beck,* Gegengifte. Die organisierte Unverantwortlichkeit, Frankfurt/M. 1988.
11 Industriegewerkschaft Metall (Hg.), Maschinen wollen sie – uns Menschen nicht. Rationalisierung in der Metallwirtschaft, Frankfurt/M. 1983.
12 Industriegewerkschaft Metall (Hg.), Aktionsprogramm Arbeit und Technik. »Der Mensch muß bleiben!«, Frankfurt/M. 1984. Vgl. dazu: *B. Kaßebaum*, Betriebliche Technologiepolitik. Arbeitsgestaltung in der Politik der IG Metall, Frankfurt/M. 1990.

die Aufteilung der Produktivitätsgewinne in Form von Arbeitszeitverkürzungen und Partizipationsrechten in der Arbeit haben sich inzwischen fall- und branchenweise als realisierbar erwiesen. Sie sind auch mit der aus Unternehmersicht grundlegenden Orientierung am ökonomischen Erfolg vereinbar. Modernes Unternehmensmanagement, das ohne ideologische Scheuklappen ein Mitdenken und Mitbestimmen der betroffenen Arbeitnehmerinnen und Arbeitnehmer zu schätzen und zu nutzen weiß, geht schon lange davon aus, daß Sozialverträglichkeit und Gewinnziele sich nicht widersprechen. Es wäre sonst kaum plausibel, daß nicht zuletzt durch gewerkschaftliche Anstöße in der Automobilfertigung Zug um Zug Systeme der *Gruppenarbeit* die herkömmliche Fließbandarbeit ablösen.[13] Sicher spielt dabei das Motiv eine Rolle, das Erfahrungswissen der Betroffenen zur Optimierung der Produktionsergebnisse zu sichern. Solange jedoch Betriebsräte und Gewerkschaften deshalb nur mit Mißtrauen reagieren und nicht selbst die Beteiligungswünsche der Betroffenen strategisch aufgreifen, dürfte es einem modernen Unternehmensmanagement leichtfallen, mit eigenen Zielvorgaben die zweifellos vorhandene Bereitschaft zur Mitbestimmung am Arbeitsplatz zu vereinnahmen.[14]

Obwohl es nunmehr auch programmatische Bekundungen der Gewerkschaften für eine Mitbestimmung am Arbeitsplatz gibt, fällt es offensichtlich schwer, sie durch betriebspolitische und tarifpolitische Praxis zu realisieren. Dabei wirkt als Mangel fort, daß es ein ausgearbeitetes gewerkschaftliches Gesamtkonzept arbeitsplatz- und betriebsnaher Interessenvertretung auf der Grundlage von Betriebsverfassung, Tarifpolitik und umfassenden Mitbestimmungsansprüchen noch nicht gibt. Immerhin hat die IG Metall inzwischen unter dem Stichwort »Die andere Zukunft gemeinsam gestalten« Eckpunkte gewerkschaftlicher Betriebspolitik für die 90er Jahre vorgelegt, die der weiteren Diskussion wichtige Anstöße vermitteln.[15]

Die konkreten Mitbestimmungsinteressen der Arbeitnehmerinnen und Arbeitnehmer beziehen sich auf die Gestaltung der Arbeit, auf die Definition von Leistungsgrenzen und auf die Dauer der Arbeitszeit. Sie wollen dabei ihre Kreativität einbringen, um die Humanisierungspotentiale neuer Technik zu erschließen. Sie wollen zur Verbesserung der Produktqualität beitragen und daran mitwirken, ressourcenschonende, umwelt- und gesundheitsverträgliche Produktionsverfahren zu entwickeln.[16]

---

13 Vgl. *S. Roth/H. Kohl* (Hg.), Perspektive: Gruppenarbeit, Köln 1988.
14 Vgl. *G. Dörr*, Aspekte zum Bedeutungswandel der Produktionsarbeit unter Bedingungen systemischer Rationalisierung – eine Problemskizze, in: L. Kißler (Hg.), Partizipation und Kompetenz. Beiträge aus der empirischen Forschung, Opladen 1990, S. 69 ff.
15 Industriegewerkschaft Metall (Hg.), Gewerkschaftliche Betriebspolitik: Die andere Zukunft gemeinsam gestalten. Eckpunkte gewerkschaftlicher Betriebspolitik der IG Metall für die 90er Jahre, Frankfurt/M. o. J. (1990).
16 Vgl. zur Partizipationskompetenz *R. Greifenstein/P. Jansen/L. Kißler*, Partizipationskompetenz und technisch-organisatorische Innovation, in: L. Kißler (Hg.), Partizipation und Kompetenz, Opladen 1990, S. 15 ff.

2. Gestaltungschancen, Probleme und Konflikterfahrungen

Die bisherigen Erfolge sozialverträglicher Techniknutzung bestehen offensichtlich in einem Zugewinn an humaner Arbeitsorganisation, ohne dem unternehmerischen Ziel der Optimierung von Kostenstrukturen und Verwertungsbedingungen zu widersprechen.[17] Vor allem in den Arbeitsprozessen jenseits der Massenproduktion wird die Abkehr von tayloristischen Arbeitszuschnitten als funktional erkannt und gefördert (vgl. *M. Helfert*).

So ist es z. B. nicht überraschend, daß sich das »Aktionsprogramm Arbeit und Technik« der IG Metall von 1984 und die programmatische Erklärung des Gesamtverbandes der metallindustriellen Arbeitgeberverbände »Mensch und Arbeit« von 1989[18] in den Schlußfolgerungen weitgehend einig sind. Bei sicherlich nach wie vor heterogenen Ausgangsmotivationen finden sich in der Arbeitgeberprogrammatik deutliche Signale des Einschwenkens auf die schon vor Jahren von den Gewerkschaften vertretenen Positionen. Konkret wird z. B. die Gleichwertigkeit der Erst- und Weiterbildung betont. Die Fähigkeit zum selbständigen und fachübergreifenden Denken, Planen und Handeln wird gar als »Schlüsselqualifikation« bezeichnet. Qualifizierung soll alle Beschäftigtengruppen erfassen, auch die An- und Ungelernten. Praxisgerechte Qualifizierungen sollten notfalls auch im Verbund mit mehreren Betrieben entwickelt und durchgeführt werden. Richtig wird erkannt, daß sich Qualifizierungsfortschritte nur nutzen lassen, wenn die Kompetenzen der Beschäftigten und die Anforderungen in der Arbeit in Einklang gebracht werden. Betriebliche Qualifikationsentwicklung bedarf integrierter Planung von Technik, Arbeitsorganisation und Qualifikation, so heißt es nunmehr auch aus Arbeitgebersicht. Welche neuen Probleme bei der konkreten Umsetzung solcher Programmformulierungen auftauchen, läßt die folgende Klage aus der Praxis erahnen:

»*Wir hatten früher tayloristische Arbeit, aber wir hatten auch viel Luft. Dann wurde unsere Arbeit humanisiert, und wir selbst wurden qualifiziert. Aber wir haben jetzt keine freie Zeit mehr.*«[19]

Bei allen Interessengegensätzen im Detail scheint immerhin inzwischen in den Planungsstäben der Arbeitgeberverbände die Erkenntnis Eingang gefunden zu haben, daß der technische Wandel keineswegs nur eine Frage des Nachvollzugs technikimmanenter Sachzwänge ist. Eigentlich läge es bei dieser Annäherung

---

[17] Vgl. *H.-J. Schabedoth*, Anspruch und Grenzen gewerkschaftlicher Technikgestaltung, in: V. Eichener/M. Mai (Hg.), Arbeitsorientierte Technikgestaltung, gesellschaftliche Grundlagen, innovative Modelle, Praxisbeispiele, S. 337 ff.
[18] Gesamtverband der metallindustriellen Arbeitgeberverbände – Gesamtmetall – (Hg.), Mensch und Arbeit. Gemeinsame Interessen von Mitarbeitern und Unternehmern in einer sich wandelnden Arbeitswelt, Köln 1989.
[19] Zitiert nach *L. Kamp* (Hg.), Arbeit in der Fabrik der Zukunft, Marburg 1989, S. 170.

der Programmpositionen nahe, Verhandlungen über eine Art *Rahmentarifvertrag Arbeit und Technik* aufzunehmen.

Ob und in welchem Umfang die heute absehbaren Fortschritts- und Risikopotentiale der Technik zur Entfaltung gelangen, darüber wird durch die Reichweite der schon vorhandenen und noch zu schaffenden tarifvertraglich und gesetzlich normierten Spielregeln für eine ökologisch und sozial verantwortliche Industriepolitik entschieden. Es wäre naiv, wollte man übersehen, daß es sich dabei um Prozesse der Auseinandersetzung zwischen einer mehr kapitalorientierten und einer humanen Nutzungslogik handelt. Während die erste primär an der Optimierung von Kostenstrukturen und Verwertungsbedingungen für das eingesetzte Kapital orientiert bleibt, fragt die *humane Nutzungslogik* nach der Bedeutung der Technik für die Verbesserung von Arbeits- und Lebensbedingungen. Beide Sichtweisen stehen nicht notwendig in einem Gegensatz. Es gibt Überschneidungen der Interessen, was bislang und wohl auch in Zukunft eine Chance bietet, zwischen Gewerkschaften und Arbeitgebern Vereinbarungen über eine sozialverträgliche Nutzung von Technik abzuschließen.

Die größte Regelungsdichte im Zusammenhang sozialverträglicher Techniknutzung gibt es bei der Gestaltung sogenannter Bildschirmarbeit. Allerdings hatten dabei ergonomische Aspekte deutlichen Vorrang vor arbeitsorganisatorischen Regelungen. Der Katalog erfolgreicher Beispiele für eine Nutzung neuer Technik zur Humanisierung der Arbeit reicht in den gewerkschaftlichen Arbeitsbilanzen von Vereinbarungen zur Begrenzung elektronisch erfaßter Daten über die Auflösung tayloristischer Arbeitsstrukturen und den Erhalt von Technikkonzepten, die auch das Wissen der Technikanwender einbeziehen. Es gibt schließlich Vereinbarungen über den Erhalt dezentraler Arbeitsstrukturen, ganzheitlicher Qualifikationsabforderung und auch zur Garantie von Weiterbildungsansprüchen. Im eigentlichen Sinn ist dies allerdings weniger Technikgestaltung als Gestaltung der Nutzungsbedingungen von verfügbarer Technik.

Die Grenzen für einvernehmliche Lösungen bei der Techniknutzung sind im Fluß und verschieben sich weiter mit dem Wandel im Rollenverständnis der betrieblichen Akteure (vgl. *J. Schmid*). Aus aktueller Sicht läßt sich sagen, daß Interessengegensätze größer werden, der Widerstand gegen einvernehmliche Regelungen wächst, wenn es z. B. darum geht, generell die gestiegene Produktivität der Arbeit in Arbeitszeitverkürzung umzusetzen. Widerstand gibt es auch beim gewerkschaftlichen Postulat, die Qualifikationsansprüche auf bislang vernachlässigte Gruppen (ältere und ausländische Arbeitnehmer, Lernungewohnte sowie Frauen) auszudehnen und damit gleichzeitig neue Entgeltbegründungen zu schaffen. Offensichtlich ist es trotz einer fortschrittlichen Arbeitgeberprogrammatik in der Praxis nicht generell konsensfähig, die Stellung des Menschen im Arbeitsprozeß so zu verändern, daß er mehr und mehr seine Objektrolle verliert und vom bloßen Maschinenbediener zum Maschinenbenutzer und damit ein wenig mehr zum gestaltenden Subjekt im Produktionsprozeß wird. Strittig ist auch, inwieweit ganzheitliche Arbeitsinhalte und Arbeitsformen soweit wie möglich praktiziert werden und nicht nur so weit, wie es gerade als betriebswirtschaftlich noch notwendig eingeschätzt wird. Immer noch sehen die Träger unternehmerischer Verantwortung ihre Rechte offenbar massiv bedroht, käme es zu einem Verweigerungsrecht bei inhumaner Arbeitsgestaltung und Arbeitsbemessung, das nach gewerkschaftlichen Vorstellungen nur über Entscheidungen paritätischer Einigungsstellen im Betrieb aufhebbar sein sollte.

Gegenüber unternehmerischen Strategien, die das Ziel verfolgen, durch Beteiligung von ausgesuchten Arbeitnehmerinnen und Arbeitnehmern an der Lösung von Produktionsproblemen deren Motivation, Engagement und Leistungsbereitschaft zu steigern, verstanden es die Gewerkschaften mit ihrer Orientierung auf Mitbestimmung am Arbeitsplatz bislang noch nicht, die Selbstbestimmungsinteressen der Menschen für strategische Weiterungen zu nutzen, damit Mitbestimmung am Arbeitsplatz statt ein scheindemokratisches Beruhigungsinstrument zum tatsächlichen Element demokratischer Unternehmenskultur werden kann (vgl. *S. Roth*).

Bei allen modischen Bekenntnissen zum betrieblichen Umweltschutz scheint schließlich die Konzessionsbereitschaft der Machtträger im Betrieb überschritten, wenn Arbeitnehmervorschläge für schadstoffarme und umweltschonende Produkte und Produktionsverfahren über unabhängige Umweltschutzbeauftragte im Betrieb eine neue, mit Rechten ausgestattete Lobby gewännen.

Technikgestaltungsansprüche mit Zielperspektiven der genannten Art sowie Orientierungen auf qualifizierte Arbeit, möglichst große Zeitsouveränität der Arbeitnehmerinnen und Arbeitnehmer, Einkommensregulierung und Belastungsvermeidung hätten die Konsequenz, daß der Nutzen der Technikanwendung nicht mehr voll als Steigerung der Kapitalrenditen vereinnahmt werden könnte. Unter der gegenwärtigen Nutzungsprämisse der Technik ist es ja immer noch kostengünstig möglich, Schadstoffbelastungen an die Umwelt abzugeben und Entlassungen auf dem Arbeitsmarkt statt Umsetzung im Betrieb bzw. in der Branche zu organisieren. Während staatliche Infrastrukturleistungen und Subventionen gerne auflagenfrei vereinnahmt werden, soll es möglichst bei der alten Regel bleiben, daß Beschäftigungs- und Gesundheitsrisiken auf die Arbeitenden bzw. auf die Gesellschaft abgewälzt werden dürfen.

Ähnlich wie bei den Konfliktlinien, die sich in der Risikogesellschaft durch atomare, chemische, ökologische und gentechnische Gefahren stellen (vgl. *U. Beck*), geht es in den betrieblichen Arbeitsbezügen darum, die herkömmliche Externalisierung der Nutzungsrisiken neuer Technik zu unterbinden. Inwieweit

Entscheidungen für eine sozialverträgliche Nutzung der Technik und eine menschengerechte Arbeitsorganisation tatsächlich im Konsens mit Vertretern unternehmerischer Macht zu treffen sind, ist nicht von vornherein einzuschätzen. Auch wenn z. B. das Betriebsverfassungsgesetz den betrieblichen Akteuren enge Grenzen für Mitgestaltung zieht, spricht ja nichts dagegen, solche Grenzen auszuloten und ggf. im konkreten Fall von der Arbeitsrechtsprechung überprüfen zu lassen. Nur in der Praxis läßt sich austesten, inwieweit gesetzliche Grenzen der Mitbestimmung bei der Gestaltung von Arbeit und Technik durch Initiativen betrieblicher Politik, tarifpolitischer Interessenvertretung und gesellschaftlicher Mobilisierung ausgeweitet werden können (vgl. *M. Schlecht*). Neue Arrangements und Formen konkreter Aushandlungsprozesse sind dabei gefordert. Dabei kommt es darauf an, Vorgaben und Einsatzwünsche des Managements mit den Erwartungen der Betroffenen, den Erfahrungen der Gewerkschaften und dem schon verfügbaren HdA-Gestaltungswissen zu verbinden. Das setzt erweiterte Kommunikation in der Belegschaft und die Vermittlung betrieblicher Erfahrung und von Technologieberatungswissen in Austauschprozessen voraus, die Gewerkschaften zu organisieren hätten (vgl. *L. Kamp/N. Kluge*). Damit Regelungen auf dem größtmöglichen gemeinsamen Nenner getroffen werden, empfiehlt es sich, aus den potentiell Betroffenen aktive Beteiligte werden zu lassen (vgl. *M. Pfeifer*). Veränderungen in den Gewohnheiten des Stellvertreterhandelns von Betriebsräten (vgl. *H. Tholfus*) sind ebenso gefordert wie die Erweiterung des Problembearbeitungswissens der gewerkschaftlichen Berater bzw. Moderatoren im Gestaltungsprozeß (vgl. *U. Klotz*).

Nicht so sehr an der Problemeinsicht und am programmatischen Wollen, die eigene Arbeit zu effektivieren — eben zu gestalten, statt zu verwalten —, sondern oftmals an der Überlastung durch andere Aufgaben, aber auch aus Furcht vor Konflikten und mangelnder Vertrautheit im Umgang mit den Partizipationswünschen der Beschäftigten sowie infolge der verbreiteten Unkenntnis über das in HdA-Projekten (d. h. öffentlich geförderten Projekten zur Humanisierung der Arbeit) bereits gesammelte Gestaltungswissen (vgl. *C. Kerst*) scheitert oftmals die Realisierung der guten Absicht.

Die inzwischen zahlreich vorliegenden Studien zu den betrieblichen Problemen der Umsetzung von Humanisierungsprogrammen und sozialverträglicher Technikgestaltung (vgl. *U. Loss/G. Simonis/W. Weiß*) machen deutlich, wie notwendig es wäre, externe Hilfen für den betrieblichen Aushandlungsprozeß in Anspruch zu nehmen. Noch immer mangelt es am Erfahrungsaustausch. Doch muß auch die Durchsetzungskraft von Gestaltungsinitiativen, die sich auf Förderung durch Landesinstitute von Arbeit und Technik bzw. durch institutionalisierte Technologieberater berufen können, so lange begrenzt bleiben, wie die betrieblichen Akteure sich nicht darauf verständigen, ihre punktuell schon vorhandene Vetomacht im Betrieb extensiv auszuschöpfen und auszuweiten (vgl. *P. Wedde*).

Wie das Beispiel der Automobilindustrie zeigt, wo Endhersteller sich mit Just-in-time-Zulieferern zu logistischen Fertigungsketten technisch und organisatorisch immer enger vernetzen, sind viele Probleme, die sich betriebsbezogen auswirken, durch eine rein betriebsbezogene Partizipation oder durch Mitbestimmungsinitiativen im eigenen Konzernverbund nicht mehr lösbar. Soll es in den betrieblichen Aushandlungsprozessen nicht nur zu zweitbesten Lösungen kommen, ist es erforderlich, Begründungszwänge für Entscheidungen an der betrieblichen Macht-Ohnmacht-Verteilung durch betriebliche und ggf. auch außerbetriebliche Öffentlichkeit zu erhöhen.

Die richtige Antwort auf vernetzte Technik ist die Vernetzung einzelbetrieblicher Arbeit – soweit es geht – auch mit über- und außerbetrieblichen sozialen Bewegungen und Initiativen für eine humane Technikgestaltung. Für die Gewerkschaft bedeutet dies die Verknüpfung der Anliegen von Technikgestaltung und Humanisierung der Arbeit mit strukturpolitischen Reformvorschlägen und Strategien ökologischer Umgestaltung der Industriegesellschaft (vgl. *K. Röhrig/J. Schröder*). Erfolgsbedingung ist dafür die Ausweitung der Experten- und Betroffenendiskussion zu einer Art *Bürgerbewegung für eine humane Gestaltung von Arbeit und Technik.*[20]

Mitbestimmung als Ansatz zur Gestaltung von Technik und Arbeit wird immer arbeitsplatzübergreifend und betriebsüberschreitend über die begrenzte Rationalität privater Verfügung über Kapitaleigentum hinausweisen. So ist die Gefahr zu vermeiden, immer nur um einen halben Fortschritt zu kämpfen, wo es eigentlich um den ganzen geht. Bei der Weiterentwicklung gewerkschaftlicher Mitbestimmungspolitik kommt es darauf an, den Zusammenhang zwischen betrieblichen, tariflichen und gesellschaftspolitischen Initiativen der Gewerkschaften und des Engagements für eine ökologische Umgestaltung der Industriegesellschaft wie für die Entfaltung von Wirtschaftsdemokratie herauszustellen und damit den Akteuren gewerkschaftlicher Politik einsichtig werden zu lassen. In welchen Dimensionen gewerkschaftliche Gestaltungsansprüche nicht nur auf die schon betrachteten objektiven Restriktionen, sondern auch auf subjektive Grenzen stoßen, offenbart exemplarisch die folgende Mahnung eines Betriebsrates:

»*Ein abstraktes gesellschaftliches Interesse ist gut für die Literatur. Einem*

---

20 Vgl. dazu *M. Helfert*, Sozialer Fortschritt und der Fortschritt der Individualisierung. Über die Schwierigkeiten der Gewerkschaften, die soziale Frage und die Technik zu politisieren, Köln 1991, sowie *H.-J. Schabedoth/R. Weckenmann*, Strategien für die Zukunft, a. a. O., S. 101 ff.

Betriebsrat nützt dieses Interesse wenig, wenn die Geschäftsführung kommt und fordert, daß die Kosten gesenkt werden.«[21]

Die Gewerkschaften werden gegenüber der eigenen Mitgliedschaft und der Öffentlichkeit präziser definieren müssen, wo bei Fragen einer humanen Nutzung der Technik die Grenzen von Gestaltungschancen erreicht und strukturelle Überforderungen sichtbar werden. Dies hat seinen Sinn, weil es ermöglicht, über Grenzerweiterungen nachzudenken. Ansonsten besteht die Gefahr, unter einen Erwartungsdruck zu geraten, dem Gewerkschaften, nicht zuletzt aufgrund ihrer politisch gewollten eingeschränkten Gestaltungskraft, nicht gerecht werden können. Schließlich muß verhindert werden, durch den Anschein gewerkschaftlicher Allzuständigkeit staatliche Politik und Unternehmen aus ihrer Verantwortung für eine sozialverträgliche Techniknutzung zu entlassen.

Mitgestaltungsansprüche auch bei der Technikentwicklung einzufordern[22], entspricht dem einsichtigen Wunsch, Grenzen reaktiver Politik zu überschreiten und die programmatischen Vorstellungen von einer anderen Zukunft der Arbeit[23] zu verwirklichen. Glaubwürdig und damit mobilisierungsfähig ist dieser Ansatz jedoch nur, wenn zugleich die vorhandenen Chancen einer vernünftigen Nutzung der schon entwickelten Technik extensiv genutzt werden, um soziale Belastungen zu minimieren und Humanisierungsnutzen zu optimieren, selbst wenn dies Konflikte mit vorgefaßten Nutzungskonzepten bedeutet (vgl. *J. Welsch*). Kurz: Ohne offensive Mitgestaltung bei der betrieblichen Techniknutzung bleibt die Forderung nach Mitbestimmung bei der Technikentwicklung eine Leerformel. Das Einlassen auf institutionalisierte Partizipation bei der staatlichen Forschungs- und Technologieförderung sowie Teilnahme an Expertenkommissionen zur Gesetzesvorbereitung (vgl. *S. Groner-Weber*) geriete zur Veranstaltung der Akzeptanzsicherung, bei der Mittelauswahl und Zielbestimmung zwar kritisierbar, aber nicht mehr veränderbar sind.

Nur wenn es gelingt, zwischen der bisherigen Mitbestimmungspraxis, den Vorschlägen zu ihrer Verbesserung und Erweiterung auf neue Gegenstandsbereiche zu vermitteln und entsprechende Lernprozesse der betrieblichen Akteure zu organisieren, besteht eine realistische Chance, gewerkschaftliche Mitbestimmungsforderungen bei der Gestaltung von Arbeit und Technik als notwendige Bestandteile gewerkschaftlicher Reformpolitik und Zukunftskonzeptionen iden-

---

21 Zitiert nach *L. Kamp*, Arbeit in der Fabrik der Zukunft. a. a. O., S. 167.
22 Vgl. DGB-Bundesvorstand, Abt. Technologie HdA (Hg.), Gewerkschaftliche Politik zur Gestaltung von Arbeit und Technik, Ziele, Aufgaben und Maßnahmen, Arbeitsprogramm, Düsseldorf 1991.
23 Vgl. dazu Diskussionsbeiträge in: Industriegewerkschaft Metall (Hg.), Technologieentwicklung und Steuerung. Für eine soziale Gestaltung von Arbeit und Technik, Köln 1988.

tifizierbar und damit mobilisierungsfähig zu machen. Darüber ein Einverständnis herbeizuführen und — bei allen genannten Beschränkungen für die allgemeine Mitbestimmungspraxis — Anregungen für ihre Verbesserung zu geben, ist einendes Anliegen der Autoren und Autorinnen der nachfolgenden Beiträge dieses Buches.

3. Aus Erfahrungen klüger werden

Peter Wedde benutzt das Bild vom »David-Betriebsrat« und »Goliath-Computer«, um das ungleiche Kräftemessen bei der Mitgestaltung von Arbeit und Technik zu illustrieren. Exemplarisch verdeutlicht er dies am Beispiel der Einführung ISDN-gesteuerter Telefonnebenstellenanlagen im Betrieb und im Zusammenhang mit dem Aufbau betriebsübergreifender Datenverarbeitungssysteme. Die Grenzen betriebsbezogener Technikgestaltung werden dabei sichtbar. Davids Schleuder ist ein Betriebsverfassungsgesetz, das nach dem Willen des Gesetzgebers den Betriebsräten kaum Vetorechte einräumt, aber dennoch dem gesetzestreuen Goliath gewisse Kooperationszwänge auferlegt. *Wedde* plädiert hier wie viele seiner Mitautoren (vgl. u. a. *S. Roth/M. Pfeifer*) für couragiertes Ausnutzen dieser Rechte, sieht aber immense Schwierigkeiten voraus, weil der herkömmliche Betriebsbegriff des Betriebsverfassungsgesetzes als zentraler Ort der Ausübung von Mitbestimmungsrechten der Wirklichkeit einer betriebs- und sogar länderübergreifend vernetzten Arbeitswelt immer weniger entspricht.[24]

Den Betriebsratsmitgliedern legt *Wedde* nahe, nicht auch noch hinsichtlich ihrer Beurteilungs- und Entscheidungskompetenz zurückzubleiben, und empfiehlt den Betriebsratsgremien, sich ebenfalls untereinander zu vernetzen und zu externen Beraterpools Kontakte aufzunehmen. Ansonsten sieht er am Ende der Möglichkeiten des Betriebsrates den Gesetzgeber am Zuge. Für die Gewerkschaften stellt sich somit das Problem, den Zugzwang für die staatliche Gesetzgebung zu erhöhen, ohne die Chancen zu vernachlässigen, die sich derzeit für aktive Mitgestaltung bei der Technikanwendung schon ergeben.

So wie der Autofahrer von heute mit der Postkutschenordnung von gestern wenig anfangen kann, geht es den Betriebsräten angesichts fortschreitender Technikentwicklung mit dem Betriebsverfassungsgesetz. Die rasante Entwicklung der Informations- und Kommunikationstechnologien droht die Betriebsräte zu überrollen. Mit den vorhandenen praktischen und rechtlichen Mitbestimmungsmöglichkeiten der Betriebsräte wird es immer weniger möglich, eine

---

24 Vgl. *T. Klebe/S. Roth* (Hg.), Informationen ohne Grenzen. Computernetze und internationale Arbeitsteilung, Hamburg 1988.

sozialverträgliche Nutzung sicherzustellen. Bereits heute ist die Bewältigung der Probleme betrieblicher EDV-Anwendungen für die Mehrheit der Betriebsräte zu einer wachsenden Last geworden, bei der die herkömmlichen Problembewältigungsmuster nicht mehr greifen. Allerdings bietet das doch noch oft nur unzureichend genutzte Betriebsverfassungsgesetz Chancen für einen listenreichen Einsatz von »Davids Schleuder«. Zwar hat die Arbeitsrechtsprechung ihre Reichweite fallweise ein wenig erweitert, doch hat der Gesetzgeber bei der letzten Novellierung des BetrVG offenbar nicht gewollt, daß Betriebsräte sozialverträgliche Techniknutzung notfalls über ein Vetorecht erzwingen können. Ob es auf die Zukunft gesehen dabei bleibt, obliegt nicht unwesentlich der Mitbestimmung aller wahlberechtigten Bürgerinnen und Bürger, denen in den Fabriken und Büros der Gegenwart vieles vorenthalten wird, was an Humanisierung der Arbeit bereits möglich wäre.

Bei allen Defiziten staatlicher Beiträge für die Forschungsförderung (vgl. *J. Welsch*) hat die sozialwissenschaftliche Begleitforschung zur Gestaltung von Arbeit den betrieblichen Akteuren mittlerweile eine breite Palette verallgemeinerungsfähiger Ergebnisse anzubieten (vgl. *Loss/Simonis/Weiß*). *Christian Kerst* geht der Frage nach, inwieweit Betriebsräte ihre Mitbestimmungsmöglichkeiten nutzen, um quasi als »Stachel der Humanisierung im Fleisch der Investitionsplaner« zu wirken. In den untersuchten Fällen verhielten sich die Betriebsräte eher abwartend und zurückhaltend. HdA-Gestaltungswissen wurde nicht oder nur bedingt aufgegriffen. *Kerst* will daraus keinen Vorwurf münzen, sondern erklärt dies mit den vorherrschenden Rahmenbedingungen betrieblicher Arbeitsbeziehungen. Doch sind diese Rahmenbedingungen im Fluß. Gleichzeitig verändern sich die Voraussetzungen für die Arbeit von Betriebsräten. *Kerst* plädiert – zukünftigen Entwicklungen vorauseilend – für ihre Rolle als »Moderator von Partizipationsprozessen« und damit für den Ausstieg aus dem tradierten Regelungsmodell der »monetär-quantitativen Folgenbewältigung«. Dieses Votum deckt sich im übrigen mit dem Wunschbild, das sich Gewerkschaften in ihren programmatischen Überlegungen von den Betriebsräten machen. Soll es nicht beim Wunschdenken bleiben, müßten wohl tarifliche Rahmensetzungen und Beratungsangebote der gewerkschaftlichen Stellen und Einrichtungen verbessert werden.

Bei den Dienstleistungsgewerkschaften (ÖTV, HBV) führte die programmatische Neuorientierung gewerkschaftlicher Technikpolitik zu Versuchen, präventiv Sozialverträglichkeit zu sichern. *Horst Tholfus* schätzt auf der Basis von Fallstudien zum Technisierungsgeschehen in einer Kommunalverwaltung und einem Bankunternehmen Reichweite und Problem solcher Ansätze ein. Zwischen gewerkschaftlichem Gestaltungsanspruch und politischem Realisierungsaufwand zeigten sich offenkundige Risse. Ursächlich sind dafür unzureichende Verständigungsarbeiten der Betriebs- und Personalräte sowie vertretungspolitische Routinen, die für beteiligungsorientierte Verfahren einer präventiven Technikpolitik wenig Raum lassen. Ein höheres Maß an Zielverwirklichung wäre möglich, ließe sich die Gefahr der sozialen Schließung der Vertretungsarbeit gegenüber den betroffenen Belegschaften überwinden. Die Aktivierung der vorhandenen Fachkenntnisse und die soziale Kompetenz der Beschäftigten ist — bei allen sonstigen Problemen, auf die z. B. *Siegfried Roth* eingeht — ein Schlüssel für erfolgreichere präventive sozialverträgliche Technikgestaltung. Dies ist eine Erfahrung, die wohl über den Dienstleistungsbereich hinaus verallgemeinerungsfähig ist.[25]

Elisabeth Becker-Töpfer spricht sich dafür aus, die Grenzen der Gestaltbarkeit realistisch zu bestimmen, um Enttäuschungen engagierter Kolleginnen und Kollegen vorzubeugen. Ihr kommt es darauf an, die Aufmerksamkeit auf die Einsatzbedingungen der Technik als Arbeitsmittel und auf die Funktionalität der Arbeitsmittel selbst zu richten. Diese Aufgabe der Technikgestaltung im engeren Sinne ist ein neues gewerkschaftliches Arbeitsfeld und ein arbeitsintensives dazu. Einerseits bedeutet es, im Betrieb neue Gebiete für die Interessenvertretung zu erschließen — und zwar thematisch wie methodisch. Arbeits- und Technikgestaltung bedeutet, Arbeitsinhalt und -organisation in die Interessenvertretungspolitik einzubeziehen. Das geht aber nur mit anderen Mitbestimmungsformen, eben durch *Mitbestimmung am Arbeitsplatz*. Erst wenn die Interessenvertretungen von der Arbeit statt von der Technik aus denken, lassen sich sinnvolle Gestaltungsforderungen aufstellen. *Becker-Töpfer* mißtraut stellvertretender Interessenvertretung und unterstreicht die Notwendigkeit, die Betroffenen selbst zu aktivieren. Zur Technikgestaltung soll schließlich auch die Einflußnahme auf die Technikentwicklung selbst, also auf die Herstellerentscheidung, gehören. Dies erscheint ihr möglich durch Beteiligung an Normungs- und Richtlinienverfahren, aber auch durch den öffentlichen Diskurs.[26]

So richtig es ist, daß die durch Informations- und Kommunikationstechnologien mögliche sogenannte systemische Rationalisierung ohne intensive Mitwirkung und Qualifizierung der Beschäftigten die Effizienz der Arbeit nicht steigern könnte, so falsch wäre es, einen Selbstläufer hin zu mehr arbeitsplatzbezogener Mitbestimmung zu erwarten.[27] *Mario Helfert* leuchtet in seinem Beitrag die

---

25 Vgl. dazu *U. Klotz/H. Tiemann*, Aus Betroffenen Beteiligte machen — gewerkschaftliche Organisation im Umbruch, in: Die Mitbestimmung 9/1990, S. 589 ff.
26 Vgl. dazu auch *E. Becker-Töpfer*, Das Mißverständnis von der Technikgestaltung, in: Die Mitbestimmung 9/1990, S. 541 ff.

arbeits- und mitbestimmungspolitischen Konsequenzen des Wandels betrieblicher Innovationsbedingungen aus. Betriebliche Mitbestimmung wird sich auf den Prozeßcharakter technischer Innovationen einstellen müssen. Noch sind die Hersteller von Informations- und Kommunikationstechnologien, die Anwendungsplaner und das Unternehmensmanagement weit davon entfernt, zu jeder betrieblichen Situation unmittelbar eine wirklich effizienzsteigernde Nutzungslösung anbieten zu können. Lange Zeit wurde durch Herstellerankündigungen und unternehmerisches Wunschdenken für computergestützte Produktion und Büroarbeit suggeriert, dem Einsatz neuer Technik läge bereits eine hohe Rationalität zugrunde. Daß es selten um fertige Lösungen, sondern vielmehr um Suchprozesse nach der jeweils besseren Lösung geht und ohne Beteiligung der Nutzer sich Rationalität dabei gar nicht erschließen läßt — wenn überhaupt —, ist von Betriebsräten und Gewerkschaften bislang nur im Ansatz schon strategisch verarbeitet worden. Da ein Einbinden der Beschäftigten in die Arbeit notwendig ist, das sich nur schwer auf eine Lohn-Leistungs-Austauschbeziehung reduzieren läßt, bestehen günstige Ausgangsvoraussetzungen für eine Neuordnung der gewerkschaftlichen Technikpolitik und zur Verwirklichung des Anliegens arbeitsplatzbezogener Mitbestimmung.

Siegfried Roth konkretisiert die Notwendigkeit einer Neuorientierung der gewerkschaftlichen Betriebs- und Tarifpolitik. Er registriert im Zuge struktureller Anpassung von Unternehmen an neue Umfeld- und Binnenerwartungen eine Zunahme partizipativer Organisationsformen. Die bloße Ablehnungshaltung gegenüber Partizipationskonzepten des Managements würde die strategisch ungünstige Defensivposition für gewerkschaftliche Mitbestimmungsbegehren zementieren. Zunehmend setzt sich deshalb die Auffassung durch, daß nur mit eigenen offensiven Gestaltungskonzepten, die auf das Mitmachen der Betroffenen und Begünstigten setzen, den gewerkschaftlichen Gestaltungsansprüchen aus den Startlöchern geholfen werden kann. Anknüpfungspunkte für Neuorientierungen der Betriebs- und Tarifpolitik sind die individuellen Selbstverwirklichungswünsche und die vielfältigen Beteiligungswünsche der Arbeitnehmerinnen und Arbeitnehmer. Die hier diskutierten, zum Teil schon praktizierten Ansätze lassen allerdings erkennen, daß es nicht nur um zeitgemäße Ausschmückung von traditioneller Mitbestimmungspolitik geht, sondern um den »Beginn einer kulturellen Neuorientierung der Gewerkschaften«. Eine Einsicht, die *Ulrich Klotz* ausführlicher begründet und weiter zuspitzt.

---

27 Vgl. *E. Hildebrandt/R. Seltz*, Wandel betrieblicher Sozialverfassung durch systemische Kontrolle?, Berlin 1989.

Der Nachweis, daß Arbeitgeberverbände wie Gewerkschaften im Alltagshandeln hinter ihren programmatischen Erklärungen zur Arbeitnehmerbeteiligung bei der Techniknutzung zurückbleiben, ließe sich leicht führen. Zum Teil liegt das an unrealistischen Vorstellungen über eine die Betriebswirklichkeit verändernde Kraft des guten Arguments. Zum Teil wird der konsensfördernde Zwang von Marktkonkurrenz und des technologischen wie arbeitsorganisatorischen Modernisierungsdruckes überschätzt, während Beharrungsvermögen und Innovationssperren der betrieblichen Akteure unterschätzt werden. Generell ist nicht zu entscheiden, ob immer die einen nicht wollen und die anderen nicht können. Wesentlich einfacher wird das Urteil, wenn es darum geht, auf der Basis des aktuellen Problemzugangs die Relevanz der früheren Problemeinsichten einzuschätzen und ihre Konsequenzen zu gewichten.

Ulrich Klotz unternimmt dies hier für das gewerkschaftliche Verhältnis zur Technik, beläßt es aber nicht bei einem Rückblick, sondern macht Vorschläge für eine produktive Verarbeitung der identifizierten Fehlentwicklungen. Das gravierendste Defizit sieht er wie schon *Elisabeth Becker-Töpfer* in der Verkennung der Gestaltungschancen bei der Computernutzung im klassischen Anwendungsfeld Büro. Obwohl es schon frühzeitig Alternativen zur tayloristischen Schule der Informationssystemgestaltung gegeben hat, blieben sie aus der gewerkschaftlichen Diskussion ausgeblendet. Bislang gelang es nicht einmal, in eigenen Verantwortungsbereichen die vielfältigen Chancen wahrzunehmen und Optionen zu nutzen, die sich für eine benutzerfreundliche Technikgestaltung ergeben. *Klotz* erklärt solche Versäumnisse mit der ausgeprägten Routine, die einer zentralistisch-hierarchischen Organisation eigen ist. Er empfiehlt – angelehnt an Erkenntnisse der modernen Managementpraxis – Veränderungen der gewerkschaftlichen Organisationsstruktur und Rekrutierungskriterien sowie den Aufbau einer beteiligungsfreundlichen, umsetzungsorientierten Infrastruktur, damit Technologierhetorik zur praktisch wirksamen Technologiepolitik werden kann.

Marieluise Pfeifer stellt bereits praktizierte neue Beratungs- und Gestaltungswege für eine Einflußnahme auf die Gestaltung von Technik und Arbeit im Betrieb vor. Kern des Gedankens *Technikgestaltung in der Zukunft* ist der Aufbau bzw. die systematische Stabilisierung lokaler und regionaler Gestaltungsnetzstrukturen. Dabei werden externes Beratungswissen, Erfahrungen und Wünsche der Betroffenen zueinander gebracht. Die Rolle des gewerkschaftlichen Experten liegt im Bereich der Moderation und Koordinierung von Gestaltungsprojekten im Betrieb, während die Betriebsräte und gewerkschaftlichen Vertrauensleute gemeinsam mit dem Betroffenen die Projekte betrieblich initiieren, inhaltlich füllen und realisieren. Dabei geht es um mehr als nur um Einflußnahme auf Auslegung bestimmter Technologien. Es geht um Arbeitskultur und Arbeitsweise und damit um die Konkretisierung der Frage: »Wie wollen wir morgen arbeiten und leben?« Der Wunsch nach selbstbestimmter Arbeit steht im Vordergrund der Gestaltungswünsche und Forderungen der Arbeitnehmerinnen und Arbeitnehmer. Betriebsratsarbeit, die Gestaltungsarbeit ist, aktiviert Learning-by-doing-Prozesse. *Marieluise Pfeifer* sieht voraus, daß der betriebliche Ansatzpunkt für eine soziale, ökologische, technische und kulturelle Gestaltung der Produktionswelt eine Entwicklung freisetzt, die auch die traditionellen gewerkschaftlichen Strukturen verändert: Aus der Verwaltungsstelle der Gewerkschaft von heute würde die *Gestaltungsstelle* von morgen; aus dieser entwickeln sich Zukunftswerkstätten vor Ort.

Lothar Kamp und *Norbert Kluge* fragen nach Realisierungsproblemen der gewerkschaftlichen Technikgestaltungsansprüche und schätzen ein, inwieweit sich auf dem Feld der Gestaltung von Arbeit und Technik die Hans-Böckler-Stiftung in ein allgemeines Gestaltungs-Netzwerk einbringen kann.

Zum einen halten sie als Problem fest, daß die ungeheure Zahl der betrieblichen Gestaltungsfälle gar nicht mit der notwendigen gründlichen Fachberatung begleitet werden könne. Ein zweites Handikap ist das fehlende Geschick, innerbetriebliche Interessenkoalitionen zu bilden. Mögliche Bündnischancen werden so vertan. Zudem gibt es fachliche und methodische Kompetenzdefizite der betrieblichen Gestaltungsakteure. Sodann mangelt es am Erfahrungstransfer aus erfolgreichen Gestaltungsfällen. Schließlich ist es noch kaum gelungen, die unterschiedlichen Beteiligungsebenen offensiv zu verzahnen.

Die Hans-Böckler-Stiftung – und dies gilt wohl generell für alle Wissenschaftseinrichtungen bzw. betriebsexternen Technologieberatungsstellen – kann über ihre Kompetenzen im Bereich der Forschungs- und Mitbestimmungsförderung hinaus die benannten Defizite nicht ausgleichen, wohl aber Erfahrungsaustausch koordinieren und Kommunikations- und Netzwerkstrukturen aufbauen und erhalten helfen. Den Gewerkschaften empfehlen die Autoren, sich um eine Rolle als »Plattform für die Diskussion von Konzepten und Positionen« zu bemühen und »Serviceeinrichtung für Informationsbeschaffung, Kontaktvermittlung, Sammelstelle für interessante Modelle, Fälle und Konzepte und Lieferstelle für unterstützende Materialien« zu werden. Voraussetzung dafür ist, sich selbst für ständige Lernprozesse offenzuhalten.

Die Erfahrung mit Grenzen betrieblicher Einflußnahme auf die Techniknutzung führte zu Ergänzungen des klassischen Repertoires gewerkschaftlicher Mitbestimmungsprogrammatik durch die Forderung nach Mitgestaltung der staatlichen Forschungs- und Technologieförderung. *Johann Welsch* skizziert diese Entwicklung und macht auf die Kluft zwischen programmatischen Ansprüchen und realen Einflußchancen aufmerksam. Die forschungspolitischen Entscheidungen stehen in der Regel in einem korrespondierenden Verhältnis zur privatwirtschaftlichen Innovationsstrategie. Die gewerkschaftliche Technikpolitik kann sich deshalb aus ihrer faktischen Ohnmacht um so eher befreien, wie es gelingt, die weitgehend noch unerfüllten Forderungen nach institutionalisierter Partizipation an den staatlichen Forschungsentscheidungen durch Öffentlichkeit und Technologiepolitik »von unten« — d. h. auf Betriebs- und Verwaltungsstellenebene — zu flankieren und sozialen Druck aufzubauen.

Das eine ist somit offensichtlich die Voraussetzung für das andere. Dies müßte allen zu denken geben, die sich für die praktischen Mitbestimmungsmühen um konkrete Formen humaner Techniknutzung einen Auftrieb von der Ausweitung der Mitbestimmungsanliegen auf das Feld der Technikentwicklung versprechen. Hier liegt ein strategisches Handlungsdilemma vor, das auch mit der oft benutzten Argumentationshülse von notwendig dialektischer Durchdringung beider Handlungsfelder als noch nicht geklärt erscheint.

Bei der Diskussion um Gestaltungsnotwendigkeiten der Gentechnologie wird dieses Dilemma offenkundig, wie dem Beitrag von *Sabine Groner-Weber* zu entnehmen ist. Der unter Sicherheitsaspekten und nach ethischen Kriterien formulierte Gestaltungsbedarf[28] weist über die traditionellen gewerkschaftlichen Tätigkeitsfelder hinaus. Die Gewerkschaft Chemie-Papier-Keramik wußte sich in Fachkreisen und politischen Kommissionen mit ihren Forderungen und Gestaltungsvorstellungen so bemerkbar zu machen, daß ihr in den Politikberatungsgremien die Mitarbeit bei der Entscheidungsvorbereitung eingeräumt wurde. Trotz einer Reihe von Erfolgen, nicht zuletzt bei der Formulierung öffentlicher Forschungsförderungsprogramme, gelang es in entscheidenden Fragen der verantwortungsvollen industriellen Nutzung der Gentechnologie nicht, einen gesellschaftlichen Konsens über den Regelungsbedarf herbeizuführen. Von *Sabine Groner-Weber* hier noch unbeantwortet bleibt, inwieweit z. B. mit den von *Johann Welsch* befürworteten Mitteln gewerkschaftlicher Politik der Mitgliederaktivierung darauf eingewirkt werden könnte, die Konsensvoraussetzungen günstiger zu gestalten. Statt den kleinsten gemeinsamen Nenner der Interessenüberschneidung von Gewerkschaften, Politik und Wirtschaft zu normieren, ginge es dann um Erhalt und Ausbau von Mitbestimmungsoptionen für die gewerkschaftliche Betriebs- und Tarifpolitik.

Der Mangel an gesetzlichen Regelungen, die es allen Betriebsräten mehr als derzeit erlaubten, auf die für den Menschen fortschrittlichste Lösung beim Technikeinsatz zu drängen, verweist die Gewerkschaften auf den Weg, über ihre

---

28 Vgl. dazu *U. Beck*, Gegengifte, a. a. O., S. 31 ff.

Betriebs- und Tarifpolitik die Arbeitsbedingungen entsprechend zu beeinflussen. In der auf Tarifauseinandersetzungen um Einkommenssteigerungen und Arbeitszeitverkürzungen fixierten Öffentlichkeit wurde häufig übersehen, in welchem Umfang die *tarifvertragliche Normierung* von Arbeitsbedingungen bereits zum festen Bestandteil der gewerkschaftlichen Interessenvertretung geworden ist.[29] Bei den hier versammelten Autorinnen und Autoren ist Konsens, daß dieser Ansatz noch weiter ausgebaut werden müßte. *Michael Schlecht* macht am Beispiel der Druckindustrie deutlich, was durch tarifvertragliche Gestaltung der Arbeitsbedingungen schon erreicht worden ist, welche Probleme auftreten und wie es möglich wäre, durch systematische Verzahnung von Tarifpolitik und Betriebsarbeit sowie durch eine Abstimmung der einzelgewerkschaftlichen Initiativen mehr Mitbestimmungsrechte für Betriebsräte, aber auch für den einzelnen Beschäftigten zu verankern.

Im fortschreitenden Prozeß der Verknüpfung von EDV-Systemen zu einer integrierten Steuerung und Überwachung inner- und überbetrieblicher Arbeitsabläufe dürfte es immer schwerer möglich sein, den notwendigen Beratungsbedarf der betrieblichen Arbeitnehmervertretungen mit haupt- und ehrenamtlichen Kräften der Gewerkschaften zu erfüllen. *Karl Röhrig* und *Jörg Schröder* berichten über die Praxisprobleme der institutionalisierten gewerkschaftlichen Technologieberatung. Sie machen auf Zielkonflikte und Grenzerfahrung aufmerksam. Deutlich wird dabei, daß erfolgreiche Technologieberatung an der Schnittstelle zur regionalen Wirtschafts- und Strukturpolitik operieren muß. Dies eröffnet neue Bündnisperspektiven. Denn ohne Unterstützung einer kritischen Öffentlichkeit und durch ein Netz von Technologieberatungseinrichtungen wird es wohl nicht möglich sein, sich gegen den Trend zur privaten Vereinnahmung des Techniknutzens und gegen eine Vergesellschaftung der Technikrisiken zur Wehr zu setzen. Ungelöst ist bisher die Frage, wie sich das Netz der schon bestehenden Beratungseinrichtungen erhalten und dichter knüpfen läßt. Es erscheint zweifelhaft, ob gewerkschaftliche oder gewerkschaftsnahe Technologieberatungseinrichtungen allein den sicherlich in Zukunft noch wachsenden Anforderungen gerecht werden können.

Der DGB fordert die Schaffung eines Bundesinstituts und von Landesinstituten *Arbeit und Technik*, »die alle auf das Verhältnis von Arbeit und Technik einwirkenden Faktoren untersuchen und bewerten, die Tarifvertragsparteien über Gestaltungsbedingungen beraten, sowie Vorschläge an den Gesetzgeber zur

---

29 Vgl. *H. Lang/H. Meine/K. Ohl* (Hg.), Arbeit – Entgelt – Leistung –. Handbuch Tarifarbeit im Betrieb, Köln 1990.

sozialverträglichen Gestaltung von Arbeit und Technik machen«.[30] Es lohnt zudem, über eine Ausweitung der öffentlich-rechtlich organisierten Technologieberatung nachzudenken, wie sie in Ansätzen im Rahmen der Arbeitnehmerkammern in Bremen und im Saarland schon existiert[31] bzw. über das Programm »Mensch und Technik – sozialverträgliche Technikgestaltung« (kurz: SoTech) in Nordrhein-Westfalen angestoßen worden ist.

Uwe Loss, Georg Simonis und *Walter Weiß* stellen die Erfahrung mit dem SoTech-Programm vor. Die populäre Annahme, daß mit der Einführung neuer Techniken die Arbeitsverhältnisse quasi im Selbstlauf menschengerechter würden, weisen sie zurück. Vielmehr kommt es auf Aushandlungsprozesse der Betroffenen an.[32] Die konkreten Gestaltungsprojekte des SoTech-Programms hatten dafür vielfach eine Impulsfunktion. Die Erfolge liegen in der betrieblichen Verankerung von neuen gestaltungs- und nicht verrichtungsorientierten Qualifikationsmodellen, neuen Beteiligungsformen und exemplarischen Prozessen partizipativ angelegter Technikeinführung und -gestaltung. Die Autoren mit ihrer Kenntnis staatlich geförderter Technikgestaltung kommen ähnlich wie zuvor *Röhrig/Schröder* nach Erfahrung mit gewerkschaftlichen Gestaltungsprojekten zu einem Plädoyer für die Einbindung betrieblicher Gestaltungsaktivitäten in über- und zwischenbetrieblichen Gestaltungsnetzwerken, die ihnen am ehesten eine Gewähr bieten, betriebliche Erfolge zu verallgemeinern und die neu entwickelten arbeitsorganisatorischen, qualifikatorischen und technischen Leitbilder industriepolitisch zu verankern.

Josef Schmid lotet aus, inwieweit sich alte Konfliktstrukturen transformieren und kooperative Strategien befördern lassen. Mit Skepsis gegenüber den recht optimistischen Botschaften vom stummen Zwang zur gesellschaftlichen Rationalität, quasi als Nebenfunktion technischer Rationalisierung, öffnet er den Blick für die ungleiche Machtverteilung in den Prozessen formeller und informeller Mitbestimmung über Techniknutzung. Den *einen* besten Weg für die Auflösung gegensätzlicher Interessen gibt es nicht. Noch beschränkt sich Gestaltung im wesentlichen auf das Nachbessern von technischen Vorgaben. Neue Perspektiven böte die Mitgestaltung im Prozeß der Entwicklung und zumindest bei der Beschaffung neuer Technologien. Die Entscheidungsprozesse vollziehen sich hier weitgehend unter Bedingungen, die für Gewerkschaften

---

30 DGB-Bundesvorstand (Hg.), Wissenschafts- und forschungspolitische Leitsätze des Deutschen Gewerkschaftsbundes, Düsseldorf 1990, S. 9.
31 Vgl. E. *Einemann*, Arbeitskammern – ein wichtiges Instrument der Arbeitnehmerinteressen, in: Die Mitbestimmung 11-12/1990, S. 743 f.
32 Vgl. H.-J. *Schabedoth*, Mit der Computerisierung zur humanen Arbeitswelt?, in: Vorgänge 1/1990, S. 112 ff.

kaum beeinflußbar sind. Es sei denn, Fragen, die sich z. B. auf die Entwicklung alternativer Unternehmensstrategien, neuer Produkt- und Produktionskonzepte beziehen, könnten zusätzlich als Mitbestimmungsgegenstände reklamiert werden. Dies jedenfalls würde die klassischen Konfliktlinien von Kapital und Arbeit situativ durchbrechen.

Daß es neben den oft identifizierten Chancen bei der Techniknutzung auch die von vielen Autoren hier hervorgehobenen sozialen Risiken gibt, ist offenbar inzwischen in den seriösen Diskussionen unumstritten. Dennoch existieren Blockaden im Handeln. *Ulrich Beck* fragt in seinem Beitrag nach den Möglichkeiten, sie zu überwinden. In ökologischen Konfliktfeldern gibt es im Unterschied zu den ökonomischen Konflikten keinen Gewinn auf Kosten einer Einbuße für die andere Seite, sondern lediglich gemeinsame Verlierer, auch wenn es vorübergehend gelingen mag, die aktuell Geschädigten zu marginalisieren. Nicht so sehr die vergangenen »Aufdeckungskonflikte«, sondern vielmehr neue »Zurechnungskonflikte« bestimmen die Politik in der Risikogesellschaft. Erst, wenn es gelingt, Zurechenbarkeiten zu etablieren, wird es möglich, die Weichen für eine gesellschaftliche Konfliktbearbeitung zu stellen.

Nicht das »Zurück«, sondern eine »andere Moderne« sieht *Beck* als Ziel der Politik gegen die Gefahr. Diese *andere Moderne* richtet sich offensichtlich gegen die eine Moderne, die oftmals schon mit Fortschritt gleichgesetzt wurde, aber eigentlich den Anspruch auf Selbstbestimmung halbiert bzw. blockiert.

Der Grundsatz *Gestalten statt Verwalten,* der hier allen Überlegungen und Erfahrungsberichten vorangestellt worden ist, läßt sich somit auch dahingehend interpretieren, die herkömmliche Risikoverteilung in industriellen Arbeitsprozessen nicht als unvermeidbar hinzunehmen, sondern im Gegenteil Risikoproduktion als vermeidbar betrachten zu lernen. Die eigenen Zukunftsvisionen richten sich dabei auf die Chancen zu höherer sozialer Freiheit und Solidarität aus, die der gesellschaftliche Modernisierungsprozeß immerhin auch eröffnet. Eine wichtige Rolle spielen in diesem Zusammenhang die gewerkschaftlichen Vertretungen der Arbeitnehmerinnen und Arbeitnehmer, wenn sie ihre Politik und Praxis »direkter mit den kulturell-kritischen Ansprüchen nach individueller Selbstentfaltung und nach demokratisch-mündiger Mitwirkung an der Gestaltung der Arbeits- und Lebensbedingungen verknüpfen«.[33]

---

33 Industriegewerkschaft Metall (Hg.), Solidarität und Freiheit. Leitlinien der IG Metall zur gesellschaftlichen und gewerkschaftlichen Reform, Frankfurt/M. 1989, S. 7.

Teil I

Peter Wedde

Technikgestaltung aus der Betriebsratsperspektive

1. Technikgestaltung heute

Die Gestaltung von Technik in der Arbeitswelt ist heute immer auch Gestaltung von Computern und Computersystemen. Es gibt nahezu keine neue Maschine, keinen modernen gewerblichen Arbeitsbereich und keinen Verwaltungsarbeitsplatz mehr, der nicht zumindest indirekt mit Computern im Zusammenhang steht. Bildschirm und Display sind das überall flimmernd sichtbare Zeichen einer neuen elektronisch geprägten Arbeitswelt.

Betrachtet man die Möglichkeiten, die Betriebsräten im Computerzeitalter zur Technikgestaltung zur Verfügung stehen, kommt man zu einem in der Grundtendenz pessimistischen Ergebnis. Es drängt sich unweigerlich das Bild von David und Goliath auf: Auf der einen Seite der Goliath Computer, der bei immer kürzer werdenden Produktzyklen und ständig sinkenden Kosten immer schneller immer mehr kann, und auf der anderen Seite der David Betriebsrat, dem als Schleuder nicht viel mehr als das Betriebsverfassungsgesetz (BetrVG) zur Verfügung steht.

Diese Schleuder verfügt in bezug auf Computersysteme bekanntermaßen nur über einen begrenzten Wirkungsgrad. Als das BetrVG in seiner aktuellen Fassung geschrieben wurde, war nicht abzusehen, welchen Siegeszug der Computer in der Arbeitswelt antreten würde. Es geht deshalb in erster Linie von konventionellen Arbeitszusammenhängen und von althergebrachten Regeln zur Konfliktbewältigung aus und muß als Waffe gegen den neuen Goliath beinah zwangsläufig versagen.

Im Vordergrund bei der Bewältigung und Gestaltung der neuen Computertechnik steht die Regelung des § 87 Abs. 1 Ziff. 6 BetrVG als echtes Mitbestimmungsrecht. Diese Vorschrift stellt für die Gestaltung von Computersystemen aus der Betriebsratsperspektive eine Art Generalklausel dar, weil letztlich jedes DV-System schon von der Ausgestaltung der Betriebssysteme her aus Gründen der Datensicherheit eine zeitliche Fixierung jedes Vorganges und damit die

Möglichkeit zur Überwachung und Kontrolle der Mitarbeiter beinhaltet.[1] Daneben kann der Betriebsrat nur noch auf begrenzte gesetzliche Möglichkeiten zur Mitgestaltung der Technik zurückgreifen, die zudem außerhalb der echten Mitbestimmung stehen. So läßt sich z. B. über § 80 BetrVG die Einhaltung einschlägiger Datenschutzgesetze im Arbeitsverhältnis anmahnen. Ein ergonomischer Mindeststandard an Bildschirmarbeitsplätzen durch konsequente Einhaltung der Sicherheitsrichtlinien für Büroarbeit und der Sicherheitsrichtlinien für Bildschirmarbeit[2] kann über § 91 BetrVG gesichert werden usw. Neben diesen begrenzten Mitwirkungs- und Mitbestimmungsrechten bleiben nur noch die allgemeinen Möglichkeiten zum Sammeln von Informationen und zur beratenden Einwirkung auf den Arbeitnehmer. In der betrieblichen Praxis ist dies insgesamt ein höchst bescheidener Katalog, der zur Entwicklung und Umsetzung von Gestaltungsalternativen genutzt werden kann.

In dieser keinesfalls begeisternden Situation muß es verdrießlich stimmen, wenn Betriebsräte ihre ohnehin nur begrenzten juristischen Möglichkeiten nicht nutzen, weil sie oft nicht wissen, was ein neues System »kann«, welche Risiken zu Lasten der Mitarbeiter es in sich birgt und wie man diesen begegnen muß. Die aktive Technikgestaltung innerhalb des begrenzten gesetzlichen Handlungsspielraums scheitert in vielen Fällen an der Unkenntnis, daß überhaupt Gestaltungsbedarf besteht und wie Alternativen aussehen könnten.

Um die Risiken vermeintlich harmloser neuer technischer Systeme zu verdeutlichen, aber auch um die Möglichkeiten, Anforderungen und Grenzen der Technikgestaltung im Betrieb aufzuzeigen, wird im folgenden an zwei Beispielen beschrieben, wo in der Praxis die Probleme liegen und wie sie aus Sicht des Betriebsrats bewältigt werden könnten. Das erste *Beispiel* betrifft einen technischen Teilbereich, der in seinen Auswirkungen von vielen eher als eine willkommene Neuerung denn als Problem gesehen wird. Das zweite stellt die nächste Stufe umfassende Computerisierung betrieblicher Arbeits- und Organisationszusammenhänge dar.

1.1 Möglichkeiten der Technikgestaltung bei der Einführung ISDN-gesteuerter Telefonnebenstellenanlagen im Betrieb

Im Betrieb wird eine neue Telefonnebenstellenanlage eingeführt. Es handelt sich

---

1 Vgl. zu Überwachung und Kontrolle die grundlegende Entscheidung des *BAG* v. 6. 12. 1983 − 1 ABR 43/81, NJW 1984, 1476 (1485).
2 Vgl. die »Sicherheitsregeln für Büro-Arbeitsplätze ZH 1/535, 3. Aufl. 1/1976, Hauptverband der gewerblichen Berufsgenossenschaften, Sankt Augustin, und die Sicherheitsregeln für Bildschirm-Arbeitsplätze im Bürobereich, ZH 1/618, 10/1186, Verwaltungs-Berufsgenossenschaft Hamburg.

um ein ISDN(= Integrated Services Digital Network)-System, das neben der reinen Telefoniermöglichkeit eine Fülle sog. Dienstmerkmale als neue Leistungen bietet. Jedem Mitarbeiter ist es etwa möglich, Anrufe auf andere Apparate umzuleiten, wenn er nicht an seinem Platz ist. Informationen und Anrufe können in einem »elektronischen Anrufbeantworter« aufgezeichnet und bei Bedarf abgerufen werden. Automatische Wahlwiederholmöglichkeiten stehen ebenso zur Verfügung wie die Eingabe von oft genutzten Telefonnummern und deren Abruf über sogenannte Kurzwahlen. Jeder Apparat verfügt über ein Display, auf dem bei hausinternen Gesprächen jeweils Telefonnummer und Name des Anrufers angezeigt werden. Die Anlage zeichnet jeden Kommunikationsvorgang auf und kann detaillierte Gebührenauszüge erstellen.

Die Mitarbeiter sind von den neuen Möglichkeiten begeistert. Mißmut macht sich nur beim Betriebsrat breit. Er wurde über die Einführung des neuen Systems zu spät und auf einer allgemeinen Ebene informiert. Der Arbeitgeber ist der Meinung, daß es sich um den mitbestimmungsfreien Ersatz einer veralteten Technik durch eine neue handelt und daß es deshalb kein Mitbestimmungsrecht des Betriebsrats gibt.

Dieses Szenario wird heute für viele Betriebsräte Realität. Unter der Überschrift »Ersatz veralteter Technik« wird eine neue Technik eingeführt, die sich auf den ersten Blick nur durch formschöne moderne Telefonapparate von der alten unterscheidet. Bei genauerer Betrachtung der technischen Möglichkeiten, die diesen Systemen zu eigen sind, wird jedoch deutlich, daß völlig neuartige Risiken entstehen. Falsch genutzt, können die neuen computergesteuerten Telefonanlagen die Situation von Mitarbeitern verschlechtern und in bestehende Rechtspositionen eingreifen. Das größte Risiko stellt die Auswertung der gespeicherten Kommunikationsdaten dar. Grundsätzlich läßt sich technisch feststellen, mit wem ein Mitarbeiter intern und extern telefoniert hat. Auch die übrigen Merkmale sind kritisch. So kann durch die Umleitung von Anrufen an bestimmte Arbeitsplätze gezielt Arbeit verteilt werden. Einzelnen Mitarbeitern wird bei Krankheit, Urlaub usw. automatisch oder gesteuert die (Telefon-)Arbeit von anderen Kollegen aufgebürdet. Jedes zusätzliche Telefongespräch kostet Zeit, die für die normale Arbeit nicht mehr zur Verfügung steht. Der Mitarbeiter kann sich gegen diesen zusätzlichen »Telefonstreß« nicht zur Wehr setzen.

Die Speicherung von Telefonnummern kann ebenfalls tückisch sein, wenn diese Daten im zentralen Rechner erfaßt werden und dort bei entsprechenden Systemkenntnissen und -privilegien auch Vorgesetzten zugänglich sind. Bei entsprechender Auswertung wird deutlich, mit wem der Mitarbeiter oft telefoniert — denn nur die viel genutzten Nummern werden unter Kurzwahlen abgespeichert werden.

35

Die auf den ersten Blick als angenehm empfundenen Anzeigen von Nummer und Namen des Anrufenden verletzt das Persönlichkeitsrecht des Anrufers[3], der ja unter Umständen nicht schon beim Klingeln des Telefons erkannt werden will – vor allem dann, wenn sein Anruf unter Umständen auf einen ihm unbekannten Apparat weitergeleitet wird.

Eine Technik, die als unverdächtig und harmlos gilt, beinhaltet in der Konsequenz eine Fülle versteckter Risiken. Erkennen Betriebsräte diese, ist eine abschließende Beurteilung der technikspezifischen Risikobereiche nur dann möglich, wenn sie wissen, wie die Systeme funktionieren. Das Zauberwort heißt »verständliche Information«. Nun könnte man meinen, diese sei kein Problem, stellt doch das BetrVG Informationsmöglichkeiten zur Verfügung. In der Praxis ergibt sich jedoch oft ein anderes Bild. Wenn Arbeitgeber die Informationspflicht nicht generell bestreiten, belassen sie es mitunter dabei, dem Betriebsrat auf Anfrage lediglich die Hochglanzwerbeprospekte der jeweiligen Hersteller zur Verfügung zu stellen und dies mit der Aussage zu verbinden, man verfüge selbst nicht über mehr Informationen. Oder aber Arbeitgeber »überschwemmen« den Betriebsrat mit umfänglichen, für den Laien nicht mehr verständlichen Informationspaketen, teilen aber gleichzeitig mit, daß Änderungen am System herstellerseitig nicht möglich oder zu teuer sind.

Welchen Gestaltungsspielraum hat ein Betriebsrat, der auf die eine oder andere Art in den Besitz der notwendigen Sachinformationen gekommen ist? Sieht man von Betriebsräten ab, die qua Ausbildung oder beruflicher Tätigkeit (etwa im Computerbereich) über genügend eigene Sachkenntnis verfügen, um anhand der vorgelegten Unterlagen die Systeme zu beurteilen, ergibt sich immer wieder die Situation, daß eine Bewertung nur mit Hilfe von Fachleuten und Gutachtern möglich ist. Die Zuziehung externer Sachverständiger ist jedoch bekanntermaßen nicht immer problemlos möglich. Das BAG verlangt, zunächst betriebliches Know-how auszuschöpfen.[4] Erst, wenn dieses nicht weiterführt, sollen externe Experten zugezogen werden können.

Ist (einvernehmlich oder mit gerichtlicher Hilfe) ein externer Fachmann zugezogen, zeigt sich, daß die computergesteuerten Telefonanlagen in jeder Beziehung modifiziert und verifiziert werden können und daß die kritischen Dienstmerkmale durch Umstellung der Software ausgeschlossen oder eingeschränkt werden können. So kann beispielsweise jeder Mitarbeiter durch Knopfdruck frei entscheiden, ob er einen umgeleiteten Anruf annehmen will oder nicht. Die Ruf-

---

3 Vgl. zum Schutz des Persönlichkeitsrechts in der Computergesellschaft das »Volkszählungsurteil« des *BVerfG* (NJW 1984, 419, 422 ff.)
4 Vgl. *BAG* v. 4. 6. 1987, AP Nr. 30 zu § 80 BetrVG 1972.

nummerspeicherung kann dezentral im Telefonapparat auf dem Schreibtisch erfolgen, und die Anzeige der Rufnummer kann unterdrückt werden. Die Erfassung von Kommunikationsdaten läßt sich auf die Gebührendaten beschränken.

Zusammenfassend kommt man für den Bereich der ISDN-Nebenstellenanlage bezüglich der Gestaltungsmöglichkeiten zu einem verhalten optimistischen Ergebnis. Wird ein Betriebsrat aktiv und informiert tätig, lassen sich die Nachteile vermeiden oder auf ein erträgliches Maß reduzieren. Technikgestaltung setzt jedoch rechtzeitige und umfassende Information voraus. Nimmt der Arbeitgeber das BetrVG ernst und integriert den Betriebsrat von Beginn der Planung an, ergibt sich ein erheblicher Gestaltungsspielraum. Erfolgt die Information verspätet oder überhaupt nicht, kann der Betriebsrat unter Ausschöpfung seiner betriebsverfassungsrechtlichen Möglichkeiten dennoch dafür sorgen, daß die Minimalrechte der Mitarbeiter gewahrt bleiben. Der Arbeitgeber kann sich bei nicht gesetzeskonformem Verhalten in dieser Situation nicht darauf berufen, daß Änderungswünsche des Betriebsrats kostspielig sind, da sich diese Kosten bei gesetzeskonformer rechtzeitiger Beteiligung des Betriebsrats hätten vermeiden lassen können.

1.2 EDV-Systeme

ISDN-Telefonnebenstellenanlagen stellen eine relativ einfache Form der Computertechnik dar. Weitaus schwieriger ist die Technikgestaltung bei komplexen DV-Systemen, die die Arbeit inhaltlich gestalten und organisieren. Um beurteilen zu können, welche Gestaltungsprobleme bei derartigen Systemen auf Betriebsräte zukommen, ist eine Vorbemerkung unumgänglich: In der Vorstellung vieler besteht ein Datenverarbeitungssystem aus einem Rechenzentrum und daran angeschlossenen Bildschirmarbeitsplätzen oder Produktionsanlagen, die sich innerhalb eines Betriebskomplexes befinden. Ein solches System mit allen seinen Ausprägungen ist räumlich relativ eindeutig zuzuordnen. Gestaltungsversuche haben eine klare Zielrichtung, da nachvollziehbar ist, wo welche Daten erfaßt, verarbeitet und gespeichert werden.

Eine derartige Vorstellung von betrieblicher Datenverarbeitung gehört inzwischen der Vergangenheit an. Die klare örtliche Zuordnung von Datenverarbeitungssystemen zu einem Betrieb gibt es in immer mehr Fällen nicht mehr. Die modernen elektronischen Kommunikationsnetze machen es selbst mittleren und kleinen Unternehmen möglich, betriebsübergreifende Datenverarbeitungssysteme aufzubauen. Datenverarbeitungskapazität ist zu einer Ressource geworden, die ohne Rücksicht auf räumliche Entfernung angeboten und genutzt werden kann. In vielen Fällen wissen nur noch Experten, wo der »Rechner« steht, mit und auf dem ein Mitarbeiter gerade seine Konstruktionsarbeit durchführt, seinen Text schreibt oder seine Kundendaten bearbeitet. Nur sie durchschauen, auf welchem Rechner welche Daten vorgehalten und welche Netze für deren »Transport« genutzt werden. Für den Mitarbeiter ist es bei seiner Arbeit nicht mehr nachvollziehbar, ob er gerade mit einem Rechner im gleichen Gebäude, im gleichen Ort, im gleichen Land oder auf dem gleichen Kontinent oder ob er mit Systemen in Amerika, Asien oder sonstwo auf der Welt verbunden ist. Die Sprache stellt kein Hindernis mehr dar. Englisch ist Standard, Übersetzungscomputer für jede Sprache sind in Sicht.

Mit der weltweiten Vernetzung geht das Problem einher, daß Datenströme weitgehend unkontrolliert über Landesgrenzen hinwegfließen, darunter immer wieder personenbezogene Informationen. Um dieses Problem in den Griff zu bekommen, müssen Betriebsräte gestalterisch tätig werden. Werden von ihrer Seite qualifizierte Vorschläge gemacht, treffen sie mit ziemlicher Sicherheit auf die Aussage des Unternehmers, daß die gewünschten Modifikationen technisch nicht möglich oder aber zu teuer sind.

Eine weitere Schwierigkeit ergibt sich aus den begrenzten gesetzlichen Möglichkeiten, die Betriebsräte zur Gestaltung von komplexen EDV-Systemen nutzen können. Ihr Handlungsspielraum reduziert sich in der Praxis auf den Abschluß von Regelungen, die die Verarbeitung und den Schutz personenbezogener Daten[5] in den Systemen betreffen. Dagegen haben sie keine effektive Einwirkungsmöglichkeit auf die Veränderungen der Arbeitsorganisation, die aus dem Einsatz komplexer DV-Systeme folgen. Werden etwa im Verwaltungsbereich elektronische Büroinformationssysteme eingeführt, die Arbeit und Informationen gezielt verteilen und die Erledigung kontrollieren, haben Betriebsräte bezüglich der damit einhergehenden Vorstrukturierung und Veränderung von Arbeitsaufgaben kein wirksames Mitbestimmungsrecht.

2. Die Grenzen betrieblicher Technikgestaltung

Wie die vorstehende Darstellung zeigt, bleibt Betriebsräten in vielen Fällen nur ein begrenztes Spektrum an Möglichkeiten zur Technikgestaltung. Verfügen sie nicht über Fachleute in den eigenen Reihen, ergeben sich im Zusammenhang mit komplexen Datenverarbeitungssystemen unlösbare Probleme. Sie müssen erkennen, welche Daten erfaßt, wie sie verarbeitet und ausgewertet werden können und welche Gegenstrategien und Gestaltungsalternativen es gibt. Sie werden in vielen Fällen völlig abhängig vom Wissen der Experten. Und selbst bei umfas-

---

5 Vgl. dazu auch *BAG* v. 13. 3. 1987, AP Nr. 29 zu § 80 BetrVG 1972.

sender Information und beim Vorliegen von ausreichenden Fachkenntnissen beschränken sich ihre juristischen und praktischen Möglichkeiten auf den Ausschluß unzulässiger Auswertung personenbezogener Daten, auf die Festschreibung von Löschungsfristen für gespeicherte Informationen, auf die Verhinderung unberechtigter Zugriffe und auf die Übermittlung von Daten ins Ausland. In dieser Situation haben sie sich zudem mit der Argumentation des Arbeitgebers auseinanderzusetzen, daß das System entweder sein muß oder daß die Nichteinführung Kosten in unbegrenzter Höhe verursachen würde. Die »Macht des Faktischen« in Form bereits installierter oder bestellter Systeme und schwer zu widerlegender angeblicher oder tatsächlicher wirtschaftlicher Zwänge reduziert den Gestaltungsspielraum der Betriebsräte dabei in vielen Fällen gegen Null.

3. Zukünftige Probleme der Technikgestaltung durch Betriebsräte

Wirft man einen Blick in die Zukunft, stellt man fest, daß sich die unbefriedigende Situation nicht verbessern wird. Im Gegenteil ist mit einer erheblichen Verschlechterung zu rechnen, da einerseits mit entscheidenden neuen Handlungsmöglichkeiten nicht zu rechnen ist. Andererseits nehmen die Probleme in Abhängigkeit von neuen technischen Möglichkeiten und Organisationskonzepten zu. Auch dies soll an einem *Beispiel* verdeutlicht werden, das auf den ersten Blick utopisch scheinen mag, das dennoch in einigen Industriezweigen schon heute realisiert ist:

Mit zunehmender Computerisierung und Vernetzung wird eine neue Arbeitsorganisation möglich, bei der der Betrieb als räumlich abgrenzbare Einheit aufhört zu existieren. Voraussetzung ist, daß die Arbeitsorganisation über und vom Computer gesteuert und koordiniert wird. Ist diese gegeben, wird es möglich, einen »Betrieb« über die ganze Bundesrepublik zu verteilen. Die Personalabteilung kann sich in einem solchen nur noch »virtuellen« Betrieb beispielsweise in Emden befinden, die Finanzabteilung in Erfurt, die Logistik in Dresden, das Zentrallager in Wanne-Eickel, das Marketing in Hannover.[6] *Techniker und Vertriebsleute sind in ganz Deutschland tätig, ohne daß sie über ein festes Büro verfügen. Dieses wird durch ihr Auto ersetzt, das mit Funktelefon, Laptop-Computer, Telefax und Anrufbeantworter ausgerüstet ist. Das reibungslose Zusammenarbeiten aller Bereiche und Funktionen ist durch die elektronische Vernetzung*

---

6 Die regionale Aufgliederung derartiger »Betriebe« ist unbegrenzt vorstellbar. Die genannten deutschen Städtenamen könnten deshalb problemlos durch die Namen von Städten im EG-Bereich ersetzt werden. Die elektronische Vernetzung macht's schon heute technisch möglich.

gesichert: Jeder Mitarbeiter kommuniziert mit jedem unter Einsatz des Telefons und unterschiedlicher Datenübertragungsdienste. Wird eine Reparatur nötig, erteilt ein Kunde eine Bestellung, oder ergibt sich eine Änderung des Gehalts, werden die entsprechenden Informationen, nachdem sie einmal in das System eingegeben worden sind, von Computerprogrammen verwaltet und an die zuständigen Abteilungen weitergegeben.

Die nächste Steigerung ist die Einbeziehung Dritter. Es ist denkbar, daß das DV-System eines Kunden elektronisch und vollautomatisch einen Defekt an einer Maschine meldet. Die Störung wird vom Computer des Herstellers aufgenommen, ein Diagnoserechner nimmt über das öffentliche Telefon- und Datennetz »Kontakt« mit der defekten Maschine auf, ein Testprogramm läuft ab und anschließend wird ein Techniker mit der Ausführung der Reparatur beauftragt. Er erhält vor seiner Fahrt zum Kunden vom Computer einen speziell für diesen Fall zusammengestellten Ersatzteil- und Werkzeugkoffer, mit dem er den Fehler beheben kann. Nach Durchführung der Arbeit schreibt das System anhand der vom Techniker eingegebenen Arbeitszeit- und Reparaturdaten automatisch die Rechnung und teilt nebenbei noch dem zuständigen Verkäufer mit, daß der Kunde veraltete Geräte im Einsatz hat und daß deshalb ein Besuch bzw. ein Verkaufsgespräch nicht schaden könnte. Dies alles geschieht, ohne daß die beteiligten Mitarbeiter des Betriebs sich kennen oder sehen müssen.

Für die Gestaltungsmöglichkeiten von Betriebsräten schafft dieses Szenario eine hoffnungslose Situation. Sie werden bei derartigen hochkomplexen Systemen und Arbeitsorganisation nicht mehr in der Lage sein, eigene Vorstellungen durchzusetzen. Schon die Analyse der Systeme wird dadurch erschwert oder unmöglich gemacht, daß kaum noch nachvollziehbar sein wird, welcher Computer über welches Netz mit wem kommuniziert und wie die Verknüpfung der Systeme untereinander ausgestaltet ist. Nur externen Experten wird es allenfalls noch möglich sein, grundsätzliche Anmerkungen zu machen.

Ein weiteres wesentliches Problem wird darin bestehen, daß bisher geltende juristische Grundlagen durch die neuen Realitäten obsolet werden. Deutlich wird dies, wenn man das vorstehende Beispiel mit dem Betriebsbegriff spiegelt, der dem BetrVG zugrunde liegt. Nach der allgemeinen Definition ist der ›Betrieb‹ »die organisatorische Einheit, innerhalb derer ein Arbeitgeber allein oder mit seinen Arbeitnehmern mit Hilfe von technischen und immateriellen Mitteln bestimmte arbeitstechnische Zwecke verfolgt, die sich nicht in der Befriedigung von Eigenbedarf erschöpfen«.[7] Betriebsverfassungsrechtlich gilt

---

7 Vgl. statt vieler *Fitting/Auffahrt/Kaiser/Heither*, Betriebsverfassungsgesetz, 16. Aufl. München 1990, Rdnr. 31 zu § 1 BetrVG mit umfangreichen w. N.

gem. § 4 Ziff. 1 und 2 BetrVG, daß ein *eingegliederter* Betriebsteil dann »selbständig« ist, wenn er räumlich weit vom Hauptbetrieb entfernt ist. Verschiedene Arbeitsgerichte sehen die »räumlich weite Entfernung« schon bei 50 bis 100 km als gegeben an.[8]

Für unser Beispiel folgt aus dieser Aussage, daß die verschiedenen Bereiche eines elektronisch vernetzten Unternehmens immer dann als betriebsverfassungsrechtlich selbständiger Betrieb anzusehen sind, wenn die von der Rechtsprechung gesetzte Kilometergrenze überschritten ist. Sofern nicht eine entsprechende Zahl kleiner Betriebsräte gebildet wird, bleibt ein Teil der Mitarbeiter ohne Vertretung – ein unbefriedigender Zustand. Aber auch wenn sich aus der räumlichen Nähe betriebsverfassungsrechtlich ein Betrieb ergibt, bleibt das Problem, daß der Betriebsrat viele Mitarbeiter nicht mehr direkt persönlich erreichen kann.

Für die Praxis elektronisch vernetzter Betriebe wird es zukünftig von großer Bedeutung sein, ob und wie der Betriebsrat mit seinen Mitarbeitern kommunizieren kann. Eine wichtige Forderung ist deshalb die nach der Gleichheit der Kommunikationsstränge. Kann etwa nur der Arbeitgeber die Mitarbeiter über die elektronischen Kommunikationsnetze erreichen und Informationen vermitteln, während Betriebsräte von dieser Möglichkeit ausgeschlossen sind, stellt dies eine Benachteiligung dar. Die verbleibende Waffe des David Betriebsrats wäre in diesem Fall das Flugblatt als Informationsmedium aus der Steinzeit des Kommunikationszeitalters. Konkrete Auseinandersetzungen würden sich wie der Wettlauf zwischen Hase und Igel gestalten. Was immer der Betriebsrat mühsam per Flugblatt mitteilt, kann der Arbeitgeber zeitgleich in Stellungnahmen an alle Mitarbeiter in Frage stellen. Umgekehrt könnte der Betriebsrat elektronischen (Falsch-)Aussagen des Arbeitgebers nur mit erheblicher Zeitverzögerung entgegentreten. Einen Ausweg aus diesem Dilemma bietet nur eine völlige Gleichstellung des Betriebsrats bei der Nutzung allgemein üblicher Kommunikationswege im Sinne der Herstellung gleicher Informationschancen.

Ein weiteres existentielles Problem wartet auf den Betriebsrat. Er wird im Elektronikzeitalter nicht nur mit völlig neuen Organisationsstrukturen konfrontiert, sondern auch mit einer neuen individuellen Ausgestaltung der Arbeitsplätze. Jeder, der einen Laptop und ein Modem als Zugang zu elektronischen Kommunikationsnetzen hat, kann von jedem beliebigen Ort aus arbeiten. Die elektronischen Systeme organisieren die Verteilung der Arbeit unabhängig vom Arbeitsort, assistieren bei der Erledigung und kontrollieren die Erledigung. Der Arbeitsplatz im Betrieb wird überflüssig. Mitarbeiter können zu Hause oder bei

---

8 Vgl. die Beispiele aus der Rechtsprechung bei *Fitting/Auffahrt/Kaiser/Heither*, a. a. O., Rdnr. 13 zu § 4.

Kunden arbeiten und sind für den Betriebsrat praktisch nicht mehr zu erreichen. Weder weiß er um die Probleme dieser Mitarbeiter, noch kennen sie ihre Interessenvertreter. Die schleichende Ausdünnung des »Sozialortes Betrieb« kann in der extremen Konsequenz dazu führen, daß es »Geisterbetriebsräte« gibt, die ohne herkömmliche Betriebsstätten und damit ohne tatsächlichen direkten Bezug zu ihren Mitarbeitern sind.

4. Das Versagen herkömmlicher arbeitsrechtlicher Instrumente als Mittel der Technikgestaltung

Die dargestellten Beispiele machen deutlich, daß die herkömmlichen Mittel der Technikgestaltung, wie sie im BetrVG kodifiziert sind, in der betrieblichen Praxis in weiten Bereichen versagen werden. Allenfalls überschaubare Systeme mit festen Funktionen wie ein digitales Telefonsystem lassen sich von Betriebsräten zufriedenstellend regeln. Die Regelung von Großcomputersystemen und -netzen scheitert dagegen in vielen Bereichen an den eng begrenzten Mitbestimmungsrechten ebenso wie am Fehlen bzw. an der Einbeziehbarkeit externen Fachwissens. Betriebsräte drohen deshalb bei der Ausgestaltung grundlegender Techniksysteme immer mehr ins Hintertreffen zu geraten.

5. Neue Strategien als Mittel der Technikgestaltung

Wollen Betriebsräte neue Arbeitsformen offensiv mitgestalten, sind neben der umfassenden Kenntnis und Ausschöpfung bestehender Rechte Phantasie und Umdenken hin zu neuen Strategien gefragt. Um ihre Entscheidungskompetenz auszubauen, sollten Betriebsräte frühzeitig den Kontakt zu externen Beraterpools aufbauen, und sei es nur auf informellem Weg.

Computertechnik muß für jeden Betriebsrat und Mitarbeiter durchschaubar gemacht werden. Um dieses anspruchsvolle Ziel zu erreichen, kann die Schaffung von »Selbsterfahrungsgruppen« sinnvoll sein. So könnten Betriebsräte, die bereits Computersysteme erfolgreich geregelt haben, Kollegen aus anderen Betrieben qualifiziert und praxisnah beraten.

In konkreten Auseinandersetzungen werden Betriebsräte in vielen Fällen neue Wege gehen müssen. Deutlich wird dies an den Mitteln, die sich zur Bewältigung völlig neuer Arbeitsformen wie der Telearbeit (Computerarbeit in der Wohnung) abzeichnen. Betriebsräte sollten beim Aufkommen dieser neuen Arbeitsform versuchen, die betroffenen Mitarbeiter in das betriebliche Solidarkonzept einzubeziehen. Dazu gehört, daß sie die Mitarbeiter vor Ort in ihren Wohnungen aufsuchen, darauf achten, daß dort die ergonomischen und sicherheitstechnischen Mindeststandards eingehalten werden und die Mitarbeiter über ihre Rechte informiert werden. Wenn eine solche Forderung nach »Hausbesuchen« zu Recht ein gewisses Unbehagen auslöst, ist zu beachten, daß nur so eine Gleichstellung gegenüber betrieblichen Mitarbeitern und Arbeitsplätzen möglich ist.[9]

6. Verbesserung der Gestaltungsbedingungen durch den Gesetzgeber

Wo die Möglichkeiten der Betriebsräte enden, ist der Gesetzgeber gefordert. Dazu an dieser Stelle nur ein paar Stichworte.

Die bestehenden gesetzlichen Regeln sind auf vorelektronische Zustände zugeschnitten. Deshalb ist eine Anpassung notwendig, die z. B. Mitbestimmungsrechte nicht nur für die Einführung und den Ausbau elektronischer Großsysteme, sondern auch für die dahinterstehenden Organisationsstrukturen sichert.

So wäre gerade mit Blick auf geänderte ortsunabhängige Betriebsstrukturen zu fordern, daß eine gesetzliche Neudefinition des Betriebsbegriffs stattfindet, die realistisch geänderte Strukturen mit einbezieht. Nicht mehr die räumliche Entfernung kann den Begriff eines einheitlichen Betriebs und damit eines Betriebsrats bestimmen. Maßgeblich sollte vielmehr allein die organisatorische Ein- bzw. Anbindung und die »Kommunikationsfähigkeit« sein. Eine solche Neudefinition würde die gleiche und gerechte Vertretung von Mitarbeitern in elektronisch vernetzten virtuellen Betrieben sicherstellen.

Die gesetzlichen Möglichkeiten, externe Sachverständige hinzuzuziehen, müssen erheblich verbessert werden, um die Erkenntnisfähigkeit der Betriebsräte zu erhalten bzw. zu verbessern. Zusätzlich ist der Staat aufgefordert, die Mittel bereitzustellen, um Beratungs-Know how unabhängiger Sachverständiger zu schaffen.

Zu guter Letzt wäre auch an ein institutionelles Zulassungsverfahren zu denken, das nur noch die Systeme zur Verwendung im betrieblichen Zusammenhang zuläßt, die die Wahrung der Rechte der Arbeitnehmer und ihrer kollektiven Interessenvertreter sicherstellen. Diese Forderung mag auf den ersten Blick weltfremd und utopisch scheinen. Wägt man aber den Schaden ab, den ein hem-

---

9 Vgl. dazu Peter Wedde, Telearbeit und Arbeitsrecht. Der Schutz der Beschäftigten und Handlungsmöglichkeiten des Betriebsrats, Köln 1986, S. 155 f., und W. Däubler, Gewerkschaftsrechte im Betrieb, 5. Aufl. Darmstadt-Neuwied 1987, S. 225.

mungsloser und schrankenloser Umgang und Einsatz von Computertechniken auf Kosten der Arbeitnehmer anrichten kann, ist sie durchaus gerechtfertigt.[10] Vielleicht könnten derartige Verfahren eines Tages so selbstverständlich für uns sein wie der TÜV im öffentlichen Straßenverkehr.

---

10 Vgl. zu Zulassungsverfahren für Computersysteme ausführlich *A. Roßnagel/P. Wedde u. a.*, Die Verletzlichkeit der Informationsgesellschaft, 2. Aufl. Opladen 1989, S. 242 f.

Christian Kerst

Umsetzung von Gestaltungswissen als Herausforderung für Betriebsräte

1. Einleitung

Seit 1974 existiert das Humanisierungsprogramm der Bundesregierung; seit 1990 wird es in veränderter Form unter dem Titel »Arbeit und Technik« weitergeführt.[1] In der Laufzeit dieser Programme ist eine Vielzahl von Erkenntnissen zur menschengerechten Gestaltung von Arbeit und Technik ans Licht gebracht worden, noch ergänzt durch jüngere Initiativen mit ähnlicher Zielrichtung wie das SoTech-Programm in NRW oder gewerkschaftliche Programme wie das der IG Metall »Arbeit und Technik — Der Mensch muß bleiben«.

Man kann heute konstatieren, daß ein großer Fundus an Gestaltungswissen vorliegt, der für viele Branchen, Beschäftigtengruppen und Technologien Vorschläge und Empfehlungen dazu umfaßt, wie eine menschengerechte Gestaltung von Arbeit und Technik in der betrieblichen Praxis befördert werden kann. Neben der ständigen Weiterentwicklung dieses Wissens und seiner Anpassung etwa an neue technologische Entwicklungen stellt sich damit ein Umsetzungsproblem. Das Gestaltungswissen muß in Entscheidungssituationen Eingang finden. Bereits früh wurde im HdA-Programm das Problem der Umsetzung erkannt und durch Methoden der Programmsteuerung (Einrichtung von Verbundprojekten), Umsetzungsprojekte der Tarifparteien sowie die Einrichtung eines HdA-spezifischen Umsetzungsschwerpunktes angegangen. Trotzdem gibt es weithin Übereinstimmung darüber, daß es trotz dieser Bemühungen immer noch eine nur zögerliche Aufnahme der zur Verfügung stehenden HdA-Erkenntnisse in der Praxis gibt.

Grundlage der folgenden Ausführungen ist die Annahme, daß die Umsetzung von Gestaltungswissen durch die Form der industriellen Beziehungen auf der betrieblichen Ebene begünstigt oder behindert werden kann. Vertreten wird die These, daß die tradierte Form betrieblicher Arbeitsbeziehungen nur begrenzt

---

1 Zur Kritik aus den Gewerkschaften daran vgl. *R. Schneider,* Gewerkschaftliche Forderungen an die staatliche Politik zur Humanisierung der Arbeit, in: *W. Fricke* (Hg.), Jahrbuch Arbeit und Technik 1990, Bonn 1990.

tauglich für die Umsetzung ist und in einer Umorientierung der gewerkschaftlichen Betriebspolitik — wie sie seit einigen Jahren immer konkreter Gestalt annimmt — Chancen für eine wirkungsvollere Umsetzung liegen.

In der Perspektive der Fragen nach Umsetzungswegen und -barrieren wurde jetzt ein Forschungsprojekt abgeschlossen[2], das empirisch auf der Analyse von Investitionsmaßnahmen in Industrieunternehmen beruht. Zentrale Frage war, ob und welche HdA-relevanten Erkenntnisse von welchen Akteuren in welchen Planungs- und Entscheidungsphasen genutzt wurden. Hintergrund war die Vermutung, daß es im Betrieb komplexe Muster der Investitionsplanung und -steuerung gibt, die die Aufnahme neuer Erkenntnisse zur menschengerechten Arbeits- und Organisationsgestaltung systematisch blockieren. Deren Identifizierung sollte ein besseres Verständnis von Umsetzungsbarrieren ermöglichen.

Im Rahmen der Investitionsfallanalyse[3] wurde auch die Rolle der betrieblichen Interessenvertretung daraufhin untersucht, ob Betriebsräte bei »normalen«, mehr oder weniger alltäglichen Investitionen als Garanten für die Berücksichtigung von HdA-Erkenntnissen auftreten. Sind Betriebsräte der Stachel der Humanisierung im Fleisch der Investitionsplaner? Kommen die Betriebsräte überhaupt und in welchen Phasen einer Investitionsplanung mit der Planung »in Berührung«, und wie agieren sie dann? Vorgefunden haben wir ein Spektrum von passiver Kenntnisnahme bis hin zu aktiver und erfolgreicher Mitbestimmung. Die Ergebnisse lassen aber nicht nur auf die Aufnahmebereitschaft und Aufnahmemöglichkeiten für humanisierungsrelevante FuE-Ergebnisse schließen. Sie gelten uns ebenso als Anzeichen dafür, inwieweit Betriebsräte mittlerweile die Einflußnahme auf Investitionsgestaltung, d. h. auf Arbeits-, Technik- und Organisationsgestaltung, betreiben. Wir interpretieren diese Ergebnisse auf dem Hintergrund der Diskussion über die Veränderung der betrieblichen indu-

---

2 Das zwischen 1986 und 1990 am ASIF-Institut, Bielefeld, durchgeführte Projekt trägt den Titel »Beschaffung als Umsetzungsweg für Erkenntnisse zur Gestaltung der Arbeit«. Es wurde im Auftrag des BMFT im Rahmen des Programms HdA/AuT gefördert, Förderkennzeichen: 01 HG 335/6. Zu Zwischenergebnissen vgl. *H.-J. Braczyk u. a.*, Eine starke Behauptung ist besser als ein schwacher Beweis. Beschaffungsentscheidungen im Betrieb, Werkstattberichte »Humanisierung des Arbeitslebens« Wb 1, Bonn 1987.
3 Im Schwerpunkt beruhen die Ausführungen auf der Analyse von sieben Investitionsfällen, die im Rahmen des Projektes »Beschaffung als Umsetzungsweg...« untersucht wurden. Daneben werden sechs Kurzfallstudien eines anderen Vorhabens reanalysiert (vgl. *C. Kerst*, Wandlungstendenzen betrieblicher Interessenvertretung, Werkstattbericht 64 im Programm »Mensch und Technik. Sozialverträgliche Technikgestaltung«, Düsseldorf 1989). Die Betriebe sind mit zwei Ausnahmen Konzernbetriebe bzw. gehören zu einer Unternehmensgruppe; zehn der Betriebe haben (mindestens) einen freigestellten Betriebsrat, die Betriebsgröße liegt im Schwerpunkt zwischen 400 und 1600 Beschäftigten. Die Spannbreite der vertretenen Branchen reicht von der Luft- und Raumfahrtindustrie über den Maschinenbau, die Elektrotechnik und Mineralölindustrie bis zum Druckereigewerbe, der Bekleidungsindustrie und dem Handel.

striellen Beziehungen in der Bundesrepublik[4] und wollen versuchen, einige Überlegungen über eine realistische und effektive Rolle der Betriebsräte im Umsetzungsprozeß anzustellen.

2. Betriebsräte im Investitionsprozeß: Einige Ergebnisse

Auf die Fallstudien und ihre Ergebnisse wird hier nur sehr kurz eingegangen.[5] Trotz der Verschiedenartigkeit der Branchen und Investitionsvorhaben zeigen sich bemerkenswerte Übereinstimmungen bezüglich der Gegenstände und Themen, auf die sich die Betriebsräte im Verlauf der Investitionsprozesse konzentrieren. Die Betriebsräte in unseren Investitionsfällen beziehen sich weitgehend auf Felder, die *traditionell* für ihre Arbeit eine wichtige Rolle gespielt und auf denen sie deshalb *fundierte Kompetenzen* aufzuweisen haben. So kommt den Fragen von Lohnform und Lohnhöhe ebenso ein hoher Stellenwert zu wie der Personalrekrutierung und -umsetzung sowie dem Schutz vor Entlassung. Auch die Themen Kontrolle und Schutz vor der Auswertung personenbezogener Daten, Arbeitsschutz sowie ergonomische Gestaltung von Arbeitssystemen gehören dazu. Ein zweites Merkmal ist die Konzentration auf Gegenstände, für die es *geregelte bzw. etablierte Formen der betriebsratlichen Einflußnahme* gibt. Entweder existieren klare gesetzliche oder tarifliche Regelungen, die Möglichkeiten und Grenzen der Einflußnahme regeln (z. B. im Hinblick auf die Lohnform), oder es gibt betriebliche Traditionen wie z. B. die, daß der Betriebsrat auf die Einhaltung von Arbeitsschutznormen achtet. Schließlich ist zu beobachten, daß Betriebsräte auf Feldern aktiv werden, in denen klar *quantifizierte Bestimmungen und Regelungen* existieren (z. B. in Arbeitsschutzbestimmungen), deren Umsetzung und Anwendung die Beschaffung entsprechender Daten und den Abgleich mit den vorgeschriebenen Werten voraussetzen. Hier dürfte der Grund liegen, daß bereits normierte bzw. normierbare Teile des Arbeitsschutz- und Gestaltungswissens von den Betriebsräten stark beachtet und umgesetzt werden.

Auch die Verläufe der Investitionsprozesse weisen Gemeinsamkeiten auf. Mit einer Ausnahme (aus dem kleinsten Betrieb) bemängelt keiner der Betriebsräte,

---

4 Vgl. dazu z. B. *B. W. Müller-Jentsch*, Soziologie der industriellen Beziehungen, Frankfurt a. M./New York 1986; *R. Trinczek*, Betriebliche Mitbestimmung als soziale Interaktion, in: Zeitschrift für Soziologie 18/1989, mit weiteren Literaturhinweisen.

5 Eine ausführlichere Fassung dieses Aufsatzes gibt darüber Auskunft: *C. Kerst*, Wandel betrieblicher Arbeitsbeziehungen und die Gestaltung von Arbeit und Technik – Zur Rolle von Betriebsräten bei der Umsetzung komplexen Gestaltungswissens, ASIF-Arbeitspapier Nr. 25, Bielefeld, Oktober 1990.

zu spät oder unzureichend informiert worden zu sein. Es herrschen positive Einschätzungen der Informationslage und -möglichkeiten vor.

Weiterhin ist auffallend, daß viele der Betriebsräte zwar in sehr frühen Stadien des Investitionsprozesses informiert sind, dann jedoch eine abwartende Position einnehmen. Es klafft eine unübersehbare Lücke zwischen Informierung und dem Zeitpunkt, zu dem die Betriebsräte selbst aktiv werden. Gerade in den frühen Phasen von Investitionen, wenn Entscheidungen von großer Tragweite zu treffen sind, üben die Betriebsräte also erkennbar Zurückhaltung. Sie begnügen sich mit der Information, »da kommt was auf uns zu«.

Die Betriebsräte geben ihre abwartende Position vielfach zu dem Zeitpunkt auf und greifen mit Forderungen in den Planungsprozeß ein, wenn Aspekte berührt werden, die gesetzlicher oder tariflicher Regelung unterworfen sind (z. B. mitbestimmungspflichtige oder mitwirkungsrelevante Tatbestände nach dem BetrVG oder vom Gesetzgeber erlassene Vorschriften wie die ArbstättVO). Nur in sehr wenigen Fällen läßt sich aber behaupten, daß erst die Veranlassung durch überbetriebliche Regelungen dem Betriebsrat die *Möglichkeit* des Eingreifens eröffnet hat. Häufiger ist sie *Anlaß* dazu.

Bezüglich der Rolle von Betriebsräten in Investitionsprozessen können wir an dieser Stelle zusammenfassend festhalten: Die Betriebsräte sind nicht *die* Promotoren einer menschengerechten Gestaltung von Arbeit und Technik. Sie ziehen sich vielmehr auf die Felder zurück, für die sie in langen Jahren Kompetenzen aufgebaut haben. Sie nutzen auch vielfach offenstehende Chancen zur frühzeitigen Einschaltung in Planungsprozesse nicht. Ihre Position ist abwartend und zurückhaltend. Trotzdem hat der Humanisierungsaspekt für die Betriebsräte hohe Bedeutung: Ihr Interesse richtet sich jedoch vor allem auf den Kanon von normierbarem Wissen, wie es klassisch in der Ergonomie und zahlreichen Arbeitsschutzbestimmungen festgeschrieben ist. In bezug auf diesen Aspekt von Humanisierung kann die Umsetzung als durchaus erfolgreich bezeichnet werden.

Da jedoch im Programm HdA/AuT (in neueren Initiativen wie z. B. SoTech in NRW oder den einschlägigen gewerkschaftlichen technologiepolitischen Programmen ohnehin) rasch erkannt wurde, daß eine Humanisierung der Arbeit allein über die Verbesserung der Ergonomie nicht hinreichend ist, wurden komplexere und übergreifendere Ansätze stärker in den Mittelpunkt gerückt. Darin findet die Gestaltung der Organisation ihren Niederschlag, und die betriebliche Innovation wird als gestaltbarer Prozeß begriffen. Diese Ansätze werden von den befragten Betriebsräten allerdings nicht oder nur in geringem Maße aufgegriffen. Besonders markant zeigt dies das Beispiel eines Betriebsrats, der zwar vehement die Probleme der Bildschirmergonomie bei Einführung eines

EDV-gestützten Sachbearbeitungssystems anging, sich bezüglich der gravierenden Veränderungen im Arbeitsablauf der Sachbearbeiter und der daraus resultierenden Belastungen aber für nicht zuständig erklärte – ein sicherlich extremes Beispiel, das aber die Grundtendenz verdeutlicht.

Nun wäre es natürlich verfehlt, und es ist auch nicht die Absicht dieser Ausführungen, diese Feststellungen normativ zu wenden und damit den Betriebsräten zum Vorwurf zu machen. Den Betriebsräten soll auch nicht einfach eine wesentliche oder gar die alleinige Verantwortung für die Umsetzung komplexen Gestaltungswissens auferlegt werden.

3. Neue Regelungsmuster der betrieblichen Arbeitsbeziehungen

Das von uns beobachtete Agieren der Betriebsräte läßt sich zu einem großen Teil vor dem Hintergrund eines Regelungsmodells betrieblicher Interessenvertretungen erklären, das als »monetär-quantitative Folgenbewältigung«[6] bezeichnet werden kann. Als Hauptmerkmale dieses Regelungstyps werden genannt:

– Reaktive Orientierung auf die Folgen von Investitionen: Man wartet ab, bis die Investitionsplanungen weit fortgeschritten sind, um dann erkennbare Auswirkungen in den Blick zu nehmen.
– Konzentration auf monetäre und quantifizierbare Regelungsdimensionen: Verhandelt wird um Dinge, die sich in Geld ausdrücken lassen, zumindest aber in klare Meßgrößen zu fassen sind.
– Das führt häufig zu einer Politik der Kompensation: Belastungen werden gegen Geld in Kauf genommen.
– Beide Seiten orientieren sich an tariflichen oder gesetzlichen Regelungen, nutzen aber auch langjährig gewachsene informelle Beziehungen im Betrieb.

Dieser Typus von Interessenvertretung ist keineswegs gleichbedeutend mit schwachen Betriebsräten. Verschiedene Studien zeigen, daß es gerade auch starke Betriebsräte mit wirkungsvoller Interessenvertretung sind, die diesem Typ zugeordnet werden können.[7] Seine Existenz und Wirksamkeit ist ohne Rückgriff auf die Besonderheiten der industriellen Beziehungen in der Bundesrepublik nicht denkbar.[8] Für die als wechselseitige Funktionsentlastung inter-

---

6 Vgl. zu diesem Begriff *C. Kerst*, Wandlungstendenzen betrieblicher Interessenvertretung, a. a. O., S. 24 ff.
7 Zu nennen sind hier *H. Kotthoff*, Betriebsräte und betriebliche Herrschaft, Frankfurt a. M./New York 1981; *F. Weltz* (unter Mitarbeit von *G. Schmidt*), Rationalisierung und Betriebstätigkeit, in: *K. Dohse u. a.* (Hg.), Statussicherung im Industriebetrieb, Frankfurt a. M./New York 1982.
8 Vgl. dazu ausführlicher *C. Kerst*, a. a. O.

pretierbare Beziehung zwischen den Akteuren auf betrieblicher und tariflicher Ebene sowie das produktive Nebeneinander von starken Betriebsräten und starken Gewerkschaften stellt ein solcher Regelungstyp betrieblicher Arbeitsbeziehungen eine wichtige Bedingung dar.

Die Ergebnisse unserer Untersuchungen zeigen, daß die monetär-quantitative Folgenbewältigung als Typus betrieblicher Arbeitsbeziehungen auch in den 80er Jahren offenbar noch einen bedeutenden Stellenwert besitzt. Zugleich geraten jedoch die Voraussetzungen des Regelungstyps ins Wanken. Die Rahmenbedingungen wandeln sich und geben Überlegungen über neue Regelungsroutinen reichlich Nahrung.

Sehr summarisch und kurz lassen sich die veränderten Rahmenbedingungen betrieblicher Interessenvertretung wie folgt beschreiben:

— Die technologische Basis vieler Investitionen verändert sich dahingehend, daß viele moderne Produktionsanlagen EDV-Komponenten enthalten, mit denen eine verbesserte Steuerung und Produktqualität sowie höhere Flexibilität erreicht werden sollen. In Verbindung mit der Nutzung von EDV-Technik als IuK-Technologie ergibt sich so die Option auf den Aufbau komplexer technischer Systeme, die derzeit im Kürzel CIM für die komplett rechnerintegrierte Fabrik ihren »modernsten« Ausdruck finden. Durch zwischenbetriebliche Vernetzung überschreiten die Auswirkungen von Rationalisierungen zunehmend die Betriebs- und Unternehmensgrenzen. In der industriesoziologischen Diskussion werden diese Tendenzen als »systemische Rationalisierung« bezeichnet.[9]

— Derartig komplexe Anlagen können häufig gar nicht in einem großen Entwurf geplant werden, sondern bedürfen der schrittweisen Realisierung. Dabei eröffnet zum einen jede Entscheidung neue Optionen, verursacht zum anderen Folgen, die möglicherweise erst viel später absehbar werden. Die sachliche und zeitliche Komplexität erschwert für alle Beteiligten den Überblick. Durch räumliche und/oder zeitliche Entkoppelung der Folgen von Investitionen wird ihre Abschätzung und rechtzeitige Antizipation schwieriger. Dies gilt in besonderem Maße für die beteiligten Nichtfachleute, zu denen auch die Betriebsräte gehören.

Für die Betriebsräte bedeutet dies, neue Fähigkeiten zur Beurteilung technischer Anlagen entwickeln zu müssen und diese im Kontext umfassender

---

9 Vgl. *N. Altmann u. a.*, Ein »Neuer Rationalisierungstyp« — neue Anforderungen an die Industriesoziologie, in: Soziale Welt 37, 1986; *M. Baethge/H. Oberbeck*, Zukunft der Angestellten, Frankfurt a. M./New York 1986; *J. Bergstermann/R. Brandherm-Böhmker* (Hg.), Systemische Rationalisierung als sozialer Prozeß, Bonn 1990.

technischer Systeme zu begreifen. Ein Agieren auf der Basis eines punktuellen und statischen Verständnisses von Investitionen läuft ins Leere. Die Situation wird für die Betriebsräte zusätzlich dadurch erschwert, daß die sozialen Grundlagen des traditionellen Regelungsmodells ebenfalls brüchig werden.
- Die »neue Topografie der Arbeit« (*Müller-Jentsch*) wird auch in den Betrieben spürbar. Der Anteil der Angestellten wächst, und die Frauenquote nimmt zu, während Beschäftigtengruppen abnehmen, die traditionell über enge Bindungen an Betriebsrat und Gewerkschaft verfügen.[10] Für die Realisierung von Investitionsvorhaben werden Beschäftigtengruppen wichtig, die als Rationalisierungsgewinner nur bedingt auf Unterstützung durch die institutionalisierte Interessenvertretung angewiesen sind (technische Angestellte, Ingenieure, qualifizierte junge Facharbeiter). Diese verbinden mit technologischen Innovationen selbstbewußt eigene Interessen (z. B. im Hinblick auf Qualifikation, Karriere oder aus starkem Technikinteresse).
- Zu beobachten ist eine Konjunktur von beteiligungs- und mitwirkungsoffenen Organisationskonzepten. Bei vielen Beschäftigten, vor allem jungen, qualifizierten Angestellten und Facharbeitern, treffen direkte Partizipationsangebote aus dem Management oder von Vorgesetzten auf Resonanz. Das traditionelle Modell der Repräsentation der Belegschaftsinteressen durch die Betriebsräte steht zur Debatte. Die lange bestehende Koalition der Betriebsräte mit den strategisch wichtigen Teilen der Belegschaften zum Nutzen aller (wenn die Verteilungsspielräume dies zuließen) ist nicht mehr automatisch gegeben.
- Über Tarifverträge schließlich lassen sich nicht mehr für alle Regelungstatbestände verbindliche Rahmenbedingungen des betriebsratlichen Agierens setzen. Technikgestaltung läßt sich noch weniger als Arbeitszeit in verbindliche Normen gießen, statt dessen werden Interpretations- und Handlungsspielräume im Betrieb größer (»Verbetrieblichung der industriellen Beziehungen«).

Wird das traditionelle Regelungsmodell im Zuge dieser Entwicklungen in Frage gestellt, bieten sich damit gleichzeitig Chancen für eine veränderte gewerkschaftliche Betriebspolitik. In Verbindung mit einer neuen gewerkschaftlichen Angestellten- und Technologiepolitik, wie sie sich seit geraumer Zeit entwickelt[11], kann es zu einer »Modernisierung« der industriellen Beziehungen insbesondere auf der betrieblichen Ebene kommen, die ein Abkoppeln technolo-

---

10 Inwieweit dieser Prozeß sozialstruktureller Umschichtungen durch die neuen Bundesländer mittel- und langfristig beeinflußt oder verändert wird, kann hier nicht erörtert werden.
11 Vgl. z. B. *F. Steinkühler/S. Bleicher* (Hg.), Zwischen Aufstieg und Rationalisierung. Die Angestellten, Hamburg 1988.

gisch fortgeschrittener Abteilungen und ihrer Belegschaften vom System institutionalisierter Arbeitsbeziehungen verhindert.

Voraussetzung dafür ist, daß sich die Betriebsräte offener als bisher auf partizipative Gestaltungsprozesse einlassen und ihre – wie unsere Fälle deutlich zeigen – defensiv-abwartende Position aufgeben. Betriebsräte würden dann »vom Repräsentanten begrenzter Interessenlagen der Kernbelegschaften zum Moderator offener Partizipationsprozesse werden«[12] und kämen so zu einer neuen Balance von Gestaltungs- und Schutzfunktionen. Den starken Beschäftigtengruppen würde Raum gegeben, ihre Interessen auf der Grundlage eigener Kompetenzen und Qualifikationen zu verfolgen, während eine Verselbständigung dieser Beteiligungsprozesse auf Kosten schwächerer Belegschaftsteile zu verhindern wäre, etwa durch die Forderung nach Einbeziehung dieser Gruppen in den Gestaltungsprozeß und eine entsprechende Qualifizierung für diese Aufgabe.

Die Perspektive für Betriebsratsarbeit ist dann nicht mehr der folgenorientierte und punktuelle Blick auf Einzelinvestitionen, sondern die Akzentuierung eines umfassenderen Prozeßaspekts von Gestaltung. Dies entlastet die Betriebsräte von der Notwendigkeit, in Sachfragen stets kompetent konkrete Alternativen zur Hand haben zu müssen, zumindest die richtigen Fragen zu stellen. Angesichts der technischen Komplexität moderner Produktionsanlagen und der sie steuernden und integrierenden IuK-Technik sowie der Rasanz des technischen Wandels wird der Betriebsrat vermutlich bei dem Versuch, technisch qualifiziert mithalten zu wollen, stets in der Rolle des Hasen gegenüber dem Igel verbleiben.[13] Der Erwerb von auf den Gestaltungsprozeß bezogenen Qualifikationen – gepaart mit fundierten *Grund*kenntnissen über Computer- und IuK-Technologien – umgeht diese Schwierigkeit. Da sich ein derartiges prozeßbezogenes Wissen aufgrund seiner Unabhängigkeit von einer konkreten Technik oder einer Einzelinvestition weniger schnell entwertet, trifft es eher auf den auf langsame Einarbeitung beruhenden Modus der betriebsratlichen Qualifizierung. Zugleich können auf diese Weise die abnehmenden Regelungskapazitäten auf der Tarifebene kompensiert werden. Entsprach dem traditionellen Regelungsmodell eine Entlastung der Betriebsräte durch das Tarifsystem, so werden diese nun, zumindest teilweise, durch die fachlichen Kompetenzen der Beschäftigten und deren Interesse an direkter, z. B. arbeitsplatzbezogener Partizipation entlastet.[14]

---

12 *C. Kerst*, Wandlungstendenzen betrieblicher Interessenvertretung, a. a. O., S. 109.
13 Und die Gewerkschaften wären mit entsprechenden Unterstützungsangeboten schlicht überfordert, da nicht jedem Betriebsrat ein eigener gewerkschaftlicher Berater zur Seite gestellt werden kann.
14 Vgl. *M. Behr u. a.*, Neue Technologien in der Industrieverwaltung, Opladen 1991, S. 115 ff.; *C. Kerst*, a. a. O., S. 104 ff.

Zusammenfassend lassen sich als wichtige Elemente eines veränderten Regelungsmodells betrieblicher Interessenvertretung die folgenden benennen:
- Orientierung auf die aktive, vorausschauende *Technikgestaltung* seitens des Betriebsrats und der Beschäftigten statt weitgehender Beschränkung auf die Regulierung der Folgen von Investitionen;
- Initiierung und Begleitung von *Partizipationsprozessen* unter Einbeziehung aller relevanten Beschäftigtengruppen;
- Besetzung eher *qualitativer Regelungsdimensionen*, z. B. Beteiligung, Qualifizierung, arbeitsorganisatorische Gestaltung, durch die Interessenvertretungen.

Es soll hier nicht behauptet werden, daß ein solches Regelungsmodell einfach umstandslos als Alternative zur monetär-quantitativen Folgenbewältigung formuliert oder gar realisiert werden kann. Aber mit den genannten Punkten kann eine mögliche Entwicklungsrichtung der betrieblichen Arbeitsbeziehungen angedeutet werden. Es geht also nicht um eine Ersetzung der betriebsratlichen Schutzfunktion, die kennzeichnend für die betriebliche Interessenvertretung in traditionellen Bahnen ist, sondern vielmehr um die wechselseitige Ergänzung von Schutz- und Gestaltungsfunktionen.[15] Diese würde begünstigt durch die allmähliche, breite Etablierung eines Regelungstyps, der als »partizipative Technikgestaltung« bezeichnet werden kann.

Für die Betriebsräte verschieben sich dann die Risiken ihres Handelns. Liegen beim folgenorientierten Vorgehen Risiken vor allem darin, daß man beim Verzicht auf frühzeitige Intervention unkalkulierbare Folgen und das Entstehen von Sachzwängen in Kauf nimmt und das Funktionieren bewährter Regelungsroutinen auch für die Zukunft erwarten muß, so geht man mit einem gestaltungsorientierten Ansatz das Risiko der Verantwortungsübernahme für getroffene Entscheidungen ein. Zugleich nimmt die Bandbreite der Interessen zu, auf die der Betriebsrat strategisch reagieren muß, wenn er stärker die Einbeziehung von technischen Angestellten, Planern und Ingenieuren anstrebt. Veränderungen des Regelungsmodells sind also durchaus problematisch. Andererseits birgt auch ein Festhalten am traditionellen Modell der betrieblichen Arbeitsbeziehungen Risiken, denn der Verzicht auf die Einbeziehung durchsetzungsstarker Interessengruppen, die an Mitwirkung und Gestaltung interessiert sind, kann den Betriebsrat langfristig schwächen.

Die Angestelltenpolitik der Gewerkschaften ist in diesem Zusammenhang nicht unwichtig. Denn die Einbindung dieser immer größer werdenden Gruppe in die

---

15 Vgl. dazu *H.-J. Braczyk/J. Niebur,* Workshop »Umsetzung von HdA-Erkenntnissen und Betriebsratsarbeit«, Referate und Diskussionsergebnisse, ASIF-Arbeitspapier Nr. 12, Bielefeld 1988.

von Betriebsräten moderierten und initiierten Gestaltungs- und Beteiligungsprozesse ist von entscheidender Bedeutung für die Entwicklung neuer Formen der Interessenvertretung und -organisation. Anderenfalls besteht die Möglichkeit, daß die betrieblichen Arbeitsbeziehungen sich spalten: in einen traditionell organisierten Bereich unter Einschluß der Betriebsräte und in ein Segment direkter Interessenvertretung von Beschäftigten mit starker Stellung ohne institutionalisierte Vermittlung zu schwächeren Beschäftigtengruppen und mit nur schwacher Bindung an den Betriebsrat. Für die Betriebsräte eröffnen sich neue strategische Möglichkeiten in dem Maße, in dem sie qualifizierte Angestellte in die Interessenvertretung einbinden. Dafür setzt die gewerkschaftliche Angestelltenpolitik wichtige Rahmenbedingungen. Allerdings entscheidet umgekehrt das Agieren der Betriebsräte in konkreten Maßnahmen darüber mit, wie erfolgreich gewerkschaftliche Angestelltenpolitik ist bzw. werden kann.

4. Eine neue Betriebsratsrolle und die Umsetzung von Gestaltungswissen

So wie das Regelungsmodell der monetär-quantitativen Folgenbewältigung als Interpretationsfolie für das zögerliche und reaktive Agieren der von uns befragten Betriebsräte dienen kann, so lassen sich auf dem Hintergrund einer veränderten Betriebsratsrolle Überlegungen für die Umsetzung von komplexem Gestaltungswissen anstellen.

Es besteht ein Zusammenhang zwischen dem Typus der industriellen Beziehungen auf der betrieblichen Ebene und den Chancen betrieblicher Interessenvertretung, zur Umsetzung komplexen Gestaltungswissens beizutragen. Ein eher folgenorientiertes Vorgehen der Betriebsräte bei Investitionen geht zumeist mit der Umsetzung von direkt quantitativ beschreibbaren Wissensbeständen einher, wie sie etwa für viele Bereiche der Ergonomie vorliegen. Dieses Gebiet haben die Betriebsräte im Blick und — wichtiger noch — auch im Griff. Geht es jedoch um die Chance, daß komplexere Erkenntnisse zur Gestaltung von Arbeit und Technik bei Investitionen innerbetrieblich zur Kenntnis genommen werden, so steigt diese, wenn Betriebsräte eine stärker gestaltend und prozeßbezogen ausgerichtete Linie einschlagen.

Den Grund dafür verdeutlicht folgende Überlegung: Die Moderation von Partizipationsprozessen entlastet den Betriebsrat davon, in Sachfragen selbst zum »Gestaltungsexperten« zu werden. Statt dessen werden durch die Beteiligung Auseinandersetzungen angestoßen, die sowohl zwischen Management und Beschäftigten als auch innerhalb verschiedener Beschäftigtengruppen (z. B. zwischen Abteilungen oder Berufsgruppen) zu unterschiedlichen Standpunkten bis hin zu offenen Konflikten führen können, z. B. um die Gratifikation flexibler

Arbeitsleistungen oder die Kompetenzverteilung an neuen Arbeitssystemen. Auseinandersetzungen werden aber durch Partizipationsprozesse nicht verursacht, sondern lediglich sichtbar gemacht und somit einer kommunikativen Bearbeitung erst zugänglich. Der Betriebsrat erhält nun einerseits eine moderierende Funktion, die insbesondere auch durchsetzungsschwächere Belegschaftsteile stärken sollte. Zum anderen lassen sich Konflikte und Auseinandersetzungen als Probleme interpretieren, zu denen Lösungen im Fundus des Gestaltungswissens vermutet werden können. Hier könnten demnach regelrechte »Einflugschneisen« für Gestaltungswissen liegen, die zudem den Vorteil besitzen, konkret gefaßt zu sein. Man weiß dann, für welche Probleme nach Lösungen zu suchen ist. Auf die Betriebsräte kommt dabei die Aufgabe zu, über eigene Erkundungen, durch Aktivierung betrieblich vorgehaltener Kompetenzen bei den Beschäftigten oder durch Nutzung gewerkschaftlicher oder sonstiger externer Unterstützung die Suche nach Lösungen voranzutreiben. Die Fähigkeit, derartige Such- und Unterstützungsprozesse zu veranlassen und zu organisieren, bildet ein Element der prozeßbezogenen Kompetenzen, über die Betriebsräte in der Zukunft (auch) verfügen müssen. Die Devise lautet: weniger selbst zu machen und mehr zu delegieren — überspitzt formuliert, zum Manager und Moderator von Partizipationsprozessen zu werden.

Es gilt also, sich von der Vorstellung zu verabschieden, es gebe *einen* betrieblichen Akteur, der von Amts wegen für die menschengerechte Gestaltung von Arbeitssystemen zuständig ist und dem entsprechende Verantwortlichkeiten zugeschanzt werden. Statt dessen ist von komplexen betrieblichen Investitionsprozessen auszugehen, an denen eine Vielzahl von Akteuren beteiligt ist. Als eine wichtige Rahmenbedingung von Investitionen gelten die betrieblichen Arbeitsbeziehungen und, vermittelt darüber, das Verhältnis zu den anderen Ebenen der industriellen Beziehungen. Wenn, wie ausgeführt, tatsächlich eine Umgestaltung der betrieblichen Arbeitsbeziehungen für eine breite Umsetzung von Gestaltungswissen fördernde Wirkung besitzt, dann ist die Frage des Erfolges gewerkschaftlicher, aber auch staatlicher Technologiegestaltungsprogramme in einem umfassenderen Zusammenhang zu sehen.

Vor diesem Hintergrund kommt der gewerkschaftlichen Tarif- und Technologiepolitik eine große indirekte Bedeutung für das Umsetzungsproblem zu. Einerseits werden weiterhin relativ offene tarifliche Rahmenbedingungen gesetzt werden, die der betrieblichen Umsetzung bedürfen. Andererseits wächst der Bedarf der Betriebsräte an Beratung und Unterstützung, wobei über das Angebot der gewerkschaftlichen Stellen und Einrichtungen auch gesteuert wird, ob in den Betrieben eine Veränderung der betriebsratlichen Vorgehensweise in der beschriebenen Weise unterstützt wird.

Sollte es zu einer breiten Veränderung der betrieblichen Arbeitsbeziehungen in der beschriebenen Weise kommen, sind also positive Folgen für die Umsetzung von Gestaltungswissen zu erwarten. In den Betrieben tritt dann nämlich mit den Betriebsräten ein Potential an »Umsetzungsagenten« auf, deren Wirkung indirekt ist, indem sie das Umsetzungsklima in den Betrieben verbessern.

Horst Tholfus

Zwischen Reaktion und Prävention –
Probleme technikpolitischer Neuorientierung
im Dienstleistungsbereich

1. Einleitung

Die seit den 70er Jahren zunehmend reflektierte Erfahrung, daß die Technikanwendung weder technologisch noch betriebswirtschaftlich determiniert ist, führte 1986 bei den Dienstleistungsgewerkschaften Öffentlicher Dienst, Transport und Verkehr (ÖTV) und Handel, Banken und Versicherungen (HBV) zur programmatischen Neuorientierung gewerkschaftlicher Technikpolitik. Angesichts der vertretungspolitischen Herausforderung durch vernetzbare mikroelektronische Informations- und Kommunikationstechniken (IuK-Techniken) und vor allem der Bedrohung der Arbeitnehmer durch kaum zuverlässig antizipierbare Rationalisierungsfolgen, die zudem nach Eintreten nur unzureichend korrigierbar sind, wurde diese Neuorientierung in den Leitgedanken des präventiv zu sichernden Interessenausgleichs umgesetzt.

Nun läßt zwar der analytische Vergleich von vertretungspolitisch ausschöpfbaren Rechtsmitteln mit dem normativen Ziel des Sicherstellens von Sozialverträglichkeit technischer Anwendungsformen formale Rückschlüsse darauf zu, welche bislang noch ungenutzten (sozialen) Potentiale in welcher Form aktiviert werden müßten, um dies als präventive Einflußnahme zu gewährleisten. Aber erst zusätzliche Aufschlüsse über spezifische Zusammenhänge zwischen arbeits- und handlungspolitischen Ansatzmöglichkeiten einerseits und den in vertretungspolitischer Organisation und Tradition eingeschliffenen Handlungsmustern andererseits[1] bieten ausreichende Ansatzpunkte für eine problemangemessene und geduldige Neuorientierung. Um hierzu beizutragen, wurde am ISO ein Forschungsprojekt durchgeführt, das Prozeß und Anlage vertretungspolitischer Initiativen der sozialverträglichen Technikgestaltung in Betrieben und Dienst-

---
1 Einen Hinweis darauf, warum kollektive Neuorientierung eine vom Scheitern bedrohte Infragestellung von bewährten, aber überlebten sozialen Deutungs- und Konfliktverarbeitungsmustern voraussetzt, die zwischen objektiven Handlungsanforderungen und strategischem Handeln eine vermittelnde Funktion haben, gibt die 1986 veröffentlichte Studie: *H. Groß/H. Tholfus*, Konflikthandeln von Betriebsräten; Handlungsmuster betrieblicher Interessenvertretungen, Frankfurt a. M./New York.

stellen (Betrieben) von vier Gewerkschaften[2] rekonstruierte, die programmatisch zur Neuorientierung aufgerufen hatten. Die hier vorgestellten wichtigsten Ergebnisse aus Fallstudien zum Technisierungsgeschehen in einer Kommunalverwaltung und einem Bankunternehmen[3] werden mit Grundannahmen zu Voraussetzungen und Möglichkeiten einer präventiven Technikpolitik verglichen und thesenförmig zugespitzt. Sie markieren insofern verallgemeinerungsfähige Übergänge und Bruchstellen kollektiver technikpolitischer Lernprozesse, als ihre Substanz im Prozeß kommunikativer Prüfung nicht durch andersgeartete Erfahrungen und Erkenntnisse der Rezipienten in Frage gestellt werden kann.

Im Mittelpunkt der beiden Fallstudien stand die Technikpolitik der institutionalisierten betrieblichen Arbeitnehmervertretung. Betriebsrat und Personalrat waren dem Projekt von Funktionären der ÖTV bzw. der HBV als den Gewerkschaften kooperativ verbundene empfohlen worden.

Betriebsrat oder Personalrat sind aufgrund gesetzlich zugeschriebener Interessenvermittlungspflichten und Handlungsmöglichkeiten die maßgebende Schaltstelle für betriebliche Aktivitäten im Arbeitnehmerinteresse. Ausschlaggebend ist daher, ob es ihnen bei Initiativen der sozialverträglichen Technikgestaltung gelingt, die vielfältigen Interessen und die informellen Bestrebungen und Allianzen von Individuen und Gruppen einer Belegschaft arbeitspolitisch zu bündeln und strategisch schlagkräftig auszurichten. Ihre Chance, trotz eines unzureichenden rechtlichen Anspruchs zur Intervention in Arbeitgeberplanungen eine sozialverträgliche Technikanwendung zu erzielen, ist in zweifacher Hinsicht mit dem kulturellen Potential an sozialer Kommunikation, Kooperation und Interaktion der vertretenen Arbeitnehmer und mit deren arbeitsweltlichem Erfahrungswissen verbunden. Die vertretungspolitische Beteiligung von mandatslosen Arbeitnehmern mit ihrem subjektiven Vermögen (an Interessen, Wissen, Phantasie, Engagement) könnte sowohl funktionsadäquate und konsensuell abgestimmte Konzepte der Arbeitsreorganisierung als auch eine erweiterte Verhandlungsbereitschaft von Arbeitgebern wegen deren technologisch bedingter erhöhter Abhängigkeit von Technikakzeptanz durch Arbeitnehmer eintragen.

Allerdings sind die betrieblichen Arbeitnehmervertretungen bei Problemstellungen, die nach neuartigen Verarbeitungsformen verlangen, auf Orientierungsangebote durch Gewerkschaften angewiesen. Diese gewerkschaftliche Orientie-

---

2 Forschungsergebnisse aus den Organisationsbereichen der IG Metall und der IG Medien sind veröffentlicht in: *M. Birke/M. Schwarz*, 1989, Neue Techniken, neue Arbeitspolitik? Neuansätze betrieblicher Interessenvertretung bei der Gestaltung von Arbeit und Technik, Frankfurt a. M./New York.
3 Siehe hierzu: *H. Tholfus*, 1990, Sozialverträgliche Technikgestaltung im Dienstleistungsbereich; zwei Fallstudien im Öffentlichen Dienst und im Bankenbereich zur Technikpolitik betrieblicher Arbeitnehmervertretungen (Berichte des ISO, 45) Köln.

rungsfunktion ist mit theoretisch-programmatischer Aufklärung allein nicht zu erfüllen, sondern bedarf der Ergänzung um praktisch-verifizierende Förderung. Hinweise auf den formalen Handlungsspielraum entfalten eben Überzeugungskraft um so mehr, als sie von Beispielen gelingender, in ihren einzelnen Schritten nachvollziehbarer Problembewältigung bestätigt werden.

Zur Einschätzung der wichtigsten Fallstudienergebnisse muß deshalb vorausgeschickt werden, daß bei den untersuchten Arbeitnehmervertretungen weder eine Auseinandersetzung mit der technikpolitischen Programmatik ihrer Gewerkschaft stattgefunden hatte, noch daß von diesen gewerkschaftliche Hilfsangebote während der etwa einjährigen Projekterhebungen registriert worden wären. Da keineswegs von einem gewerkschaftlich angeheizten oder zumindest doch publizistisch intensiv geförderten technikpolitischen Lernklima die Rede sein konnte, blieben die Neuerungsbemühungen in den Betrieben weitgehend von den Antriebs- und Beharrungskräften innerhalb der betrieblichen Arbeitnehmervertretungen bestimmt.

2. Die Rahmenbetriebsvereinbarung: Vehikel oder Bremse

Ohne den Eindruck einer monokausalen Beziehung wecken zu wollen, muß doch der folgende Zusammenhang betont werden: Weil es ÖTV und HBV offenbar schwerfällt, die neugewonnene politisch-aktive Einstellung zur Technisierung der Arbeit in unzweideutige Orientierungsaussagen zu vertretungspolitischen Reformerfordernissen zu übersetzen und in ihren Organisationen einen betriebsbezogenen technikpolitischen Verständigungsprozeß auf Dauer zu stellen, enden selbst in gewerkschaftlich gut organisierten Betrieben präventive technikpolitische Initiativen betrieblicher Arbeitnehmervertretungen frühzeitig an arbeitsrechtlichen Grenzen der Einflußnahme. Einerseits wählt zwar so mancher Betriebsrat/Personalrat mit der gewerkschaftlich nahegelegten und häufig schon in anderen arbeitspolitischen Feldern erprobten Regelungsform der Rahmenbetriebsvereinbarung (Dienstvereinbarung) den Einstieg in eine präventive Politik sozialverträglicher Technikgestaltung. Einmal auf diesen präventiven Kurs gegangen, legt die Anforderung der einzelvertraglichen Konkretisierung der Grundsätze andererseits bloß, wie wenig die zuständige Gewerkschaft präsent ist, um die konzeptionellen und strategischen Schwächen der betrieblichen Arbeitnehmervertretungen auszugleichen. Externe Gesprächspartner werden in den Betrieben mit starkem Beratungsbedarf konfrontiert oder mit Umsetzungserfahrungen, die die Untauglichkeit einer noch so kompetenten Wahrnehmung des arbeitspolitischen und strategischen Potentials einer strikt stellvertretend handelnden betrieblichen Arbeitnehmervertretung preisgeben. Dies zeigt u. a.

einen Riß zwischen gewerkschaftlichem Gestaltungsanspruch und praktischem Realisierungsaufwand.

Die Rahmenbetriebsvereinbarung kann den Bereich gefährdeter und zu fördernder Interessen abstecken und schafft für die betriebliche Arbeitnehmervertretung den Vorteil, über gesetzliche Normen hinausreichende Anspruchsgrundlagen vertretungspolitischen Handelns zu gewinnen. Die typische Grundsatzregelung der Beschäftigungssicherung beleuchtet aber beispielhaft den für Arbeitgeber nur deklaratorischen, politisch noch unverbindlichen Einigungsstand in den Auseinandersetzungen um den vernünftigen Maßstab der Technikanwendung. Weil wegen der Achtung des betrieblichen Wohls das Ziel der Beschäftigungssicherung nicht absolut gesetzt wird, als Ultima ratio also die Möglichkeit rationalisierungsbedingter Entlassung in Sozialplanregelungen eingeht und deshalb keine die Beschäftigungssicherung aller Belegschaftsgruppen vorantreibenden und aufeinander abgestimmten Grundsätze über Qualifizierung, Arbeitsorganisation, Arbeitskräfteeinsatz und Personalpolitik festgeschrieben werden, erzielt der Arbeitgeber seinerseits den Vorteil, rationalisierungspolitisch weitgehend freie Hand zu behalten und zugleich den Nutzen eines für die nähere Zukunft stabilisierten Betriebsfriedens einziehen zu können.

Die präventive Absicherung der Sozialverträglichkeit IuK-technischer Rationalisierung von Diensten wird demnach ernsthaft erst auf der Stufe der Rahmendienstvereinbarung auf die Probe gestellt. Erst da muß sich erweisen, welcher der in ihren Grundsatzauslegungen gegenläufig interessierten Kontrahenten sich besser durchzusetzen vermag. Bei dieser Zuspitzung, bei der (a) der konkrete Ausgleich von Sozialverträglichkeit und Betriebswohl konzeptionell zu gestalten und in Forderungen zu übersetzen und (b) mit der Durchsetzung dieser Forderungen die machtbegründete Handlungsfähigkeit angesprochen ist, brechen bereits die meisten der präventiv angelegten technikpolitischen Vorhaben der betrieblichen Arbeitnehmervertretungen ein.

Bei genauer Betrachtung kann das präventive Mitgestaltungsvorhaben nur dann über diesen kritischen Punkt hinweg weiterverfolgt werden, wenn in zweierlei Richtung etablierte Entscheidungsstrukturen demokratisch erweitert bzw. in Frage gestellt werden. Weil Mitgestalten in erster Linie als politische Auseinandersetzung um die Nutzung des technischen Fortschritts unter den Maßstäben rentablen Kapitaleinsatzes und/oder der Sozialverträglichkeit entschieden wird, vermag die Beteiligung vertretener Arbeitnehmer an der Konzeption von Forderungen den Aktivitäten der betrieblichen Arbeitnehmervertretung Stoßkraft und Legitimation zu geben. Die beteiligten Arbeitnehmergruppen benennen ihre Interessenansprüche, erörtern den gruppenübergreifenden Interessenausgleich und Forderungskatalog, organisieren ihr Arbeitswissen und ihre Erfahrungen über betriebliche Funktionszusammenhänge für die arbeitspolitische Detaillierung der Forderungen und gewinnen über diesen zielorientierten Wissens- und Meinungsaustausch ein Bewußtsein der Legitimität und des politischen Gewichts ihres Anspruchs. Betriebliche Öffentlichkeit über Prozeß und Ergebnisse von Arbeitnehmerkooperation im Rahmen der gestaltungspolitischen Initiative der betrieblichen Arbeitnehmervertretung verbreitet deren Grundlage. Die zuvor nichtelaborierten, latenten und gegebenenfalls manipulierbaren (z. B. in Qualitätszirkeln) subjektiven Gründe der Technikakzeptanz fördern nunmehr in ihrer kollektiv objektivierten Form die Verhandlungsbereitschaft und Verhandlungsoffenheit des Arbeitgebers, schränken also gleichermaßen dessen dispositive Autonomie demokratisch ein. Denn Technikakzeptanz von Arbeitnehmern ist gerade bei der produktiven Nutzung hochkomplexer Techniken erfolgskonstitutiv und muß gewährleistet sein.

Aber diese prinzipiell durch Demokratisierung vertretungspolitischen Handelns eröffnete Chance, einen präventiven Ansatz technikpolitischer Einflußnahme durchzuhalten, bleibt wegen skeptischer Vorbehalte und einer unzureichenden Verständigungsarbeit der Betriebs- und Personalräte ungenutzt. Trotz vereinzelter positiver Erfahrungen etwa der Unterstützung von konzeptioneller Arbeit des Betriebsrats durch Arbeitskreise mandatsloser Arbeitnehmer und von Verhandlungspositionen des Personalrats durch eine gesteigerte betriebliche Öffentlichkeit werden auftretende technikpolitische Defizite nicht dem Verzicht auf Arbeitnehmerbeteiligung angelastet, sondern vorwiegend dem mangelnden technischen und ökonomischen »Know-how«. Der Versuch, Arbeit und Technik vom Kriterium der Sozialverträglichkeit her politisch zu gestalten, wird sogleich bei der Bestimmung der gestalterisch erforderlichen Mittel abgebrochen. Der Rückgriff auf Routinen reaktiven Handelns und der Versuch seiner Effektivierung setzen allenfalls auf die kampagneartige punktuelle Mobilisierung vertretener Arbeitnehmer für Ziele der Nachbesserung von Rationalisierungsmaßnahmen des Arbeitgebers.

Um neue beteiligungsorientierte Verfahren einer präventiven Technikpolitik ernsthaft zu erproben, müßten Autorität und Hilfe der zuständigen Gewerkschaft gegen eine Vielzahl von auf den ersten Blick plausiblen bzw. berechtigten, dem Festhalten an vertretungspolitischen Routinen entgegenkommenden Einwänden aufgewandt werden. Der Aufbruch aus der vertretungspolitischen Defensive stellt ein Wagnis dar, gegen das sich betriebliche Arbeitnehmervertretungen mit Hinweisen auf fehlende Erfolgsvoraussetzungen zu schützen trachten. Neben unzureichenden Mitbestimmungsrechten und fehlenden betriebswirtschaftlichen wie technologischen Kenntnissen der betrieblichen Arbeitnehmervertretungen werden die gestaltungskonzeptionellen und strategischen Defizite, in diesem Kontext direkt oder indirekt die ausbleibende gewerkschaftliche Unterstützung, das Problem der Politisierbarkeit bzw. der Beteiligungsbereitschaft vertretener Angestellter und der zu erwartende Autonomieanspruch und Widerstand der Arbeitgeber angesprochen.

Die folgenden Ergebnisthesen beleuchten Mechanismen und Strategien der Konservierung eines strikt stellvertretenden Handelns, das tendenziell gegen die Revision und Neuorganisierung von Elementen vertretungsplitischen Handelns mit dem Ziel einer präventiv ansetzenden Absicherung einer sozialverträglichen Technikanwendung gerichtet ist.

3. Technikpolitische Arbeitsteilung: Chance der Kompetenzsteigerung und Gefahr der sozialen Schließung

Betriebs- und Personalräte, die im Hinblick auf durchgreifende IuK-technische Rationalisierungen ihre vertretungspolitische Verantwortung bejahen, indem sie in institutionalisierter Form Technikpolitik betreiben, sind in der Regel bestrebt, je nach Zahl ihrer Mitglieder diese neue arbeitspolitische Aufgabe an einen Ausschuß oder ein einzelnes Mitglied zu delegieren. Abgesehen davon, daß in dieser Aufgabendelegation zugleich ein Akt der Handlungsentlastung der übrigen Betriebs- bzw. Personalratsmitglieder zu sehen ist und deren Potential an aufgabenspezifischer Problemverarbeitung logischerweise relativ ungenutzt bleibt, scheint diese Form der Arbeitsteilung bei der Vielzahl vertretungspolitischer Aufgabenstellungen doch die Chance einer pragmatisch größtmöglichen Kompetenzsteigerung der betrieblichen Arbeitnehmervertretung zu bieten.

Die Bildung eines Ausschusses bringt eine Kompetenzsteigerung besonders dann mit sich, wenn die Zusammensetzung der Ausschußmitglieder über einen längeren Zeitraum konstant bleibt und relative Wissensvorsprünge auf den kooperationsrelevanten Wissensgebieten personell abgedeckt sind. Aber selbst mit dieser Form stellvertretend realisierter Kompetenzsteigerung kann die Struktur reaktiver »Anlaß«-Politik nicht durchbrochen werden. Da nicht die politische Neuauslegung rechtlich normierter Interventionschancen betrieblicher Arbeitnehmervertretungen, sondern die fachliche Effektivierung einer vom Gesamtbetriebsrat bereits getroffenen Rechtsauslegung Aufgabe eines solchen Expertengremiums ist, bieten z. B. die meist in Rahmenbetriebsvereinbarungen verbesserten Informations- und Beteiligungsrechte eines Betriebsrats nur die Grundlage für eine möglichst kompetente Entschlüsselung von Planungsunterlagen durch Betriebsratsexperten, wenn der Handlungsrahmen zuvor nicht ausdrücklich für eine präventive Technikpolitik erweitert wurde. Wie von einem Ausschußvorsitzenden eingestanden, reicht aber die auf Entschlüsselungsarbeit angelegte Expertenkompetenz nicht einmal, um aus häufig umfänglichen Planungsunterlagen klare diagnostische Befunde von Folgewirkungen für Arbeitnehmer filtern zu können, d. h. um Nachbesserungsforderungen zielsicher erheben zu können.

Dennoch ist solche Erkenntnis der engen Grenzen eines kompetent, aber strikt stellvertretend operierenden Betriebs- bzw. Personalrats an sich noch nicht geeignet, zum Anstoß für eine handlungspolitische Neuorientierung zu werden. Eine solche Erwartung hat, wie die nachfolgenden Ergebnisthesen zeigen, nur eine logische, nicht aber materiale Berechtigung. Allenfalls generiert die Erfahrung begrenzter technikpolitischer Optimierungschancen einer reaktiven Entschlüsselungsarbeit eine Ausdehnung der Gremienarbeit etwa mit der Absicht, die Strecke des Aufspürens von Planungszielen durch direkte Kontakte mit den planenden Fachgruppen des Arbeitgebers zu verkürzen.

Offenbar gibt es mindestens ebenso wichtige Interessen wie das an einem größtmöglichen technikpolitischen Vertretungserfolg, wenn betriebliche Interessenvertretungen trotz der erfahrungsbelehrten Erkenntnis des schwachen eigenen Einflusses auf den Gang der technisch gestützten Reorganisation der Betriebe eine kollektive Lernbereitschaft weitgehend vermissen lassen und an den Strukturen und Strategien einer strikt stellvertretend betriebenen Fürsorgepolitik festhalten. Diese konservativen Interessen erhalten eher indirekt Konturen in den Ausdrucks- und Legitimationsformen einer Art sozialer Schließung von Vertretungsarbeit gegenüber Innovationen erlaubenden fachlichen und sozialen Potentialen der Belegschaften. So wird etwa vom Gesamtbetriebsrat einer Großbank der Expertenstatus seines Ausschusses Rationalisierung und Technik betont und Beteiligung lokaler Betriebsräte, geschweige denn mandatsloser Belegschaftsangehöriger unter Aspekten arbeitstechnischer Realisierbarkeit, der Zeitökonomie und der fachlichen und politischen Kooperation weitaus bereitwilliger problematisiert, denn als potentielle Anreicherung und Stärkung erörtert. Der bewährten und in ihrer personellen Zusammensetzung auf Dauer gestellten Arbeit von Experten wird das zu befürchtende Chaos, der belastende Zeitverlust und das inhaltliche Hemmnis einer Beteiligung politisch unmündiger, eher privatistisch desorientierter Angestellter entgegengestellt.

Ihren praktischen Niederschlag findet diese Bewertung z. B. darin, daß der Gesamtbetriebsrat die lokalen Betriebsräte bei Gelegenheit und am Rande seltener gemeinsamer Tagungen beiläufig informiert und sie amtsbewußt demonstrativ mit der Darstellung überlegener Kompetenz auf Distanz hält. Im Personalrat der Stadtverwaltung dringt die Erwägung einer innovativen Technikpolitik unter Beteiligung Vertretener gerade so weit vor, daß für eine kurze Phase eine Belebung der gewerkschaftlichen Vertrauensleutearbeit möglich erscheint. Umgekehrt erwähnen lokale Betriebsräte ohne kritischen Unterton, von der Technikpolitik des Gesamtbetriebsrats kaum oder keine Kenntnis zu haben, für diese Aufgabe aber formal auch nicht zuständig zu sein. Ein deutliches Signal aus den vertretenen Belegschaften an den Gesamtbetriebsrat bzw. Personalrat zur Abkehr von einer faktisch geheimen Fürsorgepolitik fehlt, und auch dieser Umstand scheint die Vertreter ebenso zu bestätigen. Technikpolitik als vertretungspolitische Umorientierung wird weder von Vertretern noch Vertretenen ernsthaft in Gang gesetzt. Die kontrollierende und steuernde Wahrnehmung von Belegschaftsinteressen durch den Gesamtbetriebsrat und seinen Expertenausschuß kann daher als das Maß des Möglichen erscheinen. Die denkbare Kompetenzerweiterung eines arbeitsteilig operierenden Betriebsratsausschusses um das fachliche und soziale Innovationspotential von Belegschaften bleibt hingegen als realitätsferne Utopie unerprobt.

4. Die Bedingung theoriegeleiteter Vorwegnahme sozialer Technisierungsfolgen: Neuorientierung als unsichere Zukunftsinvestition

Eine wesentliche Ursache der ausbleibenden Neuorientierung hin auf eine präventive Technikgestaltung ist das Mißverhältnis von prognostiziertem und empirischem Verlauf der technisch-arbeitsorganisatorischen Rationalisierungen. So gehen z. B. die programmatischen Handlungsanleitungen der Gewerkschaften, die zur Abkehr von einem anlaßbezogenen Interessenschutz in den Betrieben auffordern, mehr oder minder von drastischen und sich rasch verdichtenden Interessengefährdungen insbesondere in Bereichen schwach qualifizierter Tätigkeiten aus. Die Erfahrung der betrieblichen Akteure zeigte aber, daß die technisch-arbeitsorganisatorischen Rationalisierungen in den Belegschaften kaum Unruhe auslösten: einerseits verliefen sie als tastende und umwegreiche, mit planerischen Engpässen und Pannen einhergehende Abstimmungen von (zum Teil auch noch konkurrierenden) geschäfts- und unternehmenspolitischen Zielen mit rapider Technologieentwicklung und mit alternativen Vorstellungen der Arbeitsreorganisation; andererseits bemühte sich die Arbeitgeberseite um möglichst unauffällige, reibungslose und imagediensliche Rationalisierungen. Die langsame, inselförmige Technisierung einzelner Abteilungen, Geschäfts- und Dienststellen ließ bislang eine brennpunktbezogene Aufmerksamkeit von Gesamtbelegschaften erst gar nicht aufkommen und schuf darüber hinaus die zeitlichen und organisatorischen Bedingungen für Zwischenlösungen einer erprobten Rationalisierungsschutzpolitik, die insbesondere mit inner- bzw. zwischenbetrieblichen Personalumsetzungen negative soziale Betroffenheit abzuwehren vermochte.

Gegen den Augenschein und die unmittelbaren Erfahrungen eines undramatischen IuK-technischen Rationalisierungsverlaufs kann daher eine präventive Technikpolitik nur betrieben werden, indem theoretisch eine Rationalisierungsphase im Prozeß der systemisch sich ergänzenden Teilrationalisierungen vorweggenommen wird, deren soziale Folgen nach Art und Ausmaß mit jener Rationalisierungsschutzpolitik nicht zuverlässig kontrolliert werden können. Um unter dieser theoriegeleiteten Handlungsperspektive die relativ lange Phase undramatischer Teilprozesse der IuK-technischen Rationalisierung von Arbeit für eine vertretungspolitische Neuorientierung zu nutzen, müßten Betriebs- bzw. Personalräte sich ohne akute empirische Zwänge auf hohe Aufwendungen an Risiko-, Lernbereitschaft und Arbeit einlassen. Bei diesem Spagat zwischen einer empirisch erfolgreichen Rationalisierungsschutzpolitik und theoretischer Problematisierung dieser Empirie sind die betrieblichen Arbeitnehmervertretungen vollends überfordert, wenn sie auf sich allein gestellt sind. Erst bei einer intensiven und dauerhaften Beratung und Ermutigung durch Gewerkschaften wäre gegebenenfalls ein solcher Kraftakt als Zukunftsinvestition zu leisten.

Weder die technikpolitischen Initiativen in den untersuchten Betrieben noch die gewerkschaftlicher Selbstdarstellung zu entnehmenden Informationen lassen aber darauf schließen, daß den Gewerkschaften die theoretische Dimension ihrer Kampagnen für eine technikpolitische Neuorientierung in den Betrieben bewußt ist bzw. von diesen ernsthaft beachtet würde. Deshalb dürfte ein präventiver Ansatz in den Betrieben kurioserweise erst dann Bedeutung erhalten, wenn zwar die späten Folgen einer sich schließenden systemischen Rationalisierung den reaktiven Ansatz erfahrbar zur zweitbesten Lösung stempeln, die mehr oder minder vollendete Rationalisierung aber einer technikpolitischen Neuerung die praktische Bewährungschance entzogen hat. In der gegenwärtigen Rationalisierungsphase haben Technisierung und Technikpolitik folgerichtig im Vergleich mit anderen vertretungspolitischen Aufgaben wieder an Aufmerksamkeit und Gewicht verloren, die sie einmal unter dem frischen Eindruck von Prognosen zur Zukunft der Arbeit gewinnen konnten.

5. Schuldzuweisung und Selbstrechtfertigung als Innovationshemmnis

Im Zirkel von Schuldzuweisungen zwischen betrieblichen Arbeitnehmern und Arbeitnehmervertretern sind Äußerungen von Mitgliedern eines Betriebs- bzw. Personalrats wegen deren rechtlich institutionalisierter Handlungsfunktion besonders bedeutsam, wenn es um die Handlungsbeteiligung mandatsloser Arbeitnehmer geht. Weil Schuldzuweisungen als eine Sperre gegen kollektive Lernprozesse anzusehen sind, können Kenntnisse über Struktur und Motivation der Schuldzuweisung durch betriebliche Arbeitnehmervertretungen diese Sperre abbauen helfen.

Als Gedankenspiel findet der Ansatz einer nichtreaktiven, auf kooperative

Beteiligung von vertretenen Arbeitnehmern gestützten und konzeptionell eigenständigen Technikpolitik im Urteil führender Arbeitnehmervertreter Zustimmung. Allerdings verliert diese Zustimmung sogleich jegliches praktische Gewicht, sobald Arbeitnehmervertreter die sozialen Qualitäten und politischen Einstellungen der Vertretenen mit dem erforderlichen Aufwand an Kompetenz und Engagement vergleichen. Hinter der »schönen Vision« eines erweiterten kollektiven Engagements kommt nach deren Erkenntnis vertretungspolitisch unversöhnlich die Realität von Privatismus, Entlastungsbedürfnis, Drückebergerei, eitlem Statusdenken, Dünkel, Arroganz und infantiler Technikvernarrtheit zum Vorschein. Bis auf den kleinen Kreis von gewerkschaftlich verpflichteten »Einzelkämpfern«, dem Teile von Betriebs- bzw. Personalrat und gegebenenfalls noch wenige gewerkschaftliche Vertrauensleute zugerechnet werden, stehen alle Beschäftigten im Verdacht, den charakterlichen und politischen Ansprüchen nicht zu genügen, die beim Projekt einer präventiven Technikpolitik erhoben werden müssen. Sie tragen letztlich die Schuld an der relativen Ausweglosigkeit aus einer als unzureichend erkannten reaktiven Technikpolitik, wenn wünschenswerte Arbeitsstrukturen präventiv zu sichern sind.

Beispiele wie das einer Beteiligung selbst von qualifizierten, in ihren materiellen Interessen ungefährdeten Angestellten einiger Bankgeschäftsstellen an einem rationalisierungspolitischen Arbeitskreis, der die fachliche Aufwertung und Beschäftigungssicherung von unzureichend Qualifizierten zum Ausgangspunkt einer arbeitsorganisatorischen Restrukturierung der Bank genommen hatte, oder das Beispiel eines über private Begegnungen motivational herausgearbeiteten Beteiligungsinteresses späterer gewerkschaftlicher Vertrauensleute der Kommunalverwaltung scheinen dennoch der Beurteilung von Voraussetzungen nicht zuwiderzulaufen, wonach die Mobilisierung von Arbeitnehmern an einen von zwei Bedingungszusammenhängen geknüpft sei, die sich beide nicht oder zu selten einstellten: Die Abfolge von (starker) Interessenbetroffenheit, Einsicht in diese Betroffenheit und aufbrechendem Handlungsinteresse führen danach zu einer Chance situationsgebundener Mobilisierung; situationsunabhängige Mobilisierbarkeit sei aber an ein politisches Bewußtsein gebunden, dessen Bedingung die gewerkschaftliche Schulung ist. Beteiligung an einem außerdem erhöhte Belastbarkeit und Ausdauer bedingenden Projekt einer betrieblichen Arbeitnehmervertretung, so dürfen die interviewten Repräsentanten von Betriebs- bzw. Personalrat verstanden werden, setze solche situationsunabhängige Mobilisierbarkeit voraus. Da aber zum einen gravierende Rationalisierungsbetroffenheiten nicht zu registrieren sind, zum anderen gewerkschaftlich geschulte und insofern auch zuverlässig mit Qualitäten (Disziplin, Unterordnungsbereitschaft, politisch angemessenes Bewußtsein) für eine gewerkschaftlich orientierte betriebliche Technikpolitik ausgerüstete Arbeitnehmer äußerst rar sind, ist nach der Einschätzung von betrieblichen Arbeitnehmervertretern der auf Beteiligung angewiesene nichtreaktive Ansatz nicht realisierbar. Wie aber die gegenteiligen Beispiele der Bereitschaft zu einem fruchtbaren und gegebenenfalls dauerhaften kollektiven Engagement belegen, können statt einer materiellen Interessenbetroffenheit oder einem gewerkschaftlich politisierten Bewußtsein durchaus immaterielle Interessen (an sozialer Anerkennung, an Würde, an sozialer Gerechtigkeit, an Rationalität oder an »Sinn« in der Arbeit), zumal bei Angestellten mit ihrer individualistischen sozialen Selbstverortung, die Grundlage für Mobilisierung und den Einstieg für eine nichtreaktive Politik sozialverträglicher Technikgestaltung abgeben. Gelegenheiten der praktischen Beteiligung können demzufolge unmittelbar ebenso mobilisierend wirken wie materielle Interessenbetroffenheit; sie wären außerdem als Ausgangspunkt eines sich entwickelnden Bedingungszusammenhangs langfristigen kollektiven Engagements zu beachten, innerhalb dessen praktische Erfahrungen mit einer Art prozeßgeprägter Politisierung einhergehen und motivationsbildend werden für eine nachträgliche theoretische, eventuell in gewerkschaftlicher Schulung sich vollziehende Aufarbeitung der neuen, vorverarbeiteten Erfahrungen. Dieser von den betrieblichen Arbeitnehmervertretungen nicht beachtete mögliche Schlüssel für eine präventive Technikpolitik läßt die verbreitete These von erworbenem gewerkschaftlich-politischem Bewußtsein als der Voraussetzung von Arbeitnehmerbeteiligung an technikpolitischen Initiativen wie ein dogmatisch gesichertes Alibi für das Festhalten an vertrauten vertretungspolitischen Formen erscheinen.

Elisabeth Becker-Töpfer

Vom technologiepolitischen Paradigmenwechsel – oder: Wie die betrieblichen Akteure sich und ihre Handlungsbedingungen verändern

Zehn Jahre HBV-Rationalisierungspolitik zu bilanzieren heißt nicht, die Formulierungskünste in Betriebsvereinbarungen zu interpretieren, heißt auch nicht, den Versuch der Nachprüfung zu wagen, inwieweit aus Vereinbarungs-Optionen (software-technische und arbeitsorganisatorische) Realität geworden ist. Viel spannender ist die Frage, was die Dynamik der mikroelektronischen Entwicklung und die Beratungsleistungen der kleinen Gemeinde gewerkschaftlicher und gewerkschaftsnaher Technologieberater und -beraterinnen in der betrieblichen Interessenvertretungspolitik verändert und damit betriebspolitisch bewirkt haben.

Es hat eine Weile gedauert, bis die Besonderheiten der Computertechnik erkannt waren. Längere Zeit bestand das Problem in der gewerkschaftlichen Technologiedebatte darin, daß Technik mit Mechanik assoziiert wurde. Es war einfach nicht vorstellbar, daß die programmierbare Vielzweckmaschine Computer – in Grenzen selbstverständlich – durch die Benutzer und Benutzerinnen gestaltbar ist und daß Arbeitsgestaltung auch Softwaregestaltung heißen muß. Vor allem bereitete die Erkenntnis Schwierigkeiten, daß die Möglichkeit besteht, Gestaltungsoptionen offenzuhalten, obwohl die Maschine schon im Gebrauch ist.

Inzwischen wird Softwaregestaltung von zahlreichen Betriebs- und Personalräten als Teil der notwendigen Gestaltung des Arbeitssystems angesehen. In der Tat wäre es zu oberflächlich, nur die Benutzeroberfläche gestalten zu wollen. Vielmehr kommt es darauf an, die Aufmerksamkeit auf die Einsatzbedingungen der Technik als Arbeitsmittel und auf die Funktionalität (d. h. in der Informatik: Leistungsumfang) des Arbeitsmittels selbst zu richten. Diese Aufgabe der Technikgestaltung im engeren Sinne ist ein arbeitsintensives – damit ungeliebtes – neues gewerkschaftliches Arbeitsfeld geworden. Einerseits wurden innerbetrieblich neue Gebiete für die Interessenvertretung erschlossen, nämlich Arbeitsinhalte, Arbeitsmittel (Software) und Arbeitsorganisation. Andererseits wurde durch das zugegeben recht begrenzte und bescheidene Mittel des Einspruchs gegen bereits laufende Normierungs- und Richtlinienverfahren der Versuch unternommen, die Vorgaben für Technikentwicklung und -auswahl zu beeinflussen.

Arbeits- und Technikgestaltung bedeutet für gewerkschaftliche Interessenvertretungspolitik Neuland – und zwar thematisch wie methodisch. Erst wenn Interessenvertreter und -vertreterinnen lernen, von der Arbeit aus statt von der Technik aus zu denken, lassen sich sinnvolle Gestaltungsanforderungen entwickeln. Das wiederum geht aber nicht durch stellvertretende Interessenvertretung, sondern nur gemeinsam mit den abhängig Beschäftigten selbst. Arbeits- und Technikgestaltung ist nur mit anderen Mitbestimmungsformen möglich. Die Mitbestimmung am Arbeitsplatz, von der Seite des Zwecks aus betrachtet, gewinnt eine völlig neue, von ideologischen Verklemmungen befreite Bedeutung.

Ohne Übertreibung kann behauptet werden, daß inzwischen ein technologiepolitischer Paradigmenwechsel stattgefunden hat. Die Crux dabei ist nur, daß die mühsam gefundene Orientierung in der Gefahr steht, von aufgeklärten Arbeitgebervertretern – vorzugsweise von Unternehmensberatungsinstituten – enteignet und damit ihrer Innovationskraft für die gewerkschaftliche Organisationsanwendung beraubt zu werden. Ein Rückblick auf die jüngere historische Erfahrung, die in der gewerkschaftlichen Auseinandersetzung mit neuen Techniken gesammelt werden konnte, ist in diesem Zusammenhang lohnend.

Der Beginn der Auseinandersetzung mit der Computertechnik in den 70er und 80er Jahren war gekennzeichnet durch die Angst vor der Entwertung erworbener Qualifikationen, vor elektronischer Überwachung und Entlassung. Diese Ängste hatten ihren Grund in den bodenlosen Versprechungen der Computer-Marketingexperten. Gewerkschaften und Betriebs- bzw. Personalräte müssen sich ebenso wie mancher DV-Leiter den Vorwurf gefallen lassen, auf diese Versprechungen allzusehr vertraut zu haben. Folgenschwere Irrtümer auf beiden Seiten waren das Ergebnis. Die Computergeneration, die da Einzug in die Betriebe hielt, war durch bestimmte charakteristische Eigenschaften zu beschreiben: Großrechner, geeignet für durchaus effiziente und zuverlässige Massendatenverarbeitung; aber auch dazu herausfordernd, in neurotischer Manier jedem noch so unwichtigen Datum hinterherzujagen und den Betrieb mit zahllosen, in vielen Fällen wenig aussagekräftigen Reports und Listings zu überschwemmen, begleitet von dem Versprechen, ein Management-Informationssystem liefern zu wollen.

Als erkennbar war, daß die weitreichenden Versprechungen uneingelöst bleiben würden, hatten sich die Fronten bereits verhärtet. Betriebs- und Personalräte versuchten durch akribisches Festschreiben der eingegebenen Daten und der erzeugten Auswertungen die befürchtete Überwachung von Leistung und Verhalten der Arbeitnehmer und Arbeitnehmerinnen einzudämmen. Damit sollten auch geheime Selektionen zur Vorbereitung der befürchteten Entlassungswelle erschwert werden. Diese Politik war im Ergebnis ebensowenig produktiv wie die Datensammelwut des Managements. Für die qualitative Verbesserung von Arbeitssystemen konnten beide Seiten auf diese Weise jedenfalls nichts tun. Die

Verfolgung von Daten über den Arbeitsablauf führt leicht zur unproduktiven Verdoppelung der Arbeit. Anhand von Soll-Ist-Vergleichen abgeforderte Begründungen erzeugten Rechtfertigungszwänge und Frustrationen. Ein innovatives und kreatives Arbeitsklima läßt sich so jedenfalls nicht erreichen. Nichts gegen elektronisches Erzeugen von Berichten, nichts gegen betriebswirtschaftliche Planung anhand von Indikatoren, nichts gegen die Analyse von Störgründen im Produktionsablauf – nur personenbezogen brauchen solche Berichte nicht zu sein. Womöglich hat die bei der Regelung von personaldatenverarbeitenden Systemen immer wieder gestellte Frage:»Wozu brauchen Sie dieses Datum eigentlich?« so manches Unternehmen davor bewahrt, nutzlose und obendrein teure Datengräber anzulegen. Der Persönlichkeitsschutz ist inzwischen eine akzeptierte Norm geworden. Die betriebswirtschaftlichen Planungs- und Steuerungssysteme sind trotzdem optimiert worden, der Leistungsdruck ist gestiegen. Im privaten Dienstleistungsgewerbe bildet eine entwickelte Informationstechnik die Basis für die sogenannte Markt- oder Kundenorientierung. Profitable Marktsegmente werden herausgefiltert und Dienstleistungsangebote darauf zugeschnitten. Statt Umsatzausweitung ist Gewinnorientierung die Devise. Das hat zu einiger Bewegung im privaten Dienstleistungsgewerbe geführt. Unternehmenszusammenschlüsse ebenso wie Betriebsaufspaltungen sind an der Tagesordnung, sogar die Grenze zwischen den Branchen Banken und Versicherungen gerät ins Wanken. Die vor allem im Handel spürbaren Umstrukturierungen stellen die gewachsene – und von den Industriegewerkschaften weitgehend übernommene – Organisations- und Betreuungsstruktur der zuständigen Gewerkschaft HBV in Frage.

Bei so weitreichenden Problemen ist die mühevolle Arbeitsgestaltungspolitik im Betrieb ein verschwindend kleiner Aufgabenbereich. Allerdings hat das arbeitsaufwendige Hinterfragen der betrieblichen Technologiepolitik weitreichende Folgen gehabt. Das Thema Ergonomie, zuerst von arbeitswissenschaftlich qualifizierten Betriebs- und Personalräten aufgeworfen, hat Computerhersteller zur Reaktion veranlaßt. Die Regelung personaldatenverarbeitender Softwaresysteme hat betriebliche Interessenvertretungen dazu gebracht, sich mit Computerprogrammen auseinanderzusetzen. Der damit vorhandene Kompetenzgewinn – oft durch externe Unterstützung gewonnen – und die Suche nach sachadäquaten Lösungen haben die Machtposition zahlreicher Betriebs- und Personalräte gestärkt. Verschärft, oder besser gesagt verfeinert, wurde allerdings auch die Stellvertreterpolitik. Erst einige besonders Wagemutige haben das Abenteuer unternommen, die mit dem Versuch der Mitbestimmung am Arbeitsplatz verbundenen Konsequenzen für die betriebliche Interessenvertretung auszuprobieren.[1]

---

1 Vgl. *E. Becker-Töpfer,* Das Mißverständnis von der Technikgestaltung, in: Die Mitbestimmung 9/1990, S. 541 ff., und *dies.,* Demokratische Benutzerbeteiligung – Anforderungen an Beteiligung und Mitbestimmung bei der Entwicklung von DV-Systemen, in: Die Mitbestimmung 10/1988, S. 560 ff.

Verblüffende Erkenntnisse lassen sich dabei gewinnen: Zum einen sind die Kolleginnen und Kollegen durchaus bereit, sich aktiv am Gestaltungsprozeß zu beteiligen. Da es aber so gut wie unmöglich ist, autonome Meinungsbildungsprozesse während der Arbeitszeit durchzusetzen (Ausnahmen gibt es nach meiner Kenntnis nur in montanmitbestimmten Unternehmen), müssen Kompromißmöglichkeiten mit dem unteren und mittleren Management gefunden werden. Dies wiederum führt zu verstärkten Identifikationen von Gruppen- und Abteilungsleitern mit dem Gestaltungsanliegen und erhöht wiederum dessen Erfolgschancen. Als empfehlenswerter Einstieg in Gestaltungsprojekte hat sich eine vom Betriebsrat durchgeführte Meinungsumfrage zur Zufriedenheit mit den Arbeitsbedingungen und den Arbeitsmitteln herausgestellt.[2] Wie mühsam das Unterfangen der Beteiligung von Benutzerinnen und Benutzern an der Entwicklung und Ausgestaltung von Computersystemen auch sein mag, vermutlich gibt es für betriebliche Interessenvertretungen, die mehr wollen als das Allernotwendigste, keine Alternative.

Der Siegeszug der Personalcomputer und die Verbreitung von Computergrundwissen bewirken, daß Arbeitnehmer und Arbeitnehmerinnen längst nicht mehr alles akzeptieren, was ihnen als neueste Errungenschaft der Computertechnik vorgesetzt wird. Zumindest die jüngere Generation und die Väter von Computerfreaks werden sich nicht mehr so einfach abspeisen lassen mit der Behauptung: »Das geht halt nicht.« Während momentan noch eher das Bemühen um Erwerb des notwendigen Wissens und der Erfahrung im Umgang mit einem aus der Großrechnerwelt auf PC verpflanzten Betriebssystem im Vordergrund steht, wird in absehbarer Zeit vermutlich häufiger die Bemerkung zu hören sein: »Mein Rechner zu Hause kann das aber.« Neue Chancen und Herausforderungen für Interessenvertretungen wie für das Management tun sich auf, wenn die Gestaltung von Arbeitsorganisation und (Software-)Technik ernsthaft angegangen wird. Allerdings gilt es, mit den Verunsicherungen fertig zu werden, die sich ergeben, wenn Arbeitgebervertreter plötzlich die in mühevoller Kleinarbeit entwickelten gewerkschaftlichen Forderungen übernehmen. Diese Erfahrung darf nicht dazu verleiten, den Gestaltungsansatz wegen des fehlenden Gegnerbezuges über Bord zu werfen. Immer noch gilt: Ohne die in der täglichen Arbeit gewonnenen Erfahrungen der abhängig Beschäftigten läßt sich ein arbeitsorientierter Gestaltungsansatz nicht umsetzen – weder vom Management noch vom Betriebsrat. Gewerkschaftliche Aufgabe muß es aber sein, einen Preis für die Preisgabe des Erfahrungswissens zu vereinbaren: Verminderung des Leistungs-

---

2 Vgl. *B. Dreifert*, Umfrage als Motor der Meinungsbildung, in: Die Mitbestimmung 9/1990, S. 577 ff.

drucks, Arbeitszeitverkürzung, solidarische Personalentwicklungspolitik zum Beispiel.

Es fragt sich nur, ob die Gewerkschaften in der Lage sind, die Ausstrahlungswirkung betrieblicher Technologiepolitik für die Durchsetzung dieser Forderungen zu nutzen. Die fünf neuen Bundesländer sorgen derzeit dafür, daß jede Menge alter Fragen auf der Tagesordnung stehen. Gleichzeitig steht eine Organisationsstrukturreform an. Die in der Technologiepolitik gewonnenen Erfahrungen könnten dazu inhaltliche Orientierung bieten.

Mario Helfert

Neue Techniken und der Wandel betrieblicher Innovation — arbeits- und mitbestimmungspolitische Konsequenzen

Die Einschätzung der neuen Techniken hat sich tiefgreifend gewandelt. Nicht nur, daß ihre Auswirkungen auf die Qualifikation wesentlich undramatischer beurteilt werden als noch vor wenigen Jahren. Mit dem Gewinn an empirischen Erfahrungen über die sozialen Arbeitsfolgen der Mikroelektronik ist zugleich deutlich geworden, daß sich die Rationalisierungs- und Organisationskonzepte selbst differenziert und verändert haben. Die Entwicklung und Anwendung von modernen Techniken beeinflußt aber zugleich auch den Innovationsprozeß selbst.

Folgewirkungen programmgesteuerter Techniken verändern zugleich auch die Handlungsbedingungen gewerkschaftlicher Interessenvertretung, entwerten z. T. bisherige Instrumente des Rationalisierungsschutzes, bieten neue Anknüpfungspunkte für die gewerkschaftliche Arbeits- und Technologiepolitik und schaffen mit Segmentierung und den Rationalisierungsverlierern noch nicht bewältigte soziale Probleme der technischen Entwicklung.

Trotz zahlreicher industriesoziologischer empirischer Untersuchungen wäre es voreilig, von einem gesicherten *generellen* Trend der technischen Entwicklung und der sozialen Auswirkungen neuer Techniken zu sprechen. Einerseits wird die sogenannte systemische Rationalisierung als der neue, dominante Rationalisierungstyp angesehen. Andererseits wird aber zugleich deutlich, daß die konkreten Rationalisierungsbedingungen nach Branche, Betriebsgröße, Zugehörigkeit zur Konsum- oder Investitionsgüterindustrie, Dienstleistungen oder Fertigung u. a. Faktoren stark voneinander abweichen können. Dem relativ gemeinsamen Trend systemischer Rationalisierung steht wiederum eine Vielfalt von konkreten betrieblichen, auch »traditionellen« Rationalisierungsformen gegenüber.[1]

---

1 Die Gemeinsamkeiten und die Differenzen der Rationalisierungsentwicklung in verschiedenen Branchen sind in den beiden Untersuchungen von L. Pries u. a. umfassend bilanziert worden. Vgl. L. Pries u. a., Entwicklungspfade von Industriearbeit, Opladen 1990; L. Pries u. a. (Hg.), Trends betrieblicher Produktionsmodernisierung, Opladen 1989. Vgl. auch: D. Sauer, Neuer Rationalisierungstyp und Interessenvertretung, in: Mitteilungen Nr. 2 (1991) des Sonderforschungsbereichs 333 der Universität München, S. 103 ff.

1. Einige Merkmale systemischer Rationalisierung

Die »neue Qualität des heutigen Rationalisierungspotentials«, die »an die Substanz gehende Neufassung« kapitalistischer Rationalisierung ist das, was *Kern* und *Schumann* seinerzeit als »ganzheitlichen Zugriff, systematische Planung und konsequenten Vollzug« der Rationalisierung genannt haben. Diese veränderten Rationalisierungsstrategien sind dann begrifflich zu einem »neuen Typ« der »systemischen Rationalisierung« verdichtet worden. Das ist schon vielfach dargestellt.[2]

Eines der Kennzeichen dieser neuen Formen der Rationalisierung ist, daß sie sich nicht mehr primär auf die Automatisierung von einzelnen Bearbeitungsschritten oder auf die Effektivierung der Nutzung einzelner Anlagen richten, vielmehr auf eine optimale Integration von Teilprozessen zu einem betrieblichen Gesamtsystem. Die Grundlagen hierfür stellen die neuen Informationstechniken dar.

In die Rationalisierung werden dabei ggf. auch die außerbetrieblichen Zulieferer, der Handel und der Transport einbegriffen, d. h. also Beziehungen, die bisher über den Markt und die Konkurrenz vermittelt waren. Die Just-in-time-Produktion ist hierfür ein Beispiel.

Die bisherigen Rationalisierungsformen gingen sozusagen punktuell »von unten«, von einzelnen Arbeitsmitteln und abgrenzbaren Bearbeitungsvorgängen, aus und strebten an, die Produktivität und Effizienz von Einzelfunktionen zu steigern, ohne die angrenzenden Aufgabengebiete gleichermaßen im Blickfeld zu haben.[3] Die übergreifende »systemische« Rationalisierung findet demgegenüber »von oben«, von der Organisation des gesamten betrieblichen Arbeits- und Produktionsprozesses, statt, und zwar mit dem Ziel, die Leistungsfähigkeit (Flexibilität, Effizienz) des Betriebsablaufs insgesamt durch eine informationstechnische Verknüpfung und Koordination der aller funktional zusammenhängenden, relevanten betrieblichen und zum Teil auch überbetrieblichen Teilprozesse des Produktionssystems zu erhöhen.

---

[2] Vgl. *H. Kern/M. Schumann*, Das Ende der Arbeitsteilung?, München 1984, S. 16; zur »systemischen Rationalisierung« vgl. *M. Baethge/H. Oberbeck*, Zukunft der Angestellten, Frankfurt 1986; *N. Altmann u. a.*, Ein »Neuer Rationalisierungstyp«, in: Soziale Welt H. 2/3 1986, S. 189 ff.; *N. Altmann/K. Düll*, Rationalisierung und neue Verhandlungsprobleme im Betrieb, in: WSI-Mitteilungen H. 5/1987; *J. Bergstemann/R. Brandherm-Böhmker* (Hg.), Systemische Rationalisierung als sozialer Prozeß, Bonn 1990.

[3] Vgl. zu Folgendem: *M. Baethge/H. Oberbeck*, Zukunft der Angestellten, a. a. O., S. 23; *N. Altmann u. a.*, Ein »Neuer Rationalisierungstyp«, in: Soziale Welt H. 2/3 1986, S. 189 ff.

2. Qualifikationswandel, Beteiligung, Psychologisierung der Leistungsregulierung

Ein wesentliches Kennzeichen der systemischen Rationalisierung ist, daß es keinen »privilegierten Akteur« gibt, auch nicht im Management oder in der betrieblichen Forschung und Entwicklung, der von vornherein alle Kosten, Folgen und Wechselwirkungen genau abschätzen, geschweige denn ein exaktes, nur umzusetzendes Gesamtkonzept vorgeben könnte.[4] Das Management bzw. die EDV-Planer sind weder in der Lage, den Ablauf und die Formen der Einführung neuer Techniken in einer vergleichbaren Weise wie bei der punktuellen Rationalisierung konkret vorherzubestimmen und festzulegen, noch den späteren Betrieb zu kontrollieren. Konzepte der systemischen Rationalisierung können von den Betrieben vielmehr bestenfalls in groben Umrissen vorgegeben und müssen daher erst in einem langfristigen, »offenen« Prozeß schrittweise konkret erarbeitet werden.[5] Das Management wird dadurch sowohl bei der Entwicklung derartiger Systeme als auch im späteren Normalbetrieb auf die »freiwillige« Kooperation der Beschäftigten angewiesen.

Das hat massive Konsequenzen für die Arbeitsbedingungen und den Umgang mit der Arbeitskraft:

Die neuen Arbeits- und Produktionssysteme können nur effizient konzipiert und eingesetzt werden, wenn sie »beteiligt« entwickelt werden. Die Beschäftigten selbst müssen einen Großteil von auf ihrem Wissen und ihren Erfahrungen beruhenden Informationen, die für die programmgesteuerten Systeme benötigt werden, liefern. Ohne intensive Mitwirkung und ohne Qualifizierung der betroffenen Beschäftigten ist dies nicht zu erreichen. Diese Beteiligung ist dabei nicht nur im Sinne von mehr oder weniger an formalisierter Mitwirkung in Projekt- und Arbeitsgruppen (z. B. in Qualitätszirkeln) zu verstehen; ebenso nicht als ein Null-Summen-Spiel, in welchem dem Gewinn an Kompetenz und Kontrolle beim Management ein gleich großer Verlust (»Enteignung«) an Erfahrungswissen und Autonomie bei den Beschäftigten gegenübersteht. Ebensowenig ist sie ein einmaliger Vorgang, in dem das Wissen der Beschäftigten quasi in einem Akt erhoben wird, vielmehr ein Prozeß der Wissensgewinnung, der auf Dauer organisiert werden muß.

---

4 Vgl. *U. Bredeweg / U. Kowol*, Systemische Rationalisierung und Technikgestaltung; Manuskript Bielefeld, Juni 1990, S. 7.
5 Daß das keineswegs immer als ein rationaler, durchgeplanter Prozeß abläuft, schildert anschaulich die Untersuchung von *V. Lullies u. a.*, Konfliktfeld Informationstechnik, Frankfurt 1990.

Charakteristisch scheint zudem zu sein, daß die Einführung der Technik als ein sozialer Verhandlungs- und Austauschprozeß stattfindet, in den die Betroffenen und einzelne Abteilungen ihre Interessen einbringen. Die wachsenden Erfahrungen der Anwender im Umgang mit EDV spielen dabei eine wesentliche Rolle: Sie lassen sich um so weniger vorschreiben, »wie und wozu sie die verfügbare Technik zu nutzen haben, je kompetenter sie damit umgehen können«.[6]

Die auf Mikroelektronik basierenden Arbeits- und Produktionssysteme sind in besonderer Weise verletzlich; bei Vernetzung können die aufgetretenen Störungen weitreichende und entsprechend teure Folgen haben. Trotz der hohen Leistungsfähigkeit der neuen Techniken und trotz der in der Soft- und Hardware eingebauten Sicherungen erfordern Überwachung, Kontrolle und Instandhaltung solcher Anlagen besonders qualifizierte Beschäftigte. Sie müssen nicht nur in der Lage sein, das technische System formal zu bedienen, sondern auch seine innere Funktionsweise zu verstehen. Das gilt nicht nur dort, wo Veränderungen von Tätigkeitszuschnitten zu neuen Berufsbildern verdichtet wurden. Solche spektakulären Veränderungen stellen nur die Spitze des Eisbergs dar. Vor allem erlauben sie nicht den Schluß, daß bei dem großen »Rest« alles beim alten bleibt bzw. die Einführung neuer Techniken in traditionellen Rationalisierungsformen stattfindet und dementsprechend die früher beobachteten Folgewirkungen und Gefährdungen nach sich zieht. Erinnert sei hier nur an die Qualifikationsanforderungen, die aus den neuen Leistungen der Computertechniken entstehen. Qualifizierungsprobleme stellen sich dabei beileibe nicht nur bei Beschäftigten im Übergang von traditioneller zur programmgesteuerten Technik. Die Fortentwicklung von Programmen und Programmiersprachen sowie die Expansion der Informationstechnik in immer weitere Bereiche (Vernetzung) stellen hohe Anforderungen an Weiterbildung der EDV-Beschäftigten selbst.

Als »klassische« Formen der Kontrolle und der Leistungsregulierung ließen sich in etwa unterscheiden: die personelle (durch Vorgesetzte), technische (durch den Prozeßablauf) und bürokratische (durch organisatorische Arbeits- und Kompetenzverteilung).[7] Solche Kontrollformen des Arbeitshandelns zeigen gegenüber den spezifischen Anforderungen neuer technischer Systeme Grenzen: die »freiwillige« Kooperation deutet schon darauf hin, daß sie ein hohes Maß an intrinsi-

---

6 Vgl. G. *Wunderlich u. a.*, Die Technik ist nicht alles — Anmerkungen zum Einsatz moderner Bürotechnologien in einem Automobilwerk, Vortragstext für die Fachtagung »Büro der Zukunft« des RKW am 30. 11./1. 12. 1989 in Münster, Manuskript S. 17.
7 Vgl. L. *Pries u. a.*, Entwicklungspfade von Industriearbeit, a. a. O. 1990, S. 61.

scher Leistungsmotivation und Identifikation mit der Arbeit, ja mit den betrieblichen Zielen verlangen.[8]

Der veränderte Zugriff auf die Arbeitskraft infolge und im Zuge der Einführung neuer Techniken kommt also auf verschiedene Art und Weise zum Ausdruck. Wesentlich scheinen dabei zusammenfassend insbesondere folgende drei Aspekte:

- neue Formen der Kooperation und der Beteiligung der Beschäftigten (organisatorisch-institutioneller und mitbestimmungspolitischer Aspekt);
- die Erhöhung, zumindest Verlagerung von Qualifikationsanforderungen, z. T. Entstehung von neuen Tätigkeits- und Berufsbildern; sowie
- die Veränderungen der betrieblichen Kontrolle, vor allem der Leistungsregulierung der Beschäftigten; der Ausdruck Psychologisierung[9] kennzeichnet dabei treffend den Bedeutungsgewinn von motivationalen und anderen subjektiven Faktoren einerseits, die Grenzen bisheriger Formen der Leistungsregulierung gegenüber den spezifischen Anforderungen von auf programmgesteuerten Techniken beruhenden Arbeitssystemen andererseits.

Ohne hinreichende Spielräume individueller Entfaltung und Mitwirkung, entsprechend ohne erweiterte Handlungsmöglichkeiten und (kontrollierte) Autonomie sowie Identifikation mit der Arbeit sind moderne Arbeitssysteme weder effektiv zu entwickeln noch im Normalbetrieb zu nutzen. Die Hochkonjunktur von unterschiedlichen betrieblichen Sozialtechniken – von der betrieblichen Beteiligung bis zur Unternehmenskultur – spiegelt diesen veränderten Stellenwert subjektiver, individueller Faktoren in den modernen Arbeitsprozessen wider.

3. Qualifikation, Sozialtechniken, »lernendes Unternehmen«

Mit der systemischen Rationalisierung wird aber die Taylorisierung nicht nur als eine immer weiter vorangetriebene Zerstückelung der Arbeit in Frage gestellt. Sie meint das Ende des Taylorismus auch in einem anderen Sinne: Es verändern sich der Innovationsprozeß ebenso wie die Funktion der an ihm beteiligten Akteure und Subjekte.

---

8 Daß darin der Anstieg psychischer Belastungen begründet ist, sei hier nur am Rande erwähnt. Vgl. *M. Helfert*, Streß und Rationalisierung – Psycho-soziale Belastungen und ihre betriebliche Prävention; Arbeitspapier 20 der WSI-Projektgruppe HdA, Düsseldorf 1988.
9 Vgl. *L. Pries u. a.*, Entwicklungspfade von Industriearbeit, a. a. O. 1990.

Auf den Innovationsprozeß selbst bezogen, haben die spezifischen Merkmale der systemischen Rationalisierung zur Konsequenz, daß diese Rationalisierungsform mit dem Modell einer linienartigen betrieblichen Systemgestaltung kaum zutreffend beschrieben werden kann.

Ein derartiges Modell impliziert z. B. nach der berühmten 6-Stufen-Methode von REFA eine logische Abfolge von einzelnen Maßnahmen, in denen bestimmte Rationalisierungsaufgaben schrittweise — von »Ziele setzen« bis hin zu »Lösung einführen und Zielerfüllung kontrollieren« — entwickelt und umgesetzt werden.[10] Es wird dabei also nicht nur die Möglichkeit eines zielgerichteten Vorgehens angenommen, Probleme zu erkennen, Ziele zu setzen, optimale Lösungen »auszuwählen« (!) und umzusetzen. Das Ganze wird zudem als eine Angelegenheit der Systementwickler begriffen, die kraft ihrer formalen und technischen Kompetenz sowohl die Rationalisierungsprobleme als auch ihre Lösungen voll im Griff haben. Die betriebliche Innovation ist in dem Verständnis ein Vorrecht des betrieblichen Managements und seiner Stäbe. Die anderen Beschäftigten werden dementsprechend als ein Objekt der Rationalisierung behandelt und an der Innovation bestenfalls über betriebliches Vorschlagswesen sowie durch die betriebliche Interessenvertretung »beteiligt«.

Die systemische Rationalisierung stellt alle diese Annahmen mehr oder weniger in Frage. Bei einer breiten Einführung von neuen Techniken lassen sich weder die Ziele von vornherein exakt setzen — bestenfalls werden sie grob umrissen —, noch die Bewertungsmaßstäbe von Lösungen eindeutig definieren, geschweige denn wie aus einem Katalog vorgefertigter Alternativen optimale Lösungen »auswählen« und einführen. All das stellt sich vielmehr als ein langwieriger Such- und Entwicklungsprozeß dar, in dem jene einzelnen Schritte erst konkretisiert werden müssen. Vor allem ist er nicht mehr von betrieblichem Management und seinen Innovationsstäben allein in tayloristischer Manier »wissenschaftlicher Betriebsführung« zu bewerkstelligen. Mit der unerläßlichen Beteiligung der Nutzer an dem Entwicklungsprozeß hört aber die Innovation auf, ein Privileg der betrieblichen Forschung und Entwicklung zu sein.[11] Selbst das Management und das Managementsystem werden beim Einsatz von neuen Informationstechniken zum Objekt der organisatorischen Neugestaltung.[12]

Die Veränderung in der Nutzung der Arbeitskraft stellt auf beide Aspekte ab: auf die Veränderung von Arbeitsanforderungen in den neuen Arbeitssystemen

---

10 Vgl. REFA, Methodenlehre der Organisation, Bd. 1, München 1985, S. 71 ff.
11 Vgl. D. *Hoß*, Innovationsarbeit und Rationalisierungsmuster, in: Politik um die Arbeit, Argument Sonderband 167, Hamburg 1988, S. 34 ff.
12 Vgl. *V. Lullies u. a.*, Konfliktfeld Informationstechnik, a. a. O., S. 125.

und auf die Anforderungen, die aus der Beteiligung am Innovationsprozeß entstehen.

Die betriebliche Interessenvertretung wird durch die beiden Aspekte ebenfalls betroffen, und zwar negativ. Die Arbeitsfolgen systemischer Rationalisierung sind inhaltlich und personell schwerer zu greifen als die der »klassischen«. Vor allem aber beruhen die Mitwirkungsrechte des Betriebsrats immer noch auf den Vorstellungen punktueller technischer oder organisatorischer Umstellungen, nämlich Einführung von einzelnen Maschinen bzw. vom Betrieb geplanten neuen Anlagen und nicht zuletzt von tayloristisch entwickelten Arbeitsverfahren. Die im Betriebsverfassungsgesetz zugesicherte »rechtzeitige Unterrichtung« über geplante Änderungen von Arbeitssystemen ist auf die Bewältigung von sozialen Folgen, die nach der abgeschlossenen Umstellung zu erwarten sind, ausgerichtet. Die betriebliche Mitbestimmung ist in dem Falle also »ergebnisbezogen«, bezogen auf die Nachsorge von Auswirkungen der räumlich und zeitlich abgegrenzten Rationalisierungsmaßnahmen. Sie stellt nicht auf die Bedingungen der Planung bzw. der FuE ab, die für die neuen Rationalisierungsformen spezifisch sind. Eng verstanden, eine frühe Unterrichtung über die zu erwartenden Folgewirkungen von Auswirkungen systemischer Rationalisierung ist gerade aufgrund ihrer Bedingungen nur begrenzt möglich; die konkreten Maßnahmen, vor allem die spätere Integration werden erst allmählich konkretisiert und sind dem Management in den frühen Planungsphasen auch nur in groben Zügen bekannt bzw. in gleichem Maße offen wie der Technikeinsatz selbst.

Auf dem Hintergrund müßte sich die betriebliche Mitbestimmung folglich auf die technische Entwicklung als einen längerfristigen Prozeß beziehen, in dem sich obendrein die Funktion der Planer und der Anwender verändert hat. Erst bei einer prozeßbezogenen Erweiterung der Mitbestimmung kann man genaugenommen von einer über die (nachsorgende) Folgenbewältigung hinausgehenden (präventiven) *Technik*gestaltung sprechen.

Sieht man von den Konflikten bei der Entwicklung und Einführung neuer Techniken ab und rückt man die funktionalen und Qualifikationsaspekte in den Vordergrund, so erscheint der Prozeß der betrieblichen Innovation unter den Vorzeichen systemischer Rationalisierung fast wie ein diskursiver, gegenseitiger Lernprozeß von Betrieben und Belegschaften, das Unternehmen als ein »lernendes Unternehmen«, die Rationalisierung als »reflexive Rationalisierung«.[13]

---

13 *R. Greifenstein u. a.*, Direkte Arbeitnehmerbeteiligung mit oder ohne Arbeitnehmervertretung?, in: WSI-Mitteilungen 9/1990, S. 602 ff., zitieren den Ausdruck »Lernunternehmen« (S. 610).
Ch. Deutschmann bezeichnet in Anlehnung an einen Ausdruck von *U. Beck* solche Formen der Rationalisierung als *»reflexive Rationalisierung«*, in Abgrenzung zur »einfachen« Verwissenschaftlichung des von der Arbeitsvorbereitung vorgegebenen tayloristischen *»one best way«*. Vgl. *Ch. Deutschmann*, Reflexive Verwissenschaftlichung und kultureller »Imperialismus« des Managements, in: Soziale Welt 3/1989, S. 374 ff.

Darin zeigt sich nicht nur ein unerwarteter Bedeutungszuwachs des »Faktors Arbeit«, vielmehr auch eine Veränderung der Qualifikation und der Qualifizierung: sie werden selbst Voraussetzung und Ergebnis der arbeitsteiligen Kooperation, und zwar aller beteiligten betrieblichen Funktionen, organisatorisch betrachtet der Betriebsorganisation bzw. des Unternehmens.

Die konkrete Ausformung des neu entstehenden Arbeitssystems ist ein Resultat der arbeitsteilig eingebrachten, unterschiedlichen Qualifikationen, Erfahrungen und Fähigkeiten. Die »später« gestellten Qualifikationsanforderungen sind nicht die Folge einer vermeintlich »objektivierten« Technik oder eines tayloristisch vorgegebenen *one best way,* vielmehr des vorausgegangenen gegenseitigen Lernprozesses. Mit der technischen Entwicklung wird damit nicht nur die Qualifikation der Beschäftigten mitentwickelt, vielmehr auch umgekehrt: Die Entwicklung der Qualifikation der Beschäftigten, neudeutsch: der Humanressourcen, wird ein wesentlich bestimmender Faktor bei der Entwicklung und der Ausprägung moderner Technik.

Eine derartige, durch die Implementation der neuen Technik erzwungene Kooperation und ein derartiges ständiges »Lernen« von Personen und der Organisation stellen spezifische soziale Anforderungen, entwickeln sowohl die konkrete Gestalt der Technik und Organisation als auch die Qualifikation der Beteiligten selbst. Das Wissen und die Erfahrungen über die Gestaltung der Arbeitsprozesse werden nicht (von Technikern und Ingenieuren) »abberufen« oder von den Facharbeitern wie von einem Objekt »abgeschaut« und damit »enteignet«, vielmehr selbst kooperativ erarbeitet. Die Qualifikation und Qualifikationsanforderungen entstehen erst in dem Prozeß in ihrer spezifischen Form.

Das ist sicherlich keine völlig neuartige Erscheinung, aber für die Einführung der neuen Technik (systemische Rationalisierung) eine typische Form der Kooperation und der Systementwicklung. Beteiligung ist unter diesen Bedingungen nicht überwiegend als eine betriebliche Sozialleistung oder sozialintegrative Technik, gar Manipulation (obwohl sie das alles auch sein kann) zu sehen, vielmehr ist sie objektiv eine »technische« Notwendigkeit für die Entwicklung und den effizienten Einsatz von neuen Techniken. Die Funktionsvoraussetzungen dieser Technik und die marktökonomischen Herausforderungen (Flexibilitätsdruck, Bewältigung der Markt- und Produktionsökonomie) setzen der Taylorisierung Grenzen und verlangen einen anderen Umgang mit der Arbeitskraft, besser: mit der Arbeitskraft bestimmter Beschäftigtengruppen.

Weil der Erfolg der Innovation von der »freiwilligen« Kooperation und zumindest Akzeptanz der jeweiligen (am Arbeitsplatz konkretisierten) Unternehmensziele abhängt, wird die Absicherung derartiger Orientierungen und sozialer Fertigkeiten eine wichtige Aufgabe der betrieblichen Personalführung.

Die neuerliche Vorliebe des Managements für diffizile Sozialtechniken, besser: Techniken der Sozialintegration sind insofern ein Symptom für die Erfahrung der Abhängigkeit des betrieblichen Handelns vom subjektiven Faktor. Es ist wohl das Bestreben, mit den veränderten Bedingungen rational umzugehen: Organisationskonzepte sollen die erforderlichen Verhaltensweisen und Haltungen materiell unterfüttern und institutionalisieren.

Darin unterscheiden sich die neuen Sozialtechniken wie Beteiligung und Unternehmenskultur von scheinbar ähnlichen Formen des autoritär-paternalistischen »Kampfes um die Seele des Arbeiters« der 20er Jahre.[14] Die letzteren waren vor allem politisch und ideologisch motiviert und gegen die gewerkschaftliche Organisierung bzw. die Arbeiterbewegung gerichtet. Der Grund der modernen Sozialtechniken ist vor allem technisch-funktionaler Art; der tiefgreifende Wandel von politischen und Arbeitsorientierungen der Beschäftigten hat sie freilich andererseits erst möglich gemacht.[15]

Ein weiterer Gesichtspunkt für den hohen Stellenwert betrieblicher Sozialtechniken, namentlich von Konzepten der Unternehmenskultur, ist die zunehmende Differenzierung der betrieblichen Organisation. Je mehr die Unternehmen in einzelne, fast autonom handelnde und kalkulierende Betriebsteile aufgespalten werden, die unter dem Druck stehen, selbst eigene Interessen zu verfolgen (ggf. auch gegen andere Abteilungen), »unternehmerisch« zu handeln und zu kalkulieren, um so größer wird die Bedeutung von übergreifenden, »gemeinsamen« Leitbildern und Orientierungen: Sie müssen das Risiko eines Auseinanderdriftens in einem Kampf aller gegen alle verhindern, den Aktionen von Einzelteilen gemeinsamen Sinn und gemeinsame Richtung verleihen, die Teile zu einem Ganzen integrieren. Mit anderen Worten: Die Produktivität der gewollten »Desorganisation« muß durch übergreifende Ziele und Orientierungen abgesichert werden. Es ist dabei allerdings nicht ausgeschlossen, daß die Unternehmenskultur eine derartige Gemeinsamkeit möglicherweise stärker nur inszeniert als tatsächlich gezielt Haltungen verändert.

4. Grenzen der Beteiligung

Mit der Beteiligung ist noch eine gleichberechtigte, diskursive, gar demokratische Teilhabe an der Innovation geschaffen. Auch kann die Beteiligung potenti-

---

14 Vgl. *Th. Breisig*, Gewerkschaften und Sozialtechniken. Historische Stationen einer Auseinandersetzung im Spiegel der zeitgenössischen Literatur, Manuskript 1986.
15 Vgl. *M. Helfert*, Sozialer Fortschritt und der Fortschritt der Individualisierung. Über die Schwierigkeiten der Gewerkschaften, die soziale Frage und die Technik zu politisieren, Köln 1991, WSI-Studie Nr. 67.

elle Gefährdungen technischer Entwicklung — quasi in einem Prozeß der Selbstregulierung von vornherein — noch nicht vermeiden. Gegen derart weitgehende Interpretationen — es wird sogar von einer »latenten Umkehrung von Abhängigkeitsbeziehungen« im Betrieb gesprochen[16] — steht schon die Tatsache, daß bei zwei zentralen Fragen, nämlich der Arbeitsorganisation und der betrieblichen FuE, nach wie vor echte, verbriefte Mitbestimmungsrechte fehlen.

Dennoch verändern sich dadurch die Bedingungen der Interessenvertretung und der Politisierung der Technik. Allein schon die faktische Infragestellung des Innovationsprivilegs der betrieblichen Forschungs- und Entwicklungsabteilungen (FuE) macht die Adressaten der gewerkschaftlichen Einflußnahme nicht eindeutiger; sie verlieren sich fast im Gestrüpp von Arbeitsgruppen, betrieblichen Projekten, Verfahren und Abteilungskonflikten — der Unterschied zwischen der ergebnis- und prozeßbezogenen Mitbestimmung wird an dem Gegensatz zwischen der tayloristischen und der prozeßhaften, systemischen Innovation greifbar.

Vor allem, die Beteiligung enthält zwar Chancen der Demokratisierung, zugleich aber das Risiko einer schrankenlosen Vereinnahmung der Beschäftigten für betriebliche Ziele. Die Möglichkeiten, in Auseinandersetzung mit betrieblichen Anforderungen eigene Interessenpositionen zu entwickeln, werden um so geringer, je mehr berufliches Engagement, Initiative und Innovation verinnerlicht werden, betriebliche Normen mit individueller Arbeitsethik der Beschäftigten verschmelzen. Die kritische Distanz zu Leistungsansprüchen des Betriebs und sozialen Folgen der eigenen Arbeit — eine zentrale Voraussetzung »einer kompromißorientierten Aushandlung von Arbeitsbedingungen, von wechselseitigen Ansprüchen und Pflichten«[17] — gerät in Gefahr, sich aufzulösen. Das, was durch die Beteiligung an Machtpositionen und Innovationsprivilegien den Betrieben scheinbar verlorengeht, kann der »kulturelle Imperialismus des Managements«[18] wieder mehr als hereinholen — von den veränderten Formen der Kontrolle, die die »Rationalisierung ohne Taylorisierung« abstützen, jetzt ganz abgesehen.

Die offensichtliche Veränderung des Stellenwerts der Arbeit steht dabei in einem eigenartigen Widerspruch zu der These, daß durch die neuen Rationalisierungsformen bisherige Instrumente gewerkschaftlichen Rationalisierungsschutzes

---

16 Vgl. *G. Dörr*, Bedeutungswandel der Produktionsarbeit unter Bedingungen systemischer Rationalisierung, in: L. Kißler (Hg.), Partizipation und Kompetenz, Opladen 1990, S. 69 ff.
17 Vgl. *G. Marstedt*, Schattenwürfe sozialer Rationalisierung. Zum Bedeutungswandel von Gesundheit und Krankheit in der Arbeitswelt, in: psychosozial H. II/1990, S. 74 ff., S. 84; erinnert sei auch an die »Psychologisierung« der Leistungsregulierung.
18 Vgl. *Ch. Deutschmann*, Reflexive Verwissenschaftlichung und kultureller »Imperialismus« des Managements, in: Soziale Welt 3/1989, S. 374 ff.

obsolet würden. Es ist nicht ohne Grund, wenn die mit der systemischen Rationalisierung einhergehende Beteiligung kaum noch im Kontext eines »basisorientierten« gewerkschaftspolitischen Ansatzes diskutiert wird. In diesem Konzept der »Arbeiterautonomie« und der Mitbestimmung am Arbeitsplatz war die Partizipation nicht nur als ein arbeitspolitisches Instrument der Selbstregulierung und Humanisierung der Arbeit verstanden, vielmehr als ein grundlegendes Element gewerkschaftlicher Gegenmacht, ja, eines Modells gesellschaftlicher Selbstverwaltung. Nicht zuletzt der Wandel im Selbstverständnis der Arbeiter hat solchen Konzepten weitgehend den Boden entzogen, zugleich die Instrumentalisierung der Beteiligung erleichtert. Der Verlust des früheren gesellschaftspolitischen Stachels ist in gewisser Weise eine Bedingung ihrer Akzeptanz seitens des Managements: Je weniger Partizipation, Mitwirkung, Ausweitung von Dispositionsmöglichkeiten, »Produzentensouveränität« (*Kern/Schumann*) mit Gegenmacht gleichgesetzt werden, und umgekehrt, je mehr sie sowohl von den Betroffenen als auch vom Management arbeits- und produktionspolitisch verstanden werden, desto reibungsloser werden sie betrieblich für die Flexibilisierung und Effektivierung der Produktion, aber auch die individuelle Entfaltung in der Arbeit nutzbar.

Daß also die mit der systemischen Rationalisierung einhergehende veränderte Stellung der Arbeit massive Konsequenzen für die Politisierung der Technik unter verschiedenen Gesichtspunkten hat, liegt auf der Hand. Es verändert sich nicht nur der Zusammenhang von Qualifikationsanforderungen, Leistungsansprüchen und Arbeitssystemen, betroffen ist vielmehr auch die Integration der Beschäftigten im Betrieb. Welche Effekte für Technik, Organisation, soziale Folgewirkungen die Beteiligung tatsächlich hat, inwieweit sie »nur« Akzeptanz und Loyalität fördert bzw. individuellen Entfaltungsinteressen entgegenkommt, welche Interessen sie transportiert und potentiell transportieren könnte – derartige Fragen nach der inhaltlichen Reichweite und der faktischen Bedeutung der betrieblichen Beteiligung der Beschäftigten unterhalb der formalisierten Mitbestimmung sind systematisch kaum geklärt.

Ebenso ist unsicher, inwieweit die veränderte Nutzung der Arbeitskraft auf Dauer – ein immer relativer Begriff – stabil ist und worauf sich diese Stabilität der sozialen Produktivität gründen könnte. Handelt es sich nur um Übergangsphänomene infolge unzureichender Erfahrungen des Managements und der betrieblichen FuE, mit neuen Techniken, vor allem mit der informationstechnischen Integration umzugehen; also um Erscheinungen, die mit einer Wiedergewinnung der Gestaltungskompetenz (gestützt auf Leistungssteigerung von Soft- und Hardware, Stichwort: Künstliche Intelligenz) ebenso abgebaut würden? Oder ist die anspruchsvollere Nutzung der Arbeitskraft bei der Entwicklung und Nutzung programmgesteuerter Techniken funktional zwingend? Dann würde es sich um Übergangsphänomene in dem Sinne handeln, daß sich mit dem zunehmenden Einsatz solcher Techniken auch die gestiegenen Anforderungen an die Arbeit verbreitern würden. Die gegenwärtigen Erfahrungen sprechen eher für die zweite These.

5. Vielfalt von Rationalisierungsformen

Derartige Auswirkungen systemischer Rationalisierung treten freilich nur dort auf, wo und insoweit die Potentiale neuer Techniken ausgereizt werden können. Und in dem Punkt bestehen zwischen Betrieben und Branchen beträchtliche Unterschiede. Also nicht nur, daß Konzepte systemischer Rationalisierung recht spezifisch konkretisiert werden müssen – von nicht geringerer Bedeutung ist vielmehr, daß die Techniken und Rationalisierungskonzepte, die in den jeweiligen Branchen, Betrieben und Arbeitsprozessen überhaupt einsetzbar sind, stark voneinander abweichen können. Die Arbeits- und Produktionsprozesse sind nicht alle in gleicher Weise der (systemischen) Rationalisierung und Technisierung zugänglich. Der vermeintlich generelle neue Trend der technischen Entwicklung zerfasert folgerichtig in eine Vielfalt von konkreten Rationalisierungsformen.

Als maßgebliche Faktoren können sich dabei erweisen:
- die spezifischen stofflichen bzw. inhaltlichen Bedingungen der jeweiligen Arbeits- und Produktionsprozesse,
- die Qualifikation und die Arbeitsansprüche sowie die betrieblichen Durchsetzungspotentiale der Beschäftigten, außerdem
- der Stand der jeweils rentabel einsetzbaren Technik,
- die verfügbaren FuE-Kompetenzen der Betriebe sowie
- die spezifische Verknüpfung der Produktionsprozesse und der Produkte mit der gegebenen Lebensweise.

Solche Faktoren prägen die je spezifischen Bedingungen der Politisierung der Technik sowie ihre sozialen und ökologischen Folgen.[19]

Es ist langfristig daher von einer Vielfalt unterschiedlicher Produktionskonzepte auszugehen. Das hat Folgen sowohl für die »schwarzen« als auch für die optimistischen Szenarien der Rationalisierungsentwicklung. In bezug auf die pessimistischen Prognosen heißt das, daß die technische Entwicklung nicht automatisch zu einer Durchtechnisierung und Taylorisierung der Arbeit in fast allen Wirt-

---

19 Vgl. M. Helfert, Sozialer Fortschritt und der Fortschritt der Individualisierung, a. a. O.

schaftsbereichen und Arbeitsprozessen führt – mit all den vorhergesagten Folgen für die Arbeit: Vernichtung der Arbeitsinhalte und der Facharbeit, totale Kontrolle über den Arbeitsprozeß usw. Dort, wo sich neue Rationalisierungskonzepte durchsetzen, kommt es vielmehr zu einem anderen, anspruchsvolleren Umgang mit der Arbeitskraft – und zwar nicht nur kurzfristig und vorübergehend bis zu der nachfolgenden Durchtechnisierung. Für die optimistischen Szenarien heißt das aber wiederum, daß man sich nicht allein auf die Chancen der neuen Techniken verlassen kann. Sie führen keineswegs im Selbstlauf zu einem Abbau von restriktiven, tayloristischen Arbeitsformen. Die neuen Produktionskonzepte bleiben weitgehend auf hochtechnisierte und -technisierbare Prozeßabschnitte begrenzt.

Die Grenzen der neuen Produktionskonzepte sind also zugleich auch die Grenzen einer »naturwüchsigen« Verbesserung der Arbeit durch veränderte Arbeitsanforderungen der programmgesteuerten Techniken.

Der industrielle Wandel führt eben nicht, wie in den beiden Szenarien der technischen Entwicklung unterstellt wird, zu einer generellen Angleichung von Arbeitsbedingungen, und zwar weder nach unten (Taylorisierung) noch nach oben (generelle Reprofessionalisierung), ebensowenig zu einer Vereinheitlichung von Interessen.

Teil II

Siegfried Roth

Partizipation und Arbeitsgestaltung – zentrale Herausforderungen für gewerkschaftliche Handlungsfähigkeit

1. Partizipative Organisationsformen als Ausdruck geänderter Anforderungen an Unternehmen

Partizipative Organisationsformen werden zunehmend als eigenständige Rationalisierungsansätze im Zuge der strukturellen Anpassung von Unternehmen an dynamisch sich verändernde Einflüsse im Umfeld wie im Inneren verfolgt. Als partizipative Organisationsformen sind Gruppen von Beschäftigten auf unterer Hierarchieebene zu bezeichnen, denen bei der Lösung von betrieblichen Aufgaben und Problemen von seiten des Managements begrenzte Autonomiespielräume zugestanden werden. Dabei sind sehr unterschiedliche Ausformungen anzutreffen, die sich grob nach Gesprächskreisen (Qualitätszirkel, Lernstatt u. ä.) auf der einen und Gruppenarbeit (Teamarbeit, teilautonome Arbeitsgruppen, Projektgruppenarbeit u. ä.) auf der anderen Seite unterscheiden lassen. Gemeinsamer Hintergrund für die Einführung partizipativer Organisationsformen ist die Tatsache, daß sich herkömmliche Organisationskonzepte mit ihrer hierarchischen Steuerung, Koordination und Kontrolle als zunehmend dysfunktional für die Erreichung betrieblicher Zwecke herausstellen. Allerdings unterscheiden sich die partizipativen Organisationsformen in Qualität und Reichweite gravierend voneinander.

Modelle aus der Gruppe der Gesprächskreise lassen die eigentlichen Arbeitsvollzüge unberührt, sind den herkömmlichen tayloristischen Organisationsstrukturen quasi aufgestülpt und dienen in letzter Konsequenz der Kompensation ihrer Schwächen. Sie verzögern eher notwendige grundlegende Veränderungen.[1] Partizipation wird nach diesen Modellen zwar als Organisationsform, aber nicht als integratives Element der Arbeitsorganisation verstanden.

---

1 Vgl. *D. und R. Linhart,* Die französischen Unternehmen: Die Gefahren der Partizipation oder der andere Taylorismus, in: *L. Kißler* (Hg.), Modernisierung der Arbeitsbeziehungen, Frankfurt a. M./New York 1989, S. 379.

Gruppenarbeit dagegen zielt auf die Veränderung von Arbeitsorganisation und Arbeitsinhalten und stellt — zumindest bei qualitativ weitgehenden Ansätzen — die zentralen Dimensionen tayloristischer Organisation, Hierarchie und Arbeitsteilung, tendenziell in Frage. Vermehrte Selbststeuerung der Arbeit, Verantwortungsdelegation und hierarchiefreie Räume sind hierbei die Merkmale. Gemeinsam ist jedoch allen partizipativen Organisationsformen, daß sie verbunden sind mit verbesserter Kommunikation und Innovationsfähigkeit sowie mit — allerdings unterschiedlicher — Erweiterung der direkten Handlungsspielräume.

Es wäre vermessen anzunehmen, diese Entwicklung würde die Interessenvertretung der Beschäftigten im Betrieb unberührt lassen. In dem Maße, wie aus den Arbeitsabläufen mehr Eigenverantwortung, Entscheidungs- und Handlungsfähigkeit gefordert werden, treten auch vermehrt Elemente der Selbstregulierung und Selbstbestimmung bezüglich des eigenen Arbeits- und Wirkungsbereichs in den Vordergrund. Dies geht zudem mit einer Ausdifferenzierung der Arbeitnehmerinteressen einher, die in der Konsequenz zu einer Vielfalt höchst individueller Interessenlagen führen kann. Kompliziert und uneinheitlich wird dieser Zusammenhang zusätzlich durch die Tatsache, daß diese neuen Formen zugleich neben traditionellen existieren und eine alleingültige Antwort nicht mehr zulassen. Zentral ergeben sich daraus die Fragen: Wie gehen Gewerkschaften und betriebliche Interessenvertretung mit den aufkommenden Partizipationsstrukturen und -bedürfnissen um? Welche politischen Schlußfolgerungen ziehen sie daraus und mit welchen organisatorischen Ansätzen wird darauf reagiert?

2. Gewerkschaften und Partizipation: Ein Feld fehlender Tradition

2.1 Vorherrschendes Organisationsprinzip: »Delegation und Geschlossenheit«

Für direkte Partizipation von Beschäftigten gibt es im Bereich der deutschen Gewerkschaften und der betrieblichen Interessenvertretung weder eine gewachsene historische Tradition noch entsprechende rechtlich abgesicherte Institutionen. Als Organisationsprinzipien dominieren Delegation und Geschlossenheit.[2]

Das *Delegationsprinzip* entspricht weitgehend den politischen Kulturvorstellungen von Parteien und vielen Verbänden in unserer Gesellschaft. Im Betrieb ist die Grundlage für die repräsentative Mitbestimmung der gesetzlichen Instanz des Betriebsrats durch das Betriebsverfassungsgesetz gegeben. Durch die darin

---

2 Vgl. W. Riester, Mündlicher Geschäftsbericht zur 41. Bezirkskonferenz der IG Metall Baden-Württemberg, 25.–27. 10. 1990.

verankerten Informations-, Beratungs- und Mitbestimmungsrechte sind die gewählten Repräsentanten Verhandlungspartner für die Arbeitgeberseite und per Gesetz geradezu zum stellvertretenden Handeln animiert. Es besteht gewissermaßen ein Zwang zur Repräsentation.

Vor diesem Hintergrund entstand insbesondere in den Zeiten ökonomischer Prosperität und hoher Verteilungsspielräume eine besondere »Austauschbeziehung« zwischen Mitgliedern bzw. Beschäftigten und Gewerkschaften bzw. Betriebsrat, die bis heute prägend für das System der Interessenvertretung ist: Bei den Mitgliedern/Beschäftigten verfestigte sich ein »distanziertes Anspruchsverhalten«, verbunden mit individuellem Nutzenkalkül (Mitgliedsbeitrag gegen Versorgungs- und Sicherheitsleistung), dem auf der anderen Seite ein zunehmend professionalisierter Organisationsapparat entsprach (und entspricht).[3] Persönliches Engagement und die Chance, selbstgestaltend und korrigierend einzugreifen, werden zurückgestellt, da Forderungen und Lösungswege auf die jeweils darüber gelagerte Ebene delegiert werden.

Geschlossenheit als zweites Organisationsprinzip wurde immer zugleich als Bedingung für Einheit und Stärke angesehen. Historisch verständlich, denn die Arbeiterbewegung hat immer unter Spaltung gelitten. Seinen Ausdruck findet diese Sorge besonders in dem Prinzip der Einheitsgewerkschaft.

Delegation und Geschlossenheit sind nach wie vor die dominierenden Organisationsprinzipien. Allerdings sind unüberschaubare Erosionen an den Grundfesten dieses Gebäudes festzustellen. Delegation wird mit Partizipationswünschen der Beschäftigten und entsprechenden Unternehmensstrategien konfrontiert. Einheit durch Geschlossenheit wird zunehmend durch die Notwendigkeit der »Einheit trotz Vielfalt« in Frage gestellt. Eine größere Vielfalt bedeutet implizit auch mehr Offenheit gegenüber individuellen Wünschen und die Beeinflußbarkeit von Konzepten und Strukturen.

2.2 Öffnung zu mehr Beteiligung:
Reaktion auf Unternehmensstrategien und Ansprüche der Beschäftigten

Ende der 60er Jahre gab es eine heftige Auseinandersetzung in der IG Metall über das Konzept »Mitbestimmung am Arbeitsplatz«. Es sollte eine stärkere Einbeziehung der Betroffenen bei der Gestaltung ihrer Arbeitsbedingungen und mehr Rechte für den einzelnen Arbeitnehmer bringen. Verbunden war dieses

---

[3] R. Bahnmüller, Verwissenschaftlichung des Arbeitsprozesses und Qualifizierung von Betriebsratsarbeit, express 12/87, S. 6.

Konzept mit Vorstellungen betriebsnaher Tarifpolitik und Bildungsarbeit sowie mit der Idee der Wahl von Gruppensprechern bei den Beschäftigten.[4] Damals wurde dieser Ansatz verworfen, weil er in Konkurrenz zu Betriebsräten, Vertrauensleuten und der betriebsübergreifenden Mitbestimmung gesehen wurde. Erst nach vielen Jahren, im Dezember 1984, wurde das Konzept »Mitbestimmung am Arbeitsplatz« vom Deutschen Gewerkschaftsbund beschlossen. Der damalige Beschluß ist weitgehend als Reaktion auf das zunehmende Vordringen unternehmerischer Beteiligungsstrategien Anfang der 80er Jahre – voran Qualitätszirkel – zu verstehen. Oberstes Motiv war also nicht die Schaffung eines durchgehenden Reformmodells der Demokratisierung und Selbstbestimmung, sondern die Gefahr der Veränderung des normierten betrieblichen Verhandlungssystems sowie des Unterlaufens der Interessenvertretung durch das Management.

Mitbestimmung am Arbeitsplatz wurde lediglich als formale Komplettierung umfassender Mitbestimmungsansprüche verstanden. Sie blieb in den folgenden Jahren auch aufgrund fehlender inhaltlicher Substanz als »äußerlicher« Beschluß ohne große Relevanz für die betriebliche Gewerkschaftspraxis. Erst mit dem offensichtlichen Scheitern einer reinen Ablehnungshaltung gegenüber Partizipationskonzepten des Managements und dem enormen Vordringen von Qualitätszirkeln[5] kam erneut Bewegung in die Diskussion.

Heftig umstritten waren 1987 erste Ansätze von Betriebsräten, managementinitiierte Formen der Partizipation zum »Einfallstor für Mitbestimmung am Arbeitsplatz« zu machen. Diese Vorstellung wurde vor allem bei Volkswagen in die Tat umgesetzt und verknüpfte bewußt die Moderatorenrolle der VW-Zirkel mit der Funktion der gewerkschaftlichen Vertrauensleute im Betrieb. Das dabei sichtbare Kompetenzdefizit wurde durch breit angelegte gewerkschaftliche Schulungen für Vertrauensleute angegangen.[6]

Langsam, aber stetig wachsend beginnt sich innerhalb der IG Metall die Auffassung durchzusetzen, daß nur mit einem eigenen offensiven Gestaltungskonzept den unternehmerischen Partizipationsstrategien begegnet werden kann. Kern dieses Konzepts ist es, Arbeitsgestaltung mit Beteiligungsansätzen zu verbinden. Das heißt, mit Skepsis oder gar Ablehnung werden alle Ansätze betrachtet, die

---

4 *F. Vilmar*, Mitbestimmung am Arbeitsplatz, Neuwied/Berlin 1971.
5 *C. Antoni/W. Bungard/E. Kübler*, Qualitätszirkel und ähnliche Formen der Gruppenarbeit, Mannheim 1990. Nach dieser Untersuchung haben 50% der 100 umsatzgrößten Unternehmen Deutschlands funktionierende Qualitätszirkel.
6 *K. Volkert/H.-J. Uhl/W. Widuckel-Mathias*, Qualitätszirkel in der Automobilindustrie – Gefahren und Chancen, Neue Gesellschaft, 2/87, S. 154; vgl. insgesamt auch: *Roth/Kohl* (Hg.), Perspektive: Gruppenarbeit, Köln 1988.

losgelöst von Arbeitsorganisation, Qualifizierung und Mitbestimmung das Erfahrungswissen und die Problemlösungsfähigkeit der Beschäftigten nutzen wollen.

Die Einrichtung von Qualitätszirkeln zur Qualitätsverbesserung bei bestehender tayloristischer Arbeitsteilung – z. B. ohne Qualitätssicherung als Bestandteil der Arbeitsinhalte – kann nicht unsere Zielperspektive sein. Beteiligungsgruppen sind nach unserem Konzept nicht Selbstzweck, sondern eher Mittel zum Zweck, um zu alternativen Formen der Arbeit – wie etwa Gruppenarbeit – zu kommen. Damit können Beteiligungsstrukturen selbstregulierender Bestandteil von Gruppenarbeit werden. Beteiligungsgruppen könnten im Vorfeld quasi einen »Durchlauferhitzer-Effekt« für bessere Arbeitsgestaltung haben, indem sie auch Themen wie Verbesserung der Arbeitsbedingungen und Überwindung des Taylorismus behandeln. Interessant ist, daß diese Konzeption zwar weitgehend von Betriebsräten akzeptiert ist, aber letztlich sich noch nicht in ihrer praktischen Handlungsweise niederschlägt. Auch sind diese Überlegungen bei hauptamtlichen Gewerkschaftern nicht sonderlich umstritten, führen aber – gewissermaßen einer »Selbstlähmung« folgend – nicht zu eindeutigen Beschlüssen und Handlungsempfehlungen.

Beteiligungsfragen werden eher unter einem anderen Akzent verfolgt. In den letzten Monaten ist eine Reihe von gewerkschaftlich initiierten Beteiligungsstrukturen in den Betrieben entstanden, die im Zusammenhang mit sogenannten Beschäftigungsplänen gebildet werden. Dort stehen »Qualifizieren statt entlassen« und die Ausarbeitung von Vorschlägen für Arbeitsorganisation, Qualifikation und alternative Produkte im Vordergrund.[7]

Auch im Hinblick auf »Rüstungskonversion« arbeitet eine Reihe von Gruppen erfolgreich an alternativen Produkten. Trotz dieser ermutigenden Veränderung in Teilbereichen bleiben die derzeitigen gewerkschaftlichen Beteiligungsaktivitäten letztlich entweder Reaktionen auf managementinterne Konzepte, oder sie beziehen Beschäftigte für einen bestimmten eng umrissenen Gestaltungszweck in die Arbeit ein. Als demokratischen »Wert an sich« und als notwendige Ergänzung der Interessenvertretung »nach unten« werden Beteiligungsaktivitäten noch nicht verstanden.

---

[7] Vgl. *G. Bosch*, Beschäftigungspläne in der Praxis, WSI-Mitteilungen, 4/1989, S. 197 ff., und *T. Klebe/S. Roth*, Beschäftigungsplan statt Sozialplan: Zwischenlagerung eines Problems oder Perspektive?, in: Der Betrieb, Heft 30/1989, S. 1518 ff.

3. Rationalisierung im Wandel: Das »Soziale Modell der Produktivität«

Soziale Bedingungen des Betriebs, Hierarchien, Arbeitsorganisation, Kommunikationsstrukturen und psychisches wie soziales Arbeitsvermögen treten zunehmend als Ansatzpunkte für ergänzende oder eigenständige Rationalisierungsziele in den Vordergrund. Selbst die Protagonisten eines technikzentrierten Weges propagieren heute die Entwicklung von Technik und Organisation als »soziotechnische Gesamtaufgabe«, bei der Rationalisierung und Humanisierung aufeinander zu beziehen seien.

Empirische Untersuchungen der japanischen Fertigungs- und Montagearbeiten in der Autoindustrie belegen deren größere Effizienz gegenüber dem europäisch-angelsächsischen Typus. Technik spielt dabei als Faktor mit rund 17% Anteil eine eher geringe Rolle. Dagegen sind es vor allem Organisationsprinzipien, die mit 49% besonders durch Prozeßsteuerung und -kontrolle sowie unterschiedliche Arbeitsweisen, die mit 34% den japanischen Vorsprung erklären.[8] Offenbar erweist sich das »Soziale Modell der Produktivität«[9], wie es aus der skandinavischen und davon unterschieden aus der japanischen Betriebswirklichkeit stammt, als ökonomisch überlegene Form der Organisation bzw. der Nutzung des subjektiven Faktors der Arbeit.

Seinen Ausdruck findet diese Neuorientierung in Organisations- und Partizipationskonzepten, die einen tiefgreifenden Wandlungsprozeß der Arbeit auf folgenden Ebenen mit sich bringen:

Ebene Unternehmen/Betrieb

Nicht mehr die Steigerung der Leistungsfähigkeit einzelner begrenzter Teilprozesse, sondern die Optimierung der Gesamtabläufe im Betrieb bis hin zur Einbeziehung außerbetrieblicher Produktions-, Liefer- und Verteilungsbereiche kennzeichnen den neuen Typ »systemischer Rationalisierung«.[10] Zeitlich versetzt erfolgte Rationalisierungsmaßnahmen wachsen zusammen, bisher getrennte Arbeitsaufgaben und Arbeitsprozesse werden miteinander verknüpft. Die Wirkungen dieses neuen Typs von Rationalisierung sind sachlich, personell

---

8 *F. Naschold*, Technischer Wandel und sozialer Konservatismus, in: *W. Fricke* (Hg.): Jahrbuch Arbeit und Technik in NRW, Bonn 1989.

9 Vgl. *W. Lecher*, Den Tiger reiten, Soziale Produktivität und direkte Mitbestimmung, in: Gewerkschaftliche Monatshefte, 2/91.

10 Vgl. *N. Altmann u. a.*: Ein neuer Rationalisierungstyp – neue Anforderungen an die Industriesoziologie, in: Soziale Welt, Heft 2/3, 1986, sowie *N. Altmann/D. Sauer* (Hg.): Systemische Rationalisierung und Zulieferindustrie, Frankfurt a. M./New York 1989.

und räumlich übergreifend. Die Wirkungen gehen über Betriebs- und Unternehmensgrenzen hinweg. Am deutlichsten sichtbar wird dies bei der engen Vernetzung von vor- und nachgelagerten Bereichen, von Zulieferfirmen und Händlern mit den Herstellerfirmen, z. B. in der Automobilindustrie.[11] Damit verändern sich in völlig neuer Weise die Formen zwischenbetrieblicher Arbeitsteilung und die Strukturen der Beziehungen zwischen Betrieben und Unternehmen.[12] Vermehrt werden kleinere, effizient arbeitende Bereiche (vom Cost-Center bis zur Montagefabrik) mit hoher dezentraler Eigenverantwortung in ein integriertes und kontrolliertes System der Vernetzung einbezogen. Durch »Fertigungssegmentierung«[13] werden Produktionsbeziehungen entflochten und verselbständigt. Ziel ist es, die Teilbereiche möglichst autonom zu steuern, um eine stärkere Marktausrichtung und höhere Transparenz des Betriebsgeschehens zu erhalten. Damit einher gehen gewandelte Anforderungen an die Beschäftigten im Fertigungsprozeß durch Bildung von Arbeitsgruppen im Sinne einer ganzheitlichen Aufgabenerfüllung und dezentraler Regulierungskompetenz.

Ebene Arbeitsorganisation/Arbeitsplatz

Es kommt zur Integration bislang stark aufgespaltener Tätigkeit in neue Tätigkeitsbilder und zur zunehmenden Herausbildung von Gruppen-/Teamarbeit als Grundlage der Arbeitsorganisation. Spielräume für Selbstregulierung und Selbststeuerung der Arbeit werden größer und eröffnen damit insgesamt mehr Chancen für Autonomie der Beschäftigten. Eine Autonomie allerdings, die begleitet ist von qualitativ neuen Kontrollstrategien, die nicht mehr so sehr auf Einzel-, sondern Gesamtleistungen und auf die Internalisierung der Leistungsziele und Kontrolle beim einzelnen und in Gruppen setzt.[14] Ergänzt und begleitet werden diese Ansatzpunkte durch neue Strategien der Partizipation, Unternehmensführung und − immer häufiger als umfassender Anspruch formuliert − Unternehmenskultur. Beteiligen statt Anweisen, Nutzen der Ideen-Potentiale der Beschäftigten (Qualitätszirkel), Verbesserung von Innovationsfähigkeit und Effizienz durch Projektgruppen und Matrix-Strukturen sind stellvertretend hier als Stichworte zu nennen.

Längst hat sich beim Management die Erkenntnis etabliert, daß die Implementierung neuer Technologien ohne Beteiligung der direkt Betroffenen hohe Rei-

---

11 Vgl. *H. G. Mendius/U. Wendeling-Schröder* (Hg.), Zulieferer im Netz, Köln 1991.
12 *T. Klebe/S. Roth*, Informationen ohne Grenzen, Hamburg 1987.
13 Vgl. *H. Wildemann*, Die modulare Fabrik. Kundennahe Produktion durch Fertigungssegmentierung, München 1988.
14 Vgl. *T. Klebe/S. Roth*, Selbststeuerung der Arbeit und neue Unternehmensstrategien, in: *S. Roth/H. Kohl* (Hg.), Perspektive: Gruppenarbeit, Köln 1988.

bungsverluste und Kosten sowie vielfach Fehlplanungen hervorruft. Nicht von ungefähr nutzen — nach einer neuen Untersuchung von 1990 — 40% der Unternehmen in Deutschland, die mit Qualitätszirkeln arbeiten, diese, um den Planungs- und Einführungsprozeß neuer Technologien zu verbessern.[15] Dabei geht es nicht allein um eine verbesserte Akzeptanz, sondern auch um die Optimierung durch verbesserte Gestaltung von Arbeitsplatz und Arbeitsorganisation.

Hintergrund für die zunehmende Herausbildung nichttayloristischer Strukturen und partizipativer Organisationsformen bildet die verstärkte Konkurrenz auch auf der Ebene der Produktionskosten. Ausgeprägte vertikale und horizontale Arbeitsteilung und aufwendige Kontrollstrategien erweisen sich zunehmend als »Verschwendungswirtschaft« und werden immer häufiger als kontraproduktiv eingeschätzt (Übermaß an Kontrollkosten, organisatorischen und sozialen Reibungskosten). Aber auch der Wandel im Sozialsystem hat Bedingungen geschaffen, auf die sich Betriebe heute einstellen müssen. Andere Wertvorstellungen, die Herausbildung lohnarbeitsunabhängiger Identitäten und eine zunehmende Individualisierung der Arbeits- und Lebensverhältnisse treten in Widerspruch zu herkömmlichen Arbeitsformen.

Im Rahmen des »sozialen Modells der Produktivität« wird der Versuch unternommen, eine funktional erforderliche Neubestimmung von zentralen und dezentralen Entscheidungsstrukturen im Betrieb und Unternehmen vorzunehmen. Dabei werden grundsätzliche Entscheidungen bei gleichzeitigem Abbau formaler Hierarchiestufen »nach oben« zentralisiert. Partizipation besorgt als kontrollierte und gesteuerte Strategie die »Anpassung und Kleinarbeit nach unten. Zwischen beiden Polen werden Feedback-Prozesse als ›Beteiligung‹ eingerichtet.«[16] Zugleich beansprucht unternehmerische Partizipation ein Feld, das bislang traditioneller Rationalisierung nicht zugänglich war: das Erfahrungswissen der Produktionsarbeiter. Dieses soll über die Mechanismen »Selbststeuerung und Selbstverantwortung« quasi automatisch der betrieblichen Verwertung zugeführt werden.

Die Intentionen einer solchen »partizipativen Rationalisierung« sind eindeutig und dürfen nicht mit »Demokratisierung« von Betrieb und Unternehmen verwechselt werden. Allerdings steckt auch in diesen Ansätzen eine Menge Ambivalenz für das betriebliche Management, was das vorsichtige und tastende Her-

---

15 *C. Antoni u. a.*, Qualitätszirkel und ähnliche Formen..., a. a. O.
16 *D. Linhart/K. Düll/G. Bechtle*, Neue Technologien und industrielle Beziehungen im Betrieb — Erfahrungen aus der Bundesrepublik Deutschland und Frankreich, in: *K. Düll/B. Lutz* (Hg.), Technikentwicklung und Arbeitsteilung im internationalen Vergleich, Frankfurt a. M./New York 1989, S. 142.

angehen vieler Unternehmen erklärt. Denn mit dem Eindringen in Felder, die klassisch der Mitbestimmung und dem Vertretungsanspruch von Gewerkschaften und Interessenvertretungen unterliegen, laufen sie Gefahr, mit gewerkschaftlichen Demokratisierungsvorstellungen und Arbeitsgestaltungsansprüchen konfrontiert zu werden. Diese bringen zumindest andere Inhalte und Wertvorstellungen in die Köpfe der Beteiligten und stellen besonders die Steuerungs-, Kontroll- und Kulturansprüche des Unternehmens tendenziell in Frage.

4. Arbeitsgestaltung: Ein gewerkschaftlicher Anspruch bleibt in den Startlöchern

Die Erfahrungen mit neuen Produktionskonzepten belegen eindeutig die hohe Gestaltbarkeit der Arbeit im Zusammenhang mit neuen Technologien. Sie zeigen jedoch auch, daß Arbeit immer weniger standardisierbar und im Detail voraus planbar ist. Daher können gewerkschaftliche Gestaltungsalternativen bei neuen komplexen Technologien nur gelingen, wenn permanent das individuell erworbene Erfahrungswissen der einzelnen Beschäftigten durch Beteiligung mobilisiert wird. Von daher müßte Arbeitsgestaltung in erster Linie als »*bottom up*«-Prozeß, von unten nach oben angegangen werden. Beschäftigte lediglich in einer späten Phase über Gestaltungskonzepte zu unterrichten oder gar nur zu befragen, reicht nicht aus.

Dies würde zu Recht der Interessenvertretung den Vorwurf einbringen, das zu tun, was sie an der Managementseite kritisiert, eine »gewerkschaftliche Sozialtechnik« anzuwenden — also nur scheinbar zu beteiligen. Sicherlich kein einfaches Unterfangen, denn längst sind Änderungen im Betrieb nicht mehr punktuelle oder temporäre Erscheinungen einzelner Bereiche. Vielmehr lassen die Wirkungen neuer Produktionskonzepte keine Ebene des Unternehmens unberührt. Sie verändern nicht nur die Hierarchie und die Arbeitsorganisation, sondern stellen auch sehr direkt die bisherigen Formen von Entlohnung, Leistungsbeurteilung, Qualifikation, Arbeitsgestaltung, Personalpolitik und Mitbestimmung/Interessenvertretung in Frage. Diese vielschichtig vernetzten Problembereiche müssen zwangsläufig durch zentrale Gremien (betriebliche oder gesamtbetriebliche Ausschüsse) koordiniert und bearbeitet werden. Allerdings bedarf dieses systematische und zentrale Betriebsratshandeln der dringenden dezentralen Ergänzung und Beteiligung. Im Grunde müßten eine Vielzahl Beteiligungsgruppen der Beschäftigten gebildet werden und zudem sachkundige betriebliche Arbeitnehmergruppen wie Technik-, Arbeits- und Fertigungsplaner kooperativ einbezogen werden. Dafür gibt es im Betrieb zumeist keine entwickelte gewerkschaftliche Infrastruktur und in der Regel auch kein entsprechendes Problembewußtsein bei den Interessenvertretungen. Zudem ist bei der traditionellen Aufgabenabgrenzung innerhalb der Interessenvertretung überhaupt keine Kapazität für derlei Prozesse vorhanden. Der gewerkschaftliche Gestaltungsanspruch bei Arbeit und Technik bleibt in den Startlöchern sitzen. Er bleibt es deshalb, weil die Beine nicht zum Laufen kommen.

Das eine Bein ist die *Gestaltungspolitik*. Es bewegt sich nicht, weil es für die meisten Interessenvertreter kein Thema von Priorität ist. Hinzu kommt, daß hier keine kurzzeitigen Erfolge zu holen sind, Neuland betreten werden muß und offenbar insgesamt eine eher »strukturkonservative Haltung« (in dem Sinne, das Bestehende sichern zu wollen) an den Tag gelegt wird. Zur Unterstützung gibt es zwar entwickelte gewerkschaftliche Gestaltungskonzepte. Vielfach sind diese Materialien den Betriebsräten gar nicht bekannt, oder es fehlt ihnen an exemplarischen und »anfaßbaren« Beispielen bzw. an konkreten Umsetzungshilfen.

In wenigen Fällen, wo eine eigenständige und aktive (nicht als Reaktion auf unternehmerische Setzung) Gestaltung von Arbeit und Technik verfolgt wurde, werden trotz einiger Teilerfolge die Grenzen schnell sichtbar.

Hier wird das zweite unbewegliche Bein sichtbar: Gestaltungsmaßnahmen bleiben stecken, weil weder eine konsequente Betroffenenbeteiligung betrieben und – was nur die andere Seite der gleichen Medaille ist – noch »offene« Prozesse und das Experimentieren mit differenzierten Gestaltungswegen zugelassen werden. Es ist immer noch dominantes Selbstverständnis von Interessenvertretungen im Betrieb, »in sich geschlossene« Konzepte vorzugeben, anstatt Vereinheitlichung über eine neue Vielfalt artikulierter betrieblicher *Gestaltungsinteressen* herzustellen. Um kein Mißverständnis aufkommen zu lassen, auch in einem so verstandenen Gestaltungsprozeß haben gewerkschaftliche Eckpunkte, verallgemeinerbare Erfahrungswerte und Expertenwissen ihren wichtigen Stellenwert. Sie müssen sich jedoch der Diskussion der Betroffenen stellen und den Akzent mehr auf Strukturierung und Moderierung eines in weiten Teilen »ergebnisoffenen« Prozesses legen. »Offene« Systeme sind in diesem Verständnis also nachvollziehbare, transparente und beeinflußbare Strukturen.

5. Neuorientierung bei Betriebs- und Tarifpolitik

5.1 Beteiligungsorientierte Betriebspolitik als Perspektive

Die IG Metall hat 1988 eine breitangelegte Debatte um gesellschaftliche Herausforderungen der Gegenwart und Zukunft begonnen. In diese Diskussion waren Wissenschaftler, Politiker, Vertreter gesellschaftlicher Gruppen sowie Funktionäre der IG Metall, des DGB und anderer Einzelgewerkschaften einbezogen.

Ein Ergebnis der sogenannten »Zukunftskongresse« waren »Leitlinien zur gesellschaftlichen und gewerkschaftlichen Reform«, mit denen ein umfassender Reformanspruch verbunden ist:

»Die Gewerkschaften können die Interessen der Arbeitnehmerinnen und Arbeitnehmer im Strukturwandel nur dann wirksam vertreten, wenn sie für eine demokratische und soziale Alternative eintreten. Die Gewerkschaften müssen ihre Zukunftsvisionen auf die Chancen zu höherer sozialer Freiheit und Solidarität ausrichten, die der Modernisierungsprozeß eröffnet. Sie müssen ihre Politik und Praxis direkter mit den kulturell-kritischen Ansprüchen nach individueller Selbstentfaltung und nach demokratisch-mündiger Mitwirkung an der Gestaltung der Arbeits- und Lebensbedingungen verknüpfen.«[17]

Im Kern dieser Leitlinien steht die Orientierung auf umfassende soziale Gestaltung des gesellschaftlichen Modernisierungsprozesses, verbunden mit basisdemokratischen Zukunftsvisionen.

Mit dem Konzept einer *Beteiligungsorientierten Betriebspolitik* wurde eine Diskussion um neue Wege in der Betriebspolitik eröffnet. Dieser Diskussionsprozeß bezieht große Teile der IG Metall mit ein und ist bis heute noch nicht abgeschlossen. Eine Zwischenetappe stellt der Entwurf einer »Gewerkschaftlichen Betriebspolitik für die 90er Jahre«[18] dar. Darin kommen bereits erste wesentliche Eckpunkte zum Ausdruck. Der Stand der Konzeptfindung läßt sich folgendermaßen zusammenfassen:

- *Inhaltliche Schwerpunkte* der gewerkschaftlichen Betriebspolitik in den 90er Jahren werden die tarifpolitischen Ziele der »Tarifreform 2000« sowie die Gestaltung von Arbeit und Technik, ökologische Probleme und Beschäftigungssicherung (»Qualifizieren statt entlassen«) sein.
- *Organisatorischer Grundgedanke* ist die stärkere Integration und Beteiligung der Handelnden im Betrieb. Veränderungen, die von Nebeneinander und Konkurrenz wegführen zu abgestimmter, symbiotischer Handlungsweise. Dies setzt umfassende Information und Beteiligung auf allen Ebenen voraus.
- *Gewerkschaftliche Vertrauensleute* sollen bedeutend stärker als bisher an der Betriebsratsarbeit beteiligt werden. Denn sie müssen vor Ort kompetent und argumentationsfähig sein, um ihrer gewandelten Rolle besser gerecht werden zu können.

---

17 IG Metall, Solidarität und Freiheit, Leitlinien der IG Metall zur gesellschaftlichen und gewerkschaftlichen Reform, Frankfurt a. M. 1989.
18 IG Metall, Die andere Zukunft gemeinsam gestalten. Eckpunkte gewerkschaftlicher Betriebspolitik der IG Metall für die 90er Jahre, Diskussionsgrundlage für die 14. Vertrauensleute-Konferenz der IG Metall vom 22. bis 24. 11. 1990 in Frankfurt a. M.

- *Vertrauensleute* sollen ihrerseits stärker zu Moderatoren von Beteiligungsprozessen der Beschäftigten werden, die sich in neuen Arbeitsformen wie Projektgruppen, Arbeitskreisen und Diskussionszirkeln abspielen.
- *Beschäftigte* selbst sollen eine Plattform haben, um sich mehr als bisher um ihre eigenen Angelegenheiten im Betrieb und am Arbeitsplatz zu kümmern. Zum Ausdruck kommt dieser Grundgedanke in der populären Parole: »Aus Betroffenen Beteiligte machen«.
- *Betriebsräte* ihrerseits müssen ihr über Jahrzehnte gewachsenes Rollenverständnis überdenken. Delegation und Repräsentation als vorherrschendes Organisationsprinzip müssen um Partizipation und Kooperation ergänzt werden.

Auch hier muß sich ein Funktionswandel vollziehen, um stärker als bisher

- die Arbeit im Team zu organisieren,
- Informations- und Kooperationsprozesse in die Wege zu leiten,
- gezielt Fachleute und Experten heranzuziehen,
- Beteiligungs- und Abstimmungsprozesse untereinander und mit verschiedenen Belegschaftsgruppen zu organisieren,
- insgesamt Beteiligung an betrieblichen Verhandlungs- und Entscheidungsprozessen zu organisieren.

Anstelle des Denkens in einfachen Ursache-Wirkungs-Zusammenhängen muß das Denken in Netzwerken treten.[19] Anstelle des isolierten Handelns für andere muß das gemeinsame Handeln mit allen Betroffenen treten – mit allen Konsequenzen für umfassendes Informieren und Beteiligen.

Über diesen Weg einer beteiligungsorientierten Betriebspolitik werden kollektive Schutz- und Gestaltungsmöglichkeiten eröffnet, die den Bedürfnissen der einzelnen Beschäftigten Rechnung tragen, die politische Wirkungsfähigkeit der Interessenvertretung erhöhen und insgesamt einen Beitrag zur Demokratisierung des Betriebes leisten.

5.2 Probleme der Tarifpolitik:
Individuelle Wahlmöglichkeiten und kollektive Regelungen

In der Tarifauseinandersetzung im Frühjahr 1990 hat die IG Metall mit der erstmaligen Festschreibung der 35-Stunden-Woche ihr entscheidendes tarifpolitisches Ziel der 80er Jahre erreicht und auch im Rahmen der internationalen Gewerkschaftsbewegung entscheidende Maßstäbe gesetzt.

---

19 F. Vester, »Neuland des Denkens«. Vom technokratischen zum kybernetischen Zeitalter, München 1984.

In einer anderen Hinsicht war diese Tarifbewegung bemerkenswert. Sie betrifft das Verhältnis von Individualität und Kollektivität. Als Kompromiß (es war nicht die Forderung der IG Metall) mußte im Abschluß die Möglichkeit hingenommen werden, daß bis zu 18% der Beschäftigten Arbeitsverträge mit 40 Wochenstunden angeboten werden können, wobei der einzelne die damit verbundene Mehrarbeit wahlweise durch Geld oder Freizeitblöcke ausgleichen kann.

Einerseits ist damit sicher die Gefahr der Aufspaltung und Hierarchisierung der Beschäftigten gegeben; andererseits sind dadurch die Bedürfnisse nach persönlicher Wahlmöglichkeit bei der Arbeitszeit angesprochen. Obwohl nach dieser Regelung kaum Wahlmöglichkeiten für den einzelnen verbleiben und die »Angebotsmacht« beim Management liegt, ist für viele (insbesondere im Angestelltenbereich) das Gefühl einer gewissen Entscheidungsfreiheit damit verknüpft. Diese Bedürfnisse müßten in Zukunft viel stärker in einem gewerkschaftlichen Alternativkonzept für mehr individuelle Zeitsouveränität berücksichtigt werden.

Im Rahmen der Mobilisierung vor der Tarifrunde wurde zwar durch Beschlüsse und Aktionsprogramme angekündigt, die unterschiedlichen Zeitbedürfnisse der Beschäftigten zu berücksichtigen und mehr individuelle Wahlmöglichkeiten zu bieten (»Tarifvertrag à la carte«) – im Laufe der Tarifauseinandersetzungen spielte dieses Thema jedoch keine Rolle mehr. Dahinter stand zu einem Teil auch die Befürchtung vieler Funktionäre, ein derart praktizierter Individualismus würde die gewerkschaftliche Geschlossenheit und damit Einheit gefährden.[20]

Allerdings ist nicht zu übersehen, daß der Druck der Mitglieder auf die IG Metall nach mehr »Zeitsouveränität« zunimmt. Pluralisierung der Lebensstile und differenzierte Bedürfnisse treten eben auch bei der Verteilung von Arbeitszeit und Freizeit auf und erfordern das konzeptionelle Kunststück, individuelle Wahlmöglichkeiten und kollektive tarifvertragliche Regelung zu verbinden.

Andere Partizipationsmöglichkeiten räumen die bestehenden Tarifverträge der IG Metall zur Zeit einzelnen Beschäftigten lediglich bei Reklamationsrechten gegenüber den Arbeitsbedingungen (z. B. Vorgabezeiten) ein.

5.3 Arbeitsgestaltung und Partizipation: Eckpfeiler zukünftiger Tarifpolitik

Allerdings ist nach Abschluß der 35-Stunden-Woche unter dem Stichwort »Tarif-

---

[20] Ausführlich dazu: *K. Pumberger,* Die Angst vor dem Individuum – Gewerkschaften und ihr blockiertes Verhältnis zu einem vielgesichtigen Thema, Manuskript, Frankfurt a. M. 1991.

reform 2000«[21] eine breite Diskussion um andere qualitative Tarifziele eingeleitet worden, die in den 90er Jahren durchgesetzt werden sollen. Danach ist es das tarifpolitische Ziel, möglichst viele Aspekte der Entlohnungs- und Arbeitsbedingungen zu demokratisieren.

Das bedeutet unter anderem, tarifvertraglich — die Ausweitung der Mitbestimmung für Betriebsräte abzusichern sowie die Beteiligung der unmittelbar betroffenen Arbeitnehmer in allen Fragen der Gestaltung von Technik, Arbeit und Arbeitsorganisation. Dazu gehört das Recht, »soziale Pflichtenhefte« — als komplementäre Instrumente zu den unternehmerischen Pflichtenheften — in die Planungsphase von Projekten einbringen zu können.

Es bedeutet ferner auch die Erweiterung der Möglichkeit für Beschäftigte, direkt ihre Interessen bei
— Lage und Verteilung der Arbeitszeit,
— Wahl der Arbeitsmethode,
— Erstellung von Verteilungsplänen,
— Vereinbarung von Arbeitspausen sowie
— der Personalbesetzung wirksam einsetzen zu können.

Verbunden sind mit diesem tarifpolitischen Ansatz:
— *Reklamationsrechte* der Beschäftigten, die wirksam werden, wenn die Arbeitsbedingungen nicht den Vorschriften des Tarifvertrages entsprechen. (Das gleiche Reklamationsrecht soll Vertrauensleuten und Betriebsräten zustehen.)
— Einrichtung von *Planungsgruppen* durch den Betriebsrat, in denen Beschäftigte Fragen der Arbeits- und Technikgestaltung, Arbeitsökologie und Gesundheitsschutz behandeln. In der jeweiligen Planungsgruppe muß mindestens ein Mitglied des gewerkschaftlichen Vertrauenskörpers sein.
— *Eingruppierung* der Beschäftigten *auf der Grundlage ihrer erreichten Qualifikationen* und Verknüpfung der Qualifikation mit dem Entgelt.

Schließlich geht es auch um die Zielsetzung, durch festgelegte *Mindestarbeitsinhalte* und die Gestaltung der Arbeitsorganisation die Arbeitsteilung zu verringern und Anreize für die Verbesserung der Qualifikation zu bieten.

Insgesamt will die »Tarifreform 2000« neue Möglichkeiten für qualifizierte Arbeit, mehr Selbstbestimmung des einzelnen, eine neue Qualität der Beteiligung und Mitbestimmung und damit generell demokratische Strukturen schaffen.

---

21 IG Metall, Abt. Tarifpolitik, Tarifreform 2000, Diskussionsvorschläge für wichtige tarifpolitische Handlungsfelder, Frankfurt a. M. 1990.

6. Fazit

In einer von Delegation und Geschlossenheit geprägten Organisation tun sich Gewerkschaften wie betriebliche Interessenvertretung sehr schwer, individuellen Gestaltungswünschen der Beschäftigten und vermehrten Ansprüchen der Beteiligung und Selbstregulierung Raum zu geben. Dies gilt insbesondere für Formen direkter Partizipation und Selbstregulierung der Beschäftigtenbelange. Allerdings gibt es für Beteiligungsformen, die instrumenteller und institutionalisierter Bestandteil der gewählten Interessenvertretung sind (z. B. *Projektgruppen* des Betriebsrats), erkennbare Anzeichen für eine breitere Akzeptanz.

Gewerkschaftliche Gestaltungspolitik kommt aber ohne qualitative tarifpolitische Flankierung und ohne deutliche Öffnung hin zu mehr Partizipation der Beschäftigten nicht aus den Startlöchern.

Individuelle Selbstverwirklichung und kollektive Interessenvertretung dürfen nicht als Gegensätze begriffen werden. Vielmehr müssen vielfältige Interessen, Ansprüche und Lösungswege innerhalb von Gewerkschaften und Interessenvertretung im Sinne von »Einheit der Vielfalt« eine Plattform finden.

Eine so verstandene beteiligungsorientierte Betriebs- und Tarifpolitik ist im Kern mehr als nur ein demokratischer Reformentwurf – sie ist der Beginn einer kulturellen Neuorientierung der Gewerkschaften.

Ulrich Klotz

Gewerkschaften und Technik — zwischen Rhetorik und Politik. Rückblicke und Ausblicke

»Nur wer die Vergangenheit kennt,
kann die Gegenwart verstehen und die Zukunft gestalten«
August Bebel

Seit etwa Mitte der 80er Jahre bestimmen veränderte Orientierungen das gewerkschaftliche Verhältnis zur Technik — zumindest auf der Ebene programmatischer Äußerungen. Nachdem während der Phase des »Wirtschaftswunders« relativ kritiklose Unterstützung der Modernisierung der Volkswirtschaft dominierte und später — ausgelöst durch die erste Nachkriegsrezession von 1966/67 — der Schutz vor negativen Folgen der Technisierung in den Mittelpunkt rückte, soll nunmehr die Entwicklung und Gestaltung von Technik selbst zum Gegenstand gewerkschaftlicher Technologie-Politik werden. Einer Politik, der künftig ein ihrer gesellschaftlichen Bedeutung angemessener Stellenwert eingeräumt und die der Bezeichnung »Politik« (= aktive Teilnahme) gerecht werden soll — so wie es etwa *Franz Steinkühler* 1988 hervorhob: »Die demokratische Steuerung der Technikentwicklung wird eine zentrale Herausforderung der nächsten Jahre und Jahrzehnte sein.«[1] Diese nicht anzunehmen wäre »gleichbedeutend mit der Aufgabe von Politik, mit dem Verzicht auf bewußte Gestaltung von Gegenwart und Zukunft.«[2]

1. Die Wende war überfällig

Für diese Neubewertung gibt es gute Gründe. Die gravierenden weltweiten Verschiebungen — allem voran die wachsende Bedeutung des pazifischen Wirtschaftsraums und der rapide Niedergang der zentralstaatlich gelenkten Wirtschaftssysteme — zeigen anhand einer Fülle konkreter Beispiele auf inzwischen drastische Weise, in welch hohem Maß Rahmenbedingungen und Handlungsspielräume in nahezu allen Politikfeldern vom technologischen Entwicklungs-

---

1 *F. Steinkühler*, Technokratischer Staat oder partizipative Demokratie: Der gewerkschaftliche Anspruch an eine demokratische Technologiepolitik, in: IG Metall (Hg.), Technologieentwicklung und Techniksteuerung, Köln 1988, S. 78—88, hier S. 88.
2 *F. Steinkühler*, Die andere Zukunft gestalten, in: IG Metall (Hg.), Solidarität und Freiheit, Köln 1989, S. 510—534, hier S. 514.

stand abhängig sind. Technologische Weichenstellungen beeinflussen das Schicksal von Betrieben und Branchen, von Regionen, Staaten und Generationen – ja selbst bei vielen Fragen von globaler Bedeutung spielt die Technik eine Schlüsselrolle. Sämtliche Lebensbereiche werden mit wachsender Dynamik von Technik durchdrungen und oft tiefgreifend, nicht selten sogar irreversibel verändert – ob Umwelt oder seelische »Innenwelt«; ob Wirtschafts-, Produktions- und Öko-System oder soziale Strukturen, Kultur, Alltagsverhalten und gesellschaftliche Wertesysteme.

Selbstredend, daß auch alle gewerkschaftlichen Aktionsfelder zunehmend von der technischen Entwicklung erfaßt werden. Ob Tarif-, Wirtschafts-, Betriebs-, Bildungs-, Sozial-, Angestellten- oder Jugendpolitik – kaum ein Bereich, in dem nicht Inhalte und Methoden, Ziele und Durchsetzungsbedingungen von technischen Gegebenheiten beeinflußt sind. Um der vielgestaltigen »zentralen Herausforderung« sachgerecht begegnen zu können, ist es deshalb unerläßlich, künftig technologiepolitische Themen ihrem ressortübergreifenden Querschnitts-Charakter gemäß in das gewerkschaftliche Politikspektrum zu integrieren – anstatt sie lediglich als randständiges Spezialistenterrain zu betrachten.

Für den mit der Neubewertung einhergehenden konzeptionellen Kurswechsel – sogar als »eine Art kopernikanischer Wende«[3] charakterisiert – gibt es ähnlich gute Gründe. In Anbetracht der rasanten Innovationsdynamik mit zunehmend komplexeren Wechselwirkungen zwischen Technik, Wirtschaft, Umwelt und Gesellschaft wurde die Perspektivlosigkeit der vor allem während der sozialliberalen Regierungszeit praktizierten Technologiepolitik immer offenkundiger. Um es mit einem Bild zu zeichnen: in jenen Jahren ähnelte die gewerkschaftliche Haltung zur technischen Entwicklung der eines Autofahrers, der versucht, ein Fahrzeug nicht per Lenkrad, sondern lediglich mittels Gas- und Bremspedal auf Kurs zu halten.

Auf der einen Seite, im Bereich kapital- und ressourcenintensiver Großtechniken, gab es vielfältige und mitunter spektakuläre Bemühungen, den traditionellen Wachstumskurs sogar noch zu forcieren. Mit düsteren Visionen von drohender Massenarbeitslosigkeit und wirtschaftlichem Chaos plädierten maßgebliche Repräsentanten der Gewerkschaften nahezu unisono mit Industrie und Regierung für den weiteren Ausbau großtechnischer Strukturen. Auf der anderen Seite, insbesondere bei den durch die Entwicklung der Mikroelektronik und Informatik ausgelösten strukturellen Umwälzungen, wurden vielfach ähnlich

---

3 *H. Schauer*, Gewerkschaftspolitik und Beteiligung, in: *W. Fricke/W. Schuchhardt* (Hg.), Beteiligung als Element gewerkschaftlicher Arbeitspolitik, Bonn 1984, S. 227–249, hier S. 240.

düstere Szenarien heraufbeschworen, um diese als bedrohlich empfundenen Prozesse zu verlangsamen.

Inzwischen hat sich so manche Einschätzung der unter dem Sammelbegriff »Strukturwandel« subsumierten Prozesse als unzutreffend herausgestellt — darunter auch viele Prognosen und Bewertungen, die während der vergangenen beiden Jahrzehnte den »Mainstream« gewerkschaftlicher Politik prägten. Diese vorwiegend an quantitativen Aspekten und am bestehenden Wirtschaftsgefüge orientierte, in ihrer Grundhaltung reaktiv-defensive und insgesamt eher strukturkonservierende Technologiepolitik mußte ökonomisch, sozial und ökologisch in eine Sackgasse führen. Spätere Analysen[4] zeigten, daß das Denken in Strukturen, Maßstäben und Kategorien von gestern letztlich sogar wesentliche Ursache für viele der Probleme war und ist, die uns — etwa in Form anhaltend hoher Massenarbeitslosigkeit — seit Anfang der 80er Jahre begleiten. Weil diese Politik in wachsendem Maße in Widerspruch zu gesellschaftlichen Erfordernissen geriet und — in längerfristiger Perspektive gesehen — den Interessen von Arbeitnehmern sogar klar zuwiderlief, waren ein radikales Überdenken tradierter Positionen und die Entwicklung konzeptionell neuer Perspektiven längst überfällig.

Erste Keime für diesen konzeptionellen Kurswechsel wurden schon auf dem legendären IG Metall-Kongreß »Aufgabe Zukunft: Qualität des Lebens« (1972) gelegt — einer Tagung, die zwar international positive Resonanz, aber kaum Niederschlag in der politischen Praxis der darauffolgenden Jahre fand. Erst das IG Metall-Aktionsprogramm »Arbeit und Technik« (1984), die 1. Technologiepolitische Konferenz des DGB (1985) und zuletzt das IG Metall-Zukunftsprojekt »Die andere Zukunft: Solidarität und Freiheit« (1988) lieferten wieder deutlichere Signale für eine Neubestimmung der eigenen Rolle beim Entwurf einer Zukunft, deren Gestalt zunehmend durch Technik geprägt wird.

Seither hat die Vokabel »Gestaltung« im gewerkschaftlichen Raum Hochkonjunktur: Partizipativ, sozial verträglich, menschengerecht, persönlichkeitsfördernd, solidarisch, ökologisch, präventiv, arbeitsorientiert, ganzheitlich, human... soll gestaltet werden — ja, inzwischen wurde sogar »Technikgestaltung zur erstrangigen Aufgabe«[5] erklärt, um den »Schritt von der gewerkschaftlichen Gegenmacht zur gesellschaftlichen Gestaltungsmacht«[6] zu vollziehen.

---

4 Vgl. *W. Meyer-Larsen*, Ende der Nachfrage? Die neue Krise des Kapitalismus, München 1984; *M. Dertouzos u. a.* (Hg.), Die Krise der USA, Frankfurt 1990.
5 *F. Steinkühler*, Technokratischer..., a. a. O. S. 81.
6 IG Metall, Die andere Zukunft: Solidarität und Freiheit, Frankfurt 1989, S. 36.

Nun sind Vorsätze, so gut sie auch sein mögen, kein Programm, mit dem man auf Dauer überzeugen kann. Die stereotype Deklamation gängiger Worthülsen – wie die von »der sozialen Beherrschung der Technik« – mag als Dokumentation des guten Willens gegenüber sonntäglichen Auditorien noch einen Zweck erfüllen – an den harten Realitäten technischer Entwicklungsprozesse ändert derlei rhetorisches Strohfeuerwerk nichts. In einer »Zwischenbilanz der jahrelangen Bemühungen der Gewerkschaften um eine Gestaltung der neuen Techniken« konstatierten deshalb manche Zeitgenossen nunmehr »Ernüchterung« und »überhöhte und fehlgerichtete Erwartungen«[7] oder monierten das »Hinterherlaufen hinter bereits vollzogenen Entwicklungen und die Gefahr, daß der Gestaltungsanspruch zur Leerformel gerät... (weil) auf Gewerkschaftstagen über inhaltliche Fragen einer Technikgestaltungspolitik kaum mehr diskutiert wird«.[8]

Wenngleich solche Bewertungen mitunter verständlich sein mögen, so sind sie doch in der Pauschalität weder zutreffend noch nützlich; sie verkennen reale Chancen und tragen vor allem nichts zur Aufhellung der tieferen Ursachen von Schwierigkeiten bei, die es in der Praxis zu überwinden gilt. Zudem sind sie verfrüht, denn die Gewerkschaften stehen – von Ausnahmen abgesehen – in diesem Terrain noch immer »an der Schwelle von der Absicht zur Tat«.[9]

2. Aus Fehlern lernen

Auf den ersten Blick erscheint es zunehmend schwieriger, diese Schwelle zu überwinden: »Ist eine demokratische Steuerung der Technikentwicklung überhaupt noch denkbar? Oder hat uns die Dynamik der wirtschaftlich-technischen Entwicklung schon überrollt?«[10]

Solche und ähnliche Fragen erfordern statt rhetorischer Kunstfertigkeit eine andere Art von Antwort: praktische Politik. »Für unsere eigene Politik bedeutet das, daß wir uns ein klares Bild über die Bedingungen und Ansatzpunkte der politischen Steuerung des technischen Wandels verschaffen. Und hier sehe ich mit dem technischen Wandel Chancen, wie sie historisch nicht alle Tage vor-

---

7 Editorial ›Die Mitbestimmung‹, Heft 9 1990, S. 530.
8 *H. Reister*, Adressaten überfordert – Mit gewerkschaftlichen Technologieberatern und Konzepten die Entwicklung steuern?, in: Wechselwirkung, Heft 44 1990, S. 22–25, hier S. 25.
9 *A. Drinkuth*, Das IG Metall-Aktionsprogramm »Arbeit und Technik« – Eine Zwischenbilanz, in: Gewerkschaftliche Monatshefte, Heft 10 1986, S. 617–622, hier S. 619 u. 621.
10 *F. Steinkühler*, Die andere..., a. a. O., S. 513.

kommen«[11], so *Siegfried Bleicher,* der an anderer Stelle auf Voraussetzungen für eine erfolgversprechende Umsetzung der programmatischen Wende hinwies: »Jegliche Neuorientierung hat mit einer kritischen Analyse und umfassenden Bestandsaufnahme der theoretisch-konzeptionellen, der praktischen und personellen Grundlagen zu beginnen; nicht um Schuld zuweisen zu können, sondern... um vermeidbare Fehler zukünftig nicht zu wiederholen... Eine selbstkritische Bestandsaufnahme ist mehr als nur Voraussetzung zur Veränderung. Sie ist bereits der erste Schritt zur Veränderung.«[12]

Allerdings liegt genau hier »der Hase im Pfeffer«, denn wie beispielsweise *Weltz* und andere in aufschlußreichen Analysen zeigten, verhindert in der Praxis häufig Legitimationsdruck eben diese produktive Verarbeitung von Fehlentwicklungen. Statt aus Fehlern zu lernen, wird in Organisationen oftmals versucht, begangene Fehler mit neuen Fehlern zu kaschieren. Solche bürokratietypischen Verhaltensmuster – von *Weltz* mit den prägnanten Formeln: »Aus Schaden dumm werden« oder »Management by Potemkin« bedacht – sind bei politischen Neuorientierungen von zentraler Bedeutung, gelten sie doch als wesentliche Ursache der vielbeklagten Lernschwäche von Institutionen.[13]

Anhand eines Schlüsselbereichs der gesellschaftlich-technischen Entwicklung sollen deshalb nachfolgend – durchaus kritisch im Sinne *Bleichers* – »erste Schritte zur Veränderung« unternommen werden. Einer Veränderung, die unumgänglich ist, weil – so jedenfalls meine Ausgangsthese – es derzeit noch an grundlegenden Voraussetzungen mangelt, um den selbstgesetzten Ansprüchen in der technologiepolitischen Alltagspraxis gerecht werden zu können.

3. Politik der verpaßten Chancen – das Fallbeispiel Informationstechnik

Inzwischen wird immer häufiger von einer »Informationsgesellschaft« gesprochen – ein schillernd-mißverständlicher Begriff, der allerdings in einer Hinsicht durchaus berechtigt erscheint – denn die Techniken zur Verarbeitung von Informationen verändern die Lebensbedingungen der Menschen ähnlich tiefgreifend wie der Übergang von der Agrar- zur Industriegesellschaft. Ähnlich rasant wie die technische Entwicklung selbst – die sich vor allem seit der Ent-

---

11 S. *Bleicher,* Die soziale Bewältigung der technischen Herausforderung – Zukunftsperspektiven von Arbeit, Gesellschaft und Politik, in: S. Bleicher (Hg.): Technik für den Menschen, Köln 1987, S. 12–24, hier S. 19.
12 S. *Bleicher,* Das Neue muß den ganzen Menschen haben, in: F. *Steinkühler*/S. Bleicher (Hg.): Zwischen Aufstieg und Rationalisierung, Hamburg 1988, S. 15–33, hier S. 19.
13 Vgl. F. *Weltz,* Aus Schaden dumm werden. Zur Lernschwäche von Verwaltungen, in: Office Management, Heft 5 1986, S. 532–534; F. *Weltz*/H. *Bollinger*/R. G. *Ortmann,* Qualitätsförderung im Büro, Frankfurt/New York 1989.

wicklung des Mikroprozessors (1971) mit einer Innovationsdynamik vollzieht, die in der Zivilisationsgeschichte ohne Beispiel ist — wächst die Zahl der Abhandlungen, in denen soziale, ökonomische und kulturelle Umwälzungen im Gefolge dieser »Basis-«, »Querschnitts-« oder »Schlüsseltechnologie« erörtert werden. Mit Literatur über eine »zweite«, »dritte«, »vierte« oder gar »superindustrielle Revolution« dank der »fünften Computergeneration« lassen sich inzwischen ganze Bibliotheken füllen. Allerdings geht der überwiegende Teil dieser Arbeiten — egal ob technikeuphorisch oder eher technikskeptisch — bewußt oder unbewußt von technologischen Determinismen aus, denn es werden typischerweise die »Folgen«, »Konsequenzen« oder »Auswirkungen« von Technisierungsprozessen erörtert.

Es ist vor allem ein Verdienst des großen Technikhistorikers *Lewis Mumford,* der schon in den 60er Jahren auf die Unzulänglichkeit dieser Betrachtungsweise hinwies, indem er aufzeigte, daß es in der Geschichte immer demokratische und autoritäre Techniklinien gab.[14] Und es ist allen voran die Informationstechnik, die »technisch den Mythos des technologischen Determinismus widerlegt«[15], weil sie nie gekannte Gestaltungsspielräume bietet und die Existenz autoritärer und emanzipatorischer Schulen der Technikgestaltung besonders eindrucksvoll belegt.

Dies läßt sich beispielsweise anhand des Computereinsatzes im klassischen Anwendungsfeld Büro aufzeigen — einem Bereich, der ohnehin besonders intensive Betrachtung verlangt, da es noch nie in der Geschichte der Industrialisierung eine Technisierungswelle gab, von der so viele Arbeitsplätze in ähnlicher Weise erfaßt wurden.

Bis in die jüngste Zeit hinein dominierten im Bürobereich Computeranwendungen, die sich ohne Zweifel einer autoritären Linie zuordnen und besser noch mit dem Begriff »tayloristisch« charakterisieren lassen. Sie entstammen einer Betrachtungsweise, in der Informationstechnik in erster Linie als Rationalisierungstechnik gesehen wird. Dahinter steht letztlich ein mechanistisches Menschenbild, wie es sich unter anderem in den unseligen Begriffsbildungen: »Künstliche Intelligenz« oder »Expertensystem« widerspiegelt. Dabei wird der Mensch als per Software partiell simulierbares Objekt und — bildlich gesprochen — als »bewegliches« Teil in der Maschinerie betrachtet, wobei die sukzessive Substitution dieses Lückenfüllers nur eine Frage des technologischen »Fortschritts« ist.

---

14 Vgl. *L. Mumford,* Der Mythos der Maschine, Wien 1974.
15 *U. Beck,* Risikogesellschaft, Frankfurt 1986, S. 347.

Charakteristisch für die tayloristische Schule der Informationssystemgestaltung ist die Trennung von planenden und ausführenden Funktionen. Gemäß der Philosophie des »One Best Way« werden betriebliche Prozesse auf klassische Weise in kleinste Abschnitte zerlegt und auf Bildschirmmasken dargestellt. Mit ihren zentral verordneten Arbeitsabläufen erzwingen Softwarekonzepte à la Taylor in hohem Maß die Anpassung des Menschen an die Technik − wie konventionelle Maschinen, bei denen vom Konstrukteur − qua »technischem Sachzwang« − festgelegt wurde, wie die Arbeit daran aussieht. Da traditionelle Programmiersprachen lediglich der Codierung von Abläufen dienen, werden die Benutzer in ein rigides Korsett hochgradig determinierter Operationsfolgen mit minimalen Handlungsspielräumen eingezwängt und so eher zu »Bedienern« degradiert. Da andernorts[16] ausführlicher erläutert, sollen weitere Charakteristika dieser Entwicklungsrichtung hier nur stichwortartig erwähnt werden: Tayloristische Systeme sind verrichtungsorientiert und transformationell; sie basieren auf zentralistisch-hierarchischen Hardware- und funktionsorientierten Software-Konzepten. Mit technikzentrierter Gestaltung, starren Programm- und standardisierten, monotonen Arbeitsabläufen haben derartige Systeme letztlich viel mit dem Fließband gemein − sie machen, wie *Barbara Gerson* formulierte, »das Büro von morgen zur Fabrik von gestern«.[17]

4. Abkehr vom Taylorismus durch objektorientierte Konzepte

Parallel zu dieser Hauptströmung der informationstechnischen Entwicklung entfaltete sich während der 60er und frühen 70er Jahre eine zweite Schule der Systemgestaltung, die von einem anderen Leit- bzw. Menschenbild ausgehend diametral entgegengesetzte Zielvorstellungen verfolgte. Obgleich sich erste Wurzeln dieser Schule in den USA bis in die 40er Jahre zurückverfolgen lassen, gingen bedeutsame Impulse zunächst vor allem von Skandinavien aus, wo man wesentlich früher und klarer als hierzulande die Rolle der Computertechnik als Gestaltungsparameter für Arbeitsprozesse und die darin enthaltenen Chancen erkannte. Als einer ihrer wichtigsten Pioniere ist *Kristen Nygaard* zu nennen, der während seiner langjährigen Tätigkeit für die norwegische Metallarbeitergewerkschaft die 1960 in Skandinavien beginnende Diskussion über eine Demo-

---

16 Vgl. *U. Klotz*, Das Ende der Kommandowirtschaft, in: AGE Nr. 9, 1991, S. 22−29.
17 *B. Gerson*, Schöne neue Arbeitswelt − Wie Computer das Büro von morgen zur Fabrik von gestern machen, Frankfurt/New York 1990.

kratisierung des Arbeitslebens intensiv beeinflußt hat und heute als Wegbereiter einer arbeitsorientierten Informatik gilt.[18]

Mit seiner Entwicklung des Konzepts der Objektorientierung und der ersten objektorientierten Programmiersprache läutete *Nygaard* Mitte der 60er Jahre einen fundamentalen Perspektivenwechsel in der Informatik ein, dessen enorme Tragweite lange Zeit weithin unerkannt blieb. »Objekte« im softwaretechnischen Sinn sind abgekapselte Einheiten aus zusammengehörigen Daten und Funktionen, also quasi ausschnitthafte Modelle der Realität. Objektorientierte Methoden erweisen sich deshalb − im Gegensatz zur herkömmlichen Verrichtungsorientierung − in der Praxis als ungleich geeigneter, um typische Problemstellungen des Wirtschaftslebens in einer wirklichkeitsnahen, menschengerechten Form in Computerprogrammen abzubilden und Arbeit auf ganzheitliche Weise zu reorganisieren.

Die skandinavischen Arbeiten wurden gegen Ende der 60er Jahre von *Alan C. Kay* aufgegriffen, der − durch die Erkenntnistheorie *Piagets* beeinflußt − sich in jener Zeit von der »Artificial Intelligence« abwandte und grundlegend andere Gestaltungsansätze entwickelte, die weit über die damaligen praktischen Grenzen der Digitaltechnik hinausgingen. Während konventionell-tayloristische Systeme durch ihren »Maschinencharakter« gekennzeichnet sind − wobei man versucht, diese Systeme möglichst »intelligent« oder »narrensicher« zu gestalten, so daß zu deren Bedienung nur noch möglichst primitive Entscheidungen erforderlich sind −, verfolgte *Kay* einen entgegengesetzten Ansatz: Anstelle des vorherrschenden Leitbilds vom »Dialogpartner Denkmaschine« stand bei seinen Arbeiten das Leitbild eines im Wortsinne »handhabbaren« Werkzeugs Pate. Im Gegensatz zu tayloristischen Prinzipien konzipierte er auf der Basis objektorientierter Modellierung Computer nicht als transformationelle, sondern als reaktive Systeme. Dadurch werden dem Benutzer keine vordefinierten Arbeitsabläufe aufgezwungen, sondern eine Vielfalt von Möglichkeiten angeboten, aus denen ähnlich wie in der flexiblen Arbeitsumgebung einer Werkstatt je nach Bedarf ausgewählt werden kann. Auf der Basis neuartiger Softwarekonzepte sollte der Computer in der Gestalt eines auch für EDV-unerfahrene Laien transparenten und beherrschbaren Geräts radikal entmystifiziert werden − anstatt weiterhin Herrschaftsinstrument in der Hand von Experten zu sein. Aus der rechnenden

---

18 Vgl. *K. Nygaard/O. T. Bergo,* The Trade Unions − New Users of Research, in: Personnel Review, Heft 2 1975, S. 5−10; *K. Nygaard/P. Sørgaard,* The Perspective Concept in Informatics, in: *G. Bjerknes u. a.* (Hg.): Computers and Democracy, Aldershot u. a. 1987, S. 372−393; *M. Kyng u. a.*: Systems Development and Trade Union Activities, Aarhus 1980; *K. Nygaard,* User Centered System Design − Yesterday, Today, Tomorrow, Vortragsfolien zur Konferenz Software-Ergonomie '91, Zürich 1991; *P. Ehn,* Work-Oriented Design of Computer Artifacts, Stockholm 1988; *M. I. Nurminen*: People or Computers: Three Ways of Looking at Information Systems, Lund, 1986.

Maschine sollte ein »dynamisches Metamedium« für die kreative Entfaltung bei schöpferischen Tätigkeiten jeglicher Art werden. Kurz: Computer als menschengerechte Werkzeuge statt als menschenähnliche Maschinen; aus abhängigen Benutzern sollten emanzipierte Gestalter werden.[19]

Kay, der den Computer nie als bloße Datenverarbeitungsmaschine, sondern – in Sinne *Turings* – umfassender als universelles Simulationsinstrument betrachtete, wies früh auf die Schlüsselrolle der Software für die Gestaltung der Arbeit(sorganisation) hin – weshalb bei computerunterstützten Arbeitssystemen die Gestaltungsspielräume ungleich größer als bei jeder anderen Art technikunterstützter Arbeit sind. Vor allem im Produktionsbereich wurde anhand der Entwicklung facharbeitergerechter Dialogsysteme zur Programmierung von CNC-Maschinen in der Werkstatt[20] inzwischen anschaulich unter Beweis gestellt, daß benutzergerechtes Softwaredesign eine entscheidende Voraussetzung für die Realisierung arbeitsorganisatorischer Konzepte ist, bei denen planende und ausführende Funktionen (re-)integriert werden. Im Bürobereich stellen insbesondere die aktuellen CSCW- oder »Groupware«-Konzepte (= gruppengerechte Software) gezielte Versuche dar, durch Softwaredesign positive arbeitsorganisatorische Konzepte zu fördern.[21]

Als Anfang der 70er Jahre die kalifornische Gegenkultur im Umfeld von Berkeley blühte, in der z. B. die erste radikale Hackerzeitschrift (»People's Computer Company«) gegen die Macht des großtechnologischen Computer-Establishments aufbegehrte und statt dessen »Computerpower to the People« propagierte, prognostizierte *Kay*, daß eines Tages individuelle Computer – als massenhaft verbreitetes Kommunikations- und Gestaltungsmedium mit neuartigen Qualitäten – kulturelle und soziale Umwälzungen hervorrufen werden, die in ihrer Tragweite den durch die Entwicklung des Buchdrucks ausgelösten Prozessen nicht nachstehen würden. Die Weitsichtigkeit dieser Vorhersage läßt sich heute vor allem anhand der aktuellen Hypermedia-Konzepte erahnen, die – als Weiterentwicklung des in den 60er Jahren entwickelten Hypertext-Prinzips – neuartige Möglichkeiten des Umgangs mit Informationen eröffnen, die »die Art

---

19 Vgl. *A. Kay/A. Goldberg*, Personal dynamic media, in: IEEE Computer, Nr. 3 1977, S. 31–41; *A. Kay*, The Reactive Engine, Diss., University of Utah, 1969.
20 Vgl. *T. Diekmann/U. Klotz*, Veränderung der Organisation des Arbeitsablaufs bei Werkzeugmaschinen durch den Einsatz von Mikrocomputern, BMFT-HdA-Forschungsbericht, Karlsruhe 1980.
21 Vgl. *I. Greif* (Hg.), Computer-Supported Cooperative Work, San Mateo 1988; *C. A. Ellis u. a.*, Groupware – some Issues and Experiences, in: Comm. ACM, Nr. 1 1991, S. 39–58; *U. Klotz*, Softwaredesign ist (mehr als) Arbeitsgestaltung, in: *M. Frese u. a.* (Hg.): Software für die Arbeit von morgen, Berlin u. a. 1991, S. 449–460.

und Weise, wie wir zukünftig arbeiten, lernen und spielen, gravierend verändern werden«.[22]

Aufbauend auf bedeutsamen Vorarbeiten aus dem Stanford Research Institute (SRI), konkretisierte während der frühen 70er Jahre eine einzigartige Forschergruppierung im legendären Palo Alto Research Center (PARC) wesentliche Teile der *Kay*schen Visionen in einer Reihe von umfangreichen Projekten. Deren Resultat war eine neuartige Gattung von Computersystemen, die sich mit objektorientierten Softwarekonzepten und werkzeugbasierten Interaktionstechniken aus Benutzerperspektive geradezu revolutionär von allem unterschieden, was man bis dato als »Computer« kannte.

Diese Arbeiten gelten heute als Beginn eines Paradigmenwechsels in der Computertechnik. Denn auch methodisch wurden im PARC völlig neue Wege beschritten. Statt Computer von innen nach außen zu entwickeln und den Benutzern nach dem Prinzip »Friß, Vogel...« fertige Lösungen vorzusetzen, wurde genau umgekehrt vorgegangen. Hunderte von computerunerfahrenen Benutzern, darunter viele Kinder und Jugendliche, lieferten in einem langjährigen interaktiven Analyse- und Entwicklungsprozeß die Vorgaben für ein interdisziplinär zusammengesetztes Entwicklungsteam, in dem neben Informatikern auch Anthropologen, Psychologen usw. mitgestalteten.

Als wegweisende Beispiele für eine partizipativ-prospektive »benutzerzentrierte« Technikgestaltung sind die PARC-Projekte bislang nicht nur die umfangreichsten dieser Art, sondern zugleich auch die einflußreichsten. Von der Personal Workstation (»Alto« – dem allerersten PC) über die Technik lokaler Netze (»Ethernet«), grafisch-objektorientierte Softwaresysteme (»Smalltalk«) bis hin zum Laserdrucker wurden dort alle wesentlichen Komponenten entwickelt und schon 1973 (!) vorgestellt, die heute den Stand zeitgemäßer Bürotechnik repräsentieren. Im selben Maß, wie inzwischen Computer die Rechenzentren verlassen und zu Gegenständen des persönlichen Alltags werden, wird die soziale, ökonomische und kulturelle Tragweite dieser Pionierarbeiten unverkennbarer, die zweifellos zu den bedeutsamsten in der Geschichte des Computers zählen.

---

22 Business Week, Special Report 9. Okt. 1989, S. 38; vgl. auch *L. J. Bannon/K. Grønbæk,* Hypermedia: Support for a more natural information organization, Aarhus 1989; *W. Bauer-Wabnegg,* Multimedia – Aufbruch ins Bildzeitalter?, in: Kultur & Technik, Heft 3 1989, S. 149–156; *J. Conklin:* Hypertext – An Introduction and Survey. In: IEEE Computer, Nr. 9 1987, S. 17–41.

5. Mit werkzeugbasierten Systemen werden Benutzer zu Gestaltern

Die Zielsetzung, leicht handhabbare Universalwerkzeuge für EDV-Laien statt bloße Datenverarbeitungsmaschinen für Spezialisten zu schaffen, beginnt heute insbesondere in den Unternehmen Früchte zu tragen, in denen man begriffen hat, daß die überkommenen Methoden des »Scientific Management« mit den Erfordernissen eines zunehmend komplexeren und dynamischen Umfelds immer weniger in Einklang zu bringen sind. Einhergehend mit dem gesellschaftlichen Wertewandel und dank der Erkenntnis, daß in einem markt- und marketingorientierten Zeitalter der Motivation eine Schlüsselrolle zukommt, finden Akzeptanzfragen bzw. unterschiedliche Reaktionen der »Betroffenen« endlich die ihnen gebührende Beachtung: auf der einen Seite das vielzitierte Phänomen der »Computerangst« bei den traditionell-tayloristischen Konzeptionen und auf der anderen Seite hohe Motivation, ja sogar Begeisterung bei werkzeugbasierten Systemen. Da die Zahl »aufgeklärter« Anwender stetig zunimmt, die Informationstechnologie weniger als Rationalisierungs- und mehr als Koordinationstechnologie begreifen, werden im Zuge des Übergangs in eine zweite Ära der Informationstechnik die althergebrachten Konzepte à la Taylor allmählich immer mehr von der Bildfläche verschwinden.[23]

Während in den USA dieser Wandlungsprozeß mit dem dort typischen Pragmatismus längst im Gange ist und – ganz in der Tradition der frühen Pionierarbeiten – auch aus Skandinavien weiterhin viele wegweisende Impulse sozial verträglicher Informationstechnikgestaltung kommen, wurden hierzulande fast alle wesentlichen Arbeiten auf diesem Gebiet bis heute kaum rezipiert. Abgesehen von wenigen arbeitsorientierten Informatikern herrschen vor allem im Bereich der Arbeitswissenschaften fast durchgängig tradierte Denkmuster vor, die – weil von der herkömmlichen Industriearbeit geprägt – kein situationsgerechtes Problemverständnis mehr ermöglichen und sich eher als Hindernisse für zukunftsweisende Neuorientierungen erweisen.

Wie schon die bezeichnende Vokabel »Bildschirmarbeit« und das bei uns vorherrschende antiquierte Verständnis von Ergonomie verraten, ist neben mitunter mangelnder wissenschaftlicher Sorgfalt hierzulande vor allem eine anachronistische Perspektive die Wurzel dieser Defizite – eine Perspektive, in der Computer wie klassische Maschinen betrachtet werden –, ohne zu erkennen, daß dies nur eines von mehreren möglichen Leitbildern ist. Bei ihrem Versuch, solche

---

23 Vgl. *U. Klotz*, Die zweite Ära der Informationstechnik, in: HARVARDmanager, Heft 2 1991, S. 101–112; *ders.*, Die Wende in der Bürokommunikation, in: Office Management, Heft 6 1990, S. 46–50 u. Heft 7/8 1990, S. 32–45.

folgenreichen Mißverständnisse über das Wesen des Computers aufzuklären, zeigten Winograd und Flores, daß die meisten Probleme, die gemeinhin der »Computerisierung« als solcher zugeschrieben werden, sich aus bestimmten Design-Entscheidungen ergeben und lediglich Ausdruck eines verengten Blickwinkels — also in Wahrheit alles andere als »computerspezifisch« — sind.[24]

6. Informatik aus der Scheuklappenperspektive

Um auf die Rolle der Gewerkschaften zurückzukommen: Diese Kritik einer »Scheuklappenperspektive« läßt sich uneingeschränkt auf die gewerkschaftliche Technologiepolitik in diesem Feld übertragen. Mitunter scheinen grundlegende Arbeiten zur konkreten Technikgestaltung bislang weder diskutiert noch überhaupt bekannt zu sein: »Eine prospektive, an humaner Arbeit orientierte Technikentwicklung und -anwendung, die systematisch Alternativen auslotet, ist bislang weder in der Forschung noch in der betrieblichen Praxis in Angriff genommen worden.«[25] Derartige Auffassungen ignorieren die Existenz einer demokratisch-emanzipatorischen Schule der Systemgestaltung mit langjähriger Tradition. Da deren teilweise bahnbrechende Erkenntnisse in einer Fülle vor allem anglo-amerikanischer und skandinavischer Arbeiten seit mehr als zwei Jahrzehnten umfangreich dokumentiert sind, wiegen solche Fehleinschätzungen um so schwerer.

Rückblickend gewinnt man eher den Eindruck, als hätten viele Gewerkschafter jahrelang wie das vielzitierte Kaninchen auf die Schlange »Technik« gestarrt. Statt die sich eröffnenden vielfältigen Chancen wahrzunehmen und konkrete Gestaltungsoptionen offensiv zu nutzen, konzentrierte sich die Aufmerksamkeit fast ausschließlich auf vermeintliche oder tatsächliche Gefahren der technischen Entwicklung — wobei man allerdings auch mancherlei Risiken übersah, weil vorwiegend »konventionelle« Gefährdungen im Blickfeld standen. Vom »Virus der Technikdämonisierung« (S. Bleicher) befallen, wurden mit ausgeprägt selektiver Wahrnehmung stets Teile der Industriepropaganda für bare Münze genommen und überpointiert verallgemeinert. Um ein Beispiel zu nennen: Die 1976 von Siemens verfaßte Studie »Büro 1990« machte lange Zeit Furore in gewerkschaftlichen Diskussionsrunden; allenthalben wurde davon gesprochen, daß die

---

24 Vgl. T. Winograd/F. Flores, Erkenntnis Maschinen Verstehen — Zur Neugestaltung von Computersystemen, Berlin 1989.
25 K. Benz-Overhage, Arbeit und Technik im Betrieb gestalten, in: S. Bleicher (Hg.), Ausstieg?, Hamburg 1985, S. 22—44, hier S. 25.

»Jobkiller-Technologie« millionenfach Arbeitsplätze vernichten und »qualifizierte Sachbearbeiter zu Bürohilfsarbeitern«[26] machen werde.
Nunmehr ist die Wirklichkeit des Büros 1990 selbst schon Schnee von gestern. Aus der Distanz betrachtet wird offenkundig, daß die meisten Prognosen und Horror-Szenarien kaum das Papier wert waren — zumal in dem oft prognostizierten »papierlosen Büro« heute mehr Papier denn je produziert wird. Während vielerorts »Zitierkartelle« im eigenen Saft schmorend ihre Zeit mit grauer Theorie vergeudeten, lief die Wirklichkeit den Theorien davon. Zwar bedient sich mittlerweile sogar mancher hartgesottene Fundamentalist, der vor nicht allzulanger Zeit noch vor jeglicher »Computerisierung« warnte, heute selbst des »Jobkillers« bei der Abfassung neuer Prognosen — dennoch: in der Praxis blieben und bleiben zahlreiche konkrete Gestaltungschancen ungenutzt.

Inzwischen ist nicht mehr zu leugnen, daß gängige »Jobkiller«-Theorien oft etwas kurzsichtig und nicht selten weniger hilfreich als eher desorientierend waren. Vielfach werden Jobs vor allem dort »gekillt«, wo rechtzeitige Innovation versäumt wurde — wie es aktuell in der Ex-DDR unschwer zu beobachten ist. Entgegen den lange Zeit dominierenden vergangenheitsorientierten Betrachtungen war und ist nun einmal häufig nicht zuviel, sondern eher zuwenig Strukturwandel die Ursache für wirtschaftliche Probleme und negative soziale Folgen. Daß heute viele von Technisierung »Betroffene« inzwischen besser dastehen als ihre nicht betroffenen Kollegen, blieb am allerwenigsten den Beteiligten selbst verborgen — deshalb wurde durch pauschalierende Argumentationen anstelle differenzierender Betrachtungsweisen insbesondere im Angestelltenbereich allerlei gewerkschaftspolitisches Porzellan zerschlagen.

Wieviel Schutt einer desorientierenden Politik wegzuräumen ist, läßt sich in wachsendem Maß in den Betrieben registrieren, wo Betriebsräte, die auf althergebrachten Positionen beharren, inzwischen Gefahr laufen, zwischen alle Stühle zu geraten. Speziell im Bürobereich wächst die Zahl der Fälle, wo Beschäftigte partiell mit dem Management an einem Strang ziehen und auf technische Modernisierung ihrer Arbeitsplätze drängen. Im selben Maße, in dem der Umgang mit Computern schon Jugendlichen zur Selbstverständlichkeit wird, treten selbstbewußtere Verhaltensweisen an die Stelle alter Ängste vor dem Unbekannten; dann werden Forderungen, wie: »Jeder Arbeitnehmer hat ein Recht auf moderne Arbeitsmittel« laut und formale Hemmnisse als lästige Gängelei empfunden. Wer etwa zu Hause die Vorzüge von Textverarbeitungssoft-

---

26 Vgl. *U. Briefs*, Vom qualifizierten Sachbearbeiter zum Bürohilfsarbeiter?, in: WSI-Mitteilungen, 2/1978, S. 84—91.

ware schätzen gelernt hat, wird sich – Betriebsrat hin oder her – wohl schwerlich im Büro mit Speicherschreibmaschinen oder ähnlichem Gerät abspeisen lassen.

Funktionsträger, die in überkommenen und manchmal fast schon weltfremden Denkschablonen gefangen diese Prozesse nicht nachvollziehen, können so leicht ins Abseits geraten – zumal die tradierten betriebsverfassungsrechtlichen Regularien aus einer ganzen Reihe von Gründen zunehmend versagen. Waren die Versuche, technische Entwicklungen auf vorwiegend juristischer Ebene – etwa per Betriebsvereinbarung – in den Griff zu bekommen, ohnehin schon während der 80er Jahre ambivalent und von bisweilen zweifelhafter Wirkung, so werden nunmehr viele der den altbekannten Mustern folgenden Ansätze in wachsendem Maß inpraktikabel, illusionär und nicht selten politisch kontraproduktiv.[27] Eine grundlegende Neuorientierung der betrieblichen Technologiepolitik, wie sie etwa *Schmitz* und *Bobrowski*[28] skizzieren, ist deshalb unumgänglich.

An die Stelle rückblickender Zustandswahrung in Detailbereichen mit vorwiegend juristischen Mitteln muß die vorausschauende Gestaltung gesamter Arbeitssysteme treten – ein Aufgabenfeld, in dem entgegen landläufiger Auffassung auch in Führungsetagen recht viel Unsicherheit herrscht und in dem deshalb reale Gestaltungschancen offenstehen –, zumal sich auch in Managementkreisen zunehmend die Erkenntnis verbreitet, daß ökonomische Ziele und soziale Erfordernisse häufiger Hand in Hand gehen, als es auf den ersten Blick scheint.

Allerdings ist Gestaltung leichter gesagt als getan. Gestaltungsarbeit, die konkret, konstruktiv und erfolgreich sein soll, setzt angesichts der rasanten Innovationsdynamik in wachsendem Maße Fach- und Methodenkompetenz, Flexibilität und Innovationsfähigkeit voraus. Daß es in der Praxis genau hieran häufig hapert, zeigen nicht zuletzt die Fälle, wo sogar trotz optimaler rechtlicher Rahmenbedingungen Gestaltungschancen vertan werden. So z. B. in den Verwaltungsetagen der Gewerkschaften selbst, wo – wie etwa in der IG Metall – bei der Etablierung computerunterstützter Arbeitssysteme noch konventionell tayloristische Konzepte realisiert werden, die in technologisch-methodischer und arbeitsgestalterischer Hinsicht den Erkenntnisstand der frühen 70er Jahre widerspiegeln. Dabei bestätigt sich: »Der Mangel an Interesse, Wissen, Ressourcen

---

27 Vgl. *U. Klotz*, Neue Probleme – alte Rezepte?, in: *U. Klotz/K. Meyer-Degenhardt* (Hg.): Personalinformationssysteme – Auf dem Weg zum arbeitsplatzgerechten Menschen, Reinbek 1984.
28 Vgl. *K. Schmitz/C. Bobrowski*, Grundzüge einer neuen betrieblichen Politik zum Einsatz elektronischer Datenverarbeitungssysteme, in: IG Chemie (Hg.) Mitbestimmungspraxis Nr. 3 1989.

und Organisation muß als schwerwiegenderes Hindernis für den gewerkschaftlichen Einfluß auf die Gestaltung von Arbeit und Technik angesehen werden als die begrenzten rechtlichen Möglichkeiten.«[29]

7. Chronisch anachronistisch?

Ähnlich wie auf dem Gebiet der Informatik ist auch in anderen Schlüsselbereichen gesellschaftlich-technischer Entwicklung — insbesondere in der Energietechnik — eine Politik der verpaßten Chancen zu konstatieren. Mitunter frappierende Parallelen deuten darauf hin, daß technologiepolitische Defizite offenbar weniger fachspezifischer als vielmehr disziplinübergreifender Natur sind — weshalb ein Versuch, deren Ursachen zu ergründen, noch lohnender erscheint.

Mit einer vielzitierten Metapher wies *Franz Steinkühler* schon vor Jahren auf Defizite der Technologiepolitik hin: »Wir müssen... vom letzten Wagen des fahrenden Zuges auf die Lok kommen: aktiven Einfluß nehmen auf die großen Linien der Technikentwicklung; Ziel, Richtung und Gestaltung der Technik entscheidend zu beeinflussen.«[30] Da Züge bekanntlich festgelegte Wege nicht verlassen können, ist dieses Bild korrekturbedürftig: Einfluß auf die großen Linien nehmen kann man nicht auf der Lok, sondern eher dort, wo die Streckenpläne entworfen werden. Das heißt dort ansetzen, wo Rahmenbedingungen definiert werden, innerhalb derer sich Technikentwicklung vollzieht. Das betrifft neben der staatlichen Forschungspolitik viele andere Bereiche, deren Gesetze und Verordnungen erheblichen Einfluß auf die Technikentwicklung haben. Während nunmehr immerhin einige der über zehn Jahre alten Vorschläge aus den Schubladen geholt werden, wie man mit Steuern die Technikentwicklung steuern kann, sind andere Ansatzpunkte noch zu wenig ins Blickfeld gerückt. Exemplarisch sei hier etwa das aus dem Dritten Reich stammende Energiewirtschaftsgesetz genannt, dessen Fortbestand sich seit Jahrzehnten in höchst fataler Weise auf die Entwicklung von Technik, Arbeitsmarkt und Umwelt auswirkt.

Allerdings ist die Existenz konkreter Ansatzpunkte und Handlungsoptionen notwendige, aber offenbar nicht hinreichende Bedingung, um die konzeptionelle Wende in der gewerkschaftlichen Technologiepolitik auch in erfolgreiche Gestaltungspraxis umzusetzen. Denn trotz durchaus vorhandener Gestaltungsalternativen sind, wie hier exemplarisch skizziert, oftmals Widersprüche zwischen programmatischen Positionen und praktischem Handeln zu konstatieren

---

29 *T. Sandberg*, Rationalisierung, Humanisierung und Beteiligung, in: *Fricke*,..., a. a. O. S. 119−146, hier S. 145.
30 *F. Steinkühler*, Einbahnstraße Technik? Das Verhältnis der Gewerkschaften zu den »neuen Technologien«, in: Blätter, Heft 2 1984, S. 188−196, hier S. 195.

– oder schlimmer noch: Es werden die selbstgesetzten Ansprüche in der Praxis geradezu konterkariert. Eine zentrale Rolle spielt hierbei die Tatsache, daß in ganz unterschiedlichen Technikbereichen grundlegende Erkenntnisse oder bahnbrechende Innovationen von maßgeblichen Gewerkschaftsgremien erst mit großer Zeitverzögerung – die durchaus zehn, fünfzehn oder mehr Jahre betragen kann – aufgegriffen werden. Dies deutet auf Probleme hin, deren Lösungen weniger auf inhaltlich-technischer als vielmehr auf strukturell-personeller Ebene zu suchen sind. Vergegenwärtigt man sich, daß andererseits die durchschnittliche »Halbwertzeit« des Ingenieurwissens inzwischen bei etwa fünf Jahren liegt, so wird klar, daß es für die Verwirklichung jeglichen Gestaltungsanspruchs natürlich von ganz entscheidender Bedeutung ist, ob und inwieweit es gelingt, dieses Time-lag drastisch zu verkürzen. Insofern macht es auch wenig Sinn, die Fülle oft schon seit Jahren brachliegender Vorschläge[31] zur Gestaltung von Technik, Arbeit und Umwelt durch weitere Aufzählungen zu vergrößern, solange die innerorganisatorischen Durchsetzungsbedingungen unverändert bleiben.

8. Erfolgreiche Technologiepolitik erfordert organisatorische Veränderungen

Als Konsequenz aus den Fehlern der Vergangenheit ist es für eine konstruktive Technologiepolitik vordringlich, daß die Gewerkschaften sich einigen Fragen stellen, die in der Managementdiskussion seit langem eine herausragende Rolle einnehmen: die Fragen nach den Mechanismen, wie sich innovative Erkenntnisse innerhalb von Organisationen ausbreiten; aus welchen Gründen Innovationen behindert werden und wie unterschiedliche Strukturen und Führungsstile die Innovationsfähigkeit von Organisationen beeinflussen. Da diese Fragen für Unternehmen von existentieller Bedeutung sind, liegen inzwischen vielfältige und fundierte Erkenntnisse vor, die in vielen Fällen zu praktischen Konsequenzen in Gestalt teilweise gravierender organisatorischer Veränderungen geführt haben.[32]

Unter anderem zählt zu den Erkenntnissen aus der angewandten Innovationsforschung, daß historisch gewachsene, zentralistisch-hierarchische Organisationen

---

31 Vgl. *U. Klotz*, Ansatzpunkte sozial gesteuerter Innovation, in: *U. Simonis* (Hg.): Mehr Technik – weniger Arbeit? Plädoyers für sozial- und umweltverträgliche Technologien, Karlsruhe 1984, S. 123–140.
32 Vgl. etwa *J. Berthel*, Verhindern Führungsdefizite Innovationen?, in: ZfO, Heft 1 1987, S. 5–13; *R. Berth*, Der unentwegte Macher mit der Scheu vor dem Risiko – Die Psychologie der Führungskräfte innovationsschwacher Unternehmen, in: BddW v. 18. 7. 1990; *M. Streit*, Die geschlossene Gesellschaft der Funktionäre – Zur Krise der Gewerkschaften, in: FAZ v. 21. 3. 1987.

auf rasch wechselnde Anforderungen mit einer — durch interne Reibungsverluste bedingten — extremen Trägheit reagieren. In derartigen Strukturen wird jegliche Innovation zunächst als Störung empfunden und so lange beiseite geschoben, bis der wachsende Druck veränderter Verhältnisse ihre Kenntnisnahme und entsprechende — dann allerdings oftmals zu späte — Entscheidungen erzwingt. Organisatorische Schwerfälligkeit und dadurch bedingte Defizite sind somit nur selten das Resultat individuellen Versagens einzelner Akteure. Sie sind vielmehr Ergebnis von Normen, Zwängen, Anreizen und Sanktionen, durch die individuelles Verhalten in einer Organisation beeinflußt wird, und erfordern deshalb Lösungen struktureller Art.

Viele modern strukturierte Unternehmen bestätigen inzwischen diese Erkenntnisse indirekt. Sie liefern zugleich aufschlußreiches Anschauungsmaterial für die Tatsache, daß sich heutzutage erfolgreiche, innovative Organisationen vor allem durch offenere Informationsbeziehungen mit großem Anteil horizontaler Informationsflüsse auszeichnen — so wie es *Peters* unter dem Motto: »Ende der Hierarchien« seit Jahren vehement anmahnt: »Wer auf Dauer von wichtigen Informationen/Entscheidungen ausgeschlossen wird, verliert die Motivation. Hierarchie bedeutet Einschränkung der Transparenz und lähmt das Interesse auf den unteren Ebenen. Je weniger transparent eine Organisation, desto stärker neigt sie zum Verfall, weil ihre Basis sie durch ›innere Emigration‹ boykottiert.«[33]

Eine weitere zentrale Erkenntnis aus der modernen Managementpraxis betrifft die Tatsache, daß sich gegenüber den klassischen funktionsorientierten Formen objektorientierte Organisationsstrukturen als ungleich flexibler erweisen. Da sich in objektorientierten Strukturen ökonomische Effizienz mit ganzheitlich-humanen Arbeitsformen optimal kombinieren lassen, gelten sie unter »Managementgurus« als Organisationsform der Zukunft.[34]

Im selben Maß, in dem in der Wirtschaft diese Erkenntnisse in die Praxis umgesetzt werden und unflexible Organisationsformen qua »natürlicher« Selektion allmählich verschwinden, fallen demgegenüber andere gesellschaftliche Bereiche, in denen Innovationsfähigkeit keine lebenswichtige Rolle zu spielen scheint, immer weiter zurück: »Wenn der Fortbestand einer Organisation durch eine von außen abgegebene Erklärung gesichert ist, kann die selbsterzeugte Blindheit ein

---

33 *T. Peters*, zit. nach »Trends«, Magazin der KPMG — Deutsche Treuhand, Frühjahrsausg. 1990; *ders.*: Das Ende der Hierarchien — Die Mikroelektronik erfordert eine neue Unternehmensorganisation, in: BddW, 22. 3. 1989.
34 Vgl. *K. Bleicher*, Zukunftsperspektiven organisatorischer Entwicklung, in: ZfO, Heft 3 1990, S. 152–161; *H.-J. Bullinger*, Paradigmenwechsel im Produktionsmanagement, Manuskript, Stuttgart 1991.

immenses Ausmaß annehmen.«[35] Deshalb sind in den Bereichen, in denen statt kritischer Selbstbetrachtung das Potemkin-Syndrom und andere verbreitete Mechanismen der Realitätsleugnung zu den etablierten Managementmethoden[36] zählen, die Defizite speziell auf technologischem Gebiet gravierend. Wie der technologische Rückstand zentralstaatlicher Kommandosysteme oder die sprichwörtliche Trägheit öffentlicher Verwaltungen, so sind auch Defizite gewerkschaftlicher Technologiepolitik im Kern auf organisationsstrukturell bedingte Phänomene zurückzuführen, die in einer Welt des raschen Wandels besonderes Augenmerk verdienen.

Eine weitere Ursache der Innovationsschwäche teilen die Gewerkschaften mit praktisch allen politischen Organisationen und Institutionen: ihre zunehmend anachronistischeren Rekrutierungskriterien. Nicht selten hat — salopp formuliert — der »Stallgeruch« der »Ochsentour« noch immer einen höheren Stellenwert als fundierte Sachkompetenz. Wenn in hochdynamischen und vorwiegend fachlich geprägten Ressorts Funktionsträger qua Amt zum Fachexperten gekürt werden, mangelt es häufig an souveräner Professionalität. Da sich die Entwicklungsdynamik in extrem kurzer Gültigkeitsdauer von Fachwissen niederschlägt, kann dem nur durch permanente und intensive Weiterqualifikation auf fachlichem Gebiet begegnet werden. Diese Notwendigkeit wird leider viel zu selten eingesehen, da — egal wie alt das Fachwissen ist — die »Experten« in der Regel organisationsintern ohnehin als solche akzeptiert sind. In der vielbeklagten Diskrepanz zwischen Anspruch und Wirklichkeit spiegelt sich letztlich auch die Tatsache wider, daß die wenigsten von denen, die sich zu Äußerungen über Technikgestaltung berufen fühlen, selbst konkrete Praxiserfahrungen als Technikentwickler sammeln konnten.

Mangelnde Sachkompetenz trägt bekanntlich zu selektiver Wahrnehmung bei. Gepaart mit der Urangst vor Unbekanntem liegen hierin Ursachen für die Tatsache, daß bei neuen Techniken stets mehr die möglichen Risiken als die realen Chancen im Blickfeld stehen, daß in der Politik letztlich eher Krisen- als Chancenmanagement dominiert. Um es beispielhaft zu verdeutlichen: Statt die immens wachsenden Gestaltungspotentiale zu erkennen, werden sogar »verengte Gestaltungsspielräume durch die nächste Computergeneration« prophezeit: »Denn in der technologischen Entwicklung zeichnen sich inzwischen Perspektiven ab, die schon in wenigen Jahren die Gestaltungsspielräume ... wieder versperren könnten: Die nächste Computergeneration wird zu einem beträchtlichen Teil aus Spezialcomputern mit parallel arbeitenden Multiprozessoren bestehen,

---

35 *T. Winograd*, ..., a. a. O. S. 246.
36 Vgl. *F. Weltz*, Management by Potemkin, in: Technische Rundschau, Heft 33 1990, S. 10–12; *R. Berth*, Der unentwegte..., a. a. O.

denen ein gewisses Maß an künstlicher Intelligenz bereits eingebaut ist. Dieser ›Einbau‹ künstlicher Intelligenz in die Hardware... droht, elementare Voraussetzungen arbeitsgestaltender Politik zu zerstören.«[37]

Solcherart Vermutungen erhellen nicht nur mögliche Ursachen politischer Defizite – sie werfen zugleich ein Schlaglicht auf die heikle Verknüpfung zwischen Technologie- und Angestelltenpolitik, da sie mit ihrer Realitätsferne dazu beitragen, die in dieser Zielgruppe verbreiteten negativen Vorurteile über politische Organisationen zu verhärten. In einer Zeit, in der technologischen Themen wachsende Bedeutung zukommt, gilt mehr denn je: Eine kompetente Technologiepolitik ist zugleich ein wichtiger, wenn nicht der wichtigste Schlüssel für eine erfolgreiche Angestelltenpolitik. Dies belegen Beispiele, in denen umsetzungsorientierte Synthesen von konkreter Strukturpolitik und außerordentlich erfolgreicher Angestelltenarbeit praktisch demonstrieren, wo und wie anzusetzen ist, um insbesondere Angehörige technischer Berufe zu aktivem Engagement zu veranlassen und so das Mitgliederpotential der Zukunft zu erschließen.[38]

Zugleich verweisen derartige Beispiele auf die dritte Voraussetzung, die für eine Verwirklichung konstruktiver Technologiepolitik entscheidend ist: Da sich Technik nicht per Beschluß oder Sonntagsrede, sondern nur konkret vor Ort gestalten läßt, kommt dem Aufbau einer umsetzungsorientierten Infrastruktur eine Schlüsselrolle zu. Auch hierbei zeigt sich das Problem organisatorischer Trägheit: Perspektivenreiche Ansätze einer gewerkschaftlichen Innovationspolitik, die in ihrem Kern schon Mitte der 70er Jahre entstanden, wurden wie manch andere Vorschläge lange Zeit als nicht der herrschenden Meinung entsprechend abgetan oder weitgehend ignoriert.[39] Erst allmählich rückt die darin enthaltene, für die Arbeits- und Lebensbedingungen zentrale Schlüsselfrage nach der Produktinnovation stärker ins Blickfeld. Mit einer Verzögerung von rund fünfzehn Jahren scheint damit endlich auch die Bedeutung lokaler Infrastrukturen mit dezentraler Fachkompetenz, die zur Umsetzung einer »Strategie des aktiven Strukturwandels« erforderlich sind, erkannt zu werden.[40]

---

37 K. *Benz-Overhage*, Die Fabrik der Zukunft – Wie werden wir morgen arbeiten?, in: Blätter, Heft 10 1984, S. 1207–1218, hier S. 1214.
38 Vgl. U. *Klotz*, Ansatzpunkte gewerkschaftlicher Innovationspolitik, in: IBS/IG Metall (Hg.), Rationelle Energieverwendung – Herausforderung und Chance für Arbeitnehmer, Hamburg 1982.
39 Vgl. H. *Hinz*, Innovationsberatungsstellen – zum IBS-Konzept der IG Metall, in WSI-Mitteilungen, Heft 10 1976, S. 617–626.
40 Vgl. U. *Klotz*, Innovations- und Technologie-Beratung als Teil eines gewerkschaftlichen Offensivkonzepts, in: T. *Kreuder/H. Loewy* (Hg.): Konservatismus in der Strukturkrise, Frankfurt 1987, S. 440–461.

9. Ein Fazit

»Überkommene Aufgaben werden in der bisherigen organisatorischen Gliederung überbewertet. Die gewerkschaftlichen Ziele von heute müssen mit einem Apparat von gestern bewältigt werden. In einer Zeit, die Denken in komplexen Zusammenhängen erfordert, dominiert noch immer der Verwalter gegenüber dem Gestalter.«[41] Dieses zwanzig Jahre alte Zitat ist aktueller denn je – da die Zeiten um einiges turbulenter geworden sind. Um so dringlicher ist es, aus Erkenntnissen, die in der Management-Diskussion zu den Binsenweisheiten zählen, endlich praktische Konsequenzen zu ziehen: Vielfalt, Komplexität und Dynamik – und wo gäbe es diese Kombination ausgeprägter als in der Technologieentwicklung – lassen sich nur mit gewandelten Organisationen bewältigen. Soll Technologiepolitik nicht vorwiegend Technologierhetorik bleiben, ist es unumgänglich, die gewerkschaftliche Organisationsstruktur, Rekrutierungskriterien und Infrastruktur den sich wandelnden Anforderungen und Bedingungen anzupassen.[42] Mehr denn je gilt: »Wer die Gesellschaft verändern will, der muß selbst zur Veränderung bereit sein.«[43]

---

41 *G. Leminsky*, Die Zukunft der Gewerkschaften in der Wohlfahrtsgesellschaft, in: IG Metall (Hg.) Aufgabe Zukunft: Qualität des Lebens, Band 9, Frankfurt 1972, S. 11–44, hier S. 36.
42 Vgl. *U. Klotz/H. Tiemann*, Aus Betroffenen Beteiligte machen – Gewerkschaftliche Organisation im Umbruch, in: Die Mitbestimmung, 9/1990, S. 589–595.
43 *F. Steinkühler*, Grundsatzreferat zum 16. Gewerkschaftstag der IG Metall, 1989.

Marieluise Pfeifer
Technikgestaltung in der Zukunftswerkstatt

1. Begriffsbestimmung

Der Begriff *Zukunftswerkstatt* kennzeichnet im folgenden eine vielfach erprobte Methode, betriebsübergreifend beteiligungs- und bedürfnisorientierte »Gestaltungsinitiativen vor Ort« in IG Metall-Verwaltungsstellen durchzuführen. Auf örtlicher Ebene werden dabei aus gestaltungserfahrenen Betrieben die Akteure zusammengeführt. Deren Input, d. h. konkret gesammeltes und aufbereitetes Wissen und der Erfolg, kann gestaltungsungeübte Funktionäre motivieren, ebenfalls diesen Weg einzuschlagen. Ziel der Zukunftswerkstätten ist es, in kollektiven Lernphasen einen betriebsübergreifenden Aktionsplan für die Verwaltungsstelle zu entwickeln, z. B. für ein konkretes Humanisierungsprojekt. Die Beteiligten erleben dabei Probleme in der Definition und inhaltlichen Ausfüllung von Gestaltungszielen, z. B. Umwelt-, Sozial- oder Kulturverträglichkeit. Sie setzen sich mit Technikeuphorie und Technokratie auseinander sowie mit Kriterien zur Beurteilung menschengerechter Arbeit.

Zukunftswerkstätten entstehen aus IG Metall-*Gestaltungsstellen*[1] und verlaufen in drei Phasen: Kritik am Bestehenden, Phantasie über Zukünftiges und Übersetzen des Gewünschten in politische Forderungen bzw. Planung der Durchsetzung im Betrieb. Die Themen für Zukunftswerkstätten der IG Metall ergeben sich aus den Konflikten von Betriebsräten und IG Metall-Mitgliedern, beispielsweise bei der Einführung und Vernetzung neuer Technologien bzw. systemisch-technischer Produktionskonzepte von Unternehmen. Die Arbeitsweise ist gekennzeichnet durch den Input von gestaltungserfahrenen Betriebsräten, Gewerkschaftssekretären, Arbeitskulturforschern, Wissenschaftlern und Künstlern und die Bildung eines »*Projektteams*«. Die zur Umsetzung erforderliche Theorie- und Wissensvermittlung erfolgt durch ergebnisorientiertes sowie

---

[1] Vgl. Von der IG Metall-Verwaltungsstelle zur Ge-Staltungsstelle; Untertitel der ersten Zukunftswerkstatt vor Ort der IG Metall-Verwaltungsstelle Nordenham, 21. 3. 1990; Kreiszeitung 15. 6. 1990.

kompetenzförderliches Denken und Handeln; durch »Hausaufgaben für alle«. Das wesentlich Neue an dieser Form der Gewerkschaftsarbeit liegt in der kreativitätsfreisetzenden Organisation identitätsstiftender Gestaltungsarbeit »von unten«.

2. Technikgestaltung – oder »Jeder ist seines Glückes Schmied«

Für die IG Metall als *Arbeiter-* und *Angestellten-*Organisation steht die Erarbeitung bedürfnisgerechter Zukunftsvorstellungen im Vordergrund des gewerkschaftlichen Humanisierungsinteresses. Es gilt, ideologische Fesselungen und die gewohnten Arbeitsteilungen zu durchbrechen. Betriebsräte kommen immer seltener dazu, sich zu besinnen. Alltäglich ist eben nicht die präventive humane Arbeitsgestaltung, sondern die Rationalisierungsschutzpolitik. Viele Praktiker beanspruchen in der Regel gar nicht die Rolle des Gestaltungsexperten, sondern ziehen sich allein auf das ohne Zweifel wichtige tarifpolitische Feld zurück.[2] Andere, Weiterblickende sind sich seit längerem darüber klar, daß dieses Konzept des »Schützers« (Rationalisierungs-, Arbeits-, Gesundheits-, Umweltschützers u. a. m.) zum Teil auf einer Selbsttäuschung beruht, einer Täuschung, die auf der Annahme basiert, daß die gewerkschaftlichen Aufgaben der Zukunft mit handwerklichem Können und alten Verhaltensmustern gelöst werden könnten. Systemisch-technische Produktionspläne à la CIM verlangen jedoch systemisches Denken und Handeln in präventiven Kategorien. Angesichts der betriebspolitischen Praxis leisten Betriebsräte objektiv einen Beitrag zum Erhalt von Umwelt und Natur – ganz unabhängig davon, ob der oder die einzelne sich nun dessen bewußt ist oder nicht.[3]

Sozialverträgliche Gestaltungsdimensionen eröffnen sich den Betriebsräten beispielsweise dadurch, daß sie Arbeit für beide Geschlechter, gleichen Lohn für gleiche Arbeit, tarifvertragliche Bedingungen, Abbau von Schichtarbeit, Wochenendarbeit und Überstunden realisieren. Kulturelle Dimensionen ergeben sich durch den Erhalt und den Ausbau qualifizierter Facharbeit, in der Art der Abläufe und Zuständigkeiten, in Pausenregelungen, in der Respektierung von Freizeitbedürfnissen und Schaffung von Freizeitmöglichkeiten.

Es ist nicht gleichgültig, auf welchen Stühlen ein Mensch sitzt, mit welchen Bil-

---

[2] Vgl. Handelsblatt, 15. 8. 1988. Unter der Überschrift »IG Metall: Festschreibung von mehreren Wahlmöglichkeiten im Tarifvertrag«.
[3] Vgl. *A. Oppolzer*, Handbuch Arbeitsgestaltung, Hamburg 1989, S. 301 ff.; *W. Bierter*, Mehr autonome Produktion – weniger globale Werkbänke; mit einem Blick in die Zukunft: Bericht von der »Alternativen Wirtschaftskonferenz« im Jahre 2003, Karlsruhe 1986, S. 157 f.

dern er sich umgibt, mit welchem Geschirr er in welcher Kantine sein Mittagessen einnimmt. Es ist nicht egal, ob dieser Mensch seinen Arbeitsplatz mit dem eigenen Auto oder mit öffentlichen Verkehrsmitteln erreicht. Es ist nicht egal, ob er ein Haus im Grünen oder eine Wohnung ohne Balkon bewohnt. Es ist nicht egal, ob er Antistreßtabletten einnimmt oder meditiert. Es ist nicht egal, ob er an die Zukunft, an das Neue denkt oder an Altem festhält. Es ist nicht egal, ob er sein Leben angstfrei oder angstbesetzt lebt. Es ist nicht egal, ob die Tätigkeit stereotyp, monoton und reizlos ist, das Produkt aus umweltschädlichen Werkstoffen, der Produktionsprozeß sozial unverträglich abläuft und der Arbeitsprozeß krank macht, oder ob die Tätigkeit persönlichkeitsförderlich und gesundheitlich unschädlich ist.

Noch ist die institutionalisierte Betriebsratspraxis hochgradig arbeitsteilig und hierarchisch organisiert. Die Zergliederung der gesamten Aufgabenbereiche des Betriebsrats in »Ausschußarbeit«, die prinzipielle Benennung eines jeweiligen »Vorsitzenden« hemmt oft die freie Entfaltung anderer Betriebsräte. Bruchteile der Ausschußarbeiten, d. h. Berichte über den Stand der Dinge, Fort- und Rückschritte usw. kommen »alle paar Wochen, wenn überhaupt« turnusmäßig auf die Tagesordnung des Betriebsrats. Die nicht unmittelbar inhaltlich einbezogenen Betriebsräte erhalten auf diese Weise lediglich einen oberflächlichen Eindruck der inhaltlichen Arbeitsgestaltung. Hochkomplexe Situationen, wie sie durch die systemisch-technische Umstrukturierung der Unternehmen vorprogrammiert sind, lassen sich dadurch nur verkürzt wahrnehmen und umsetzen.

Wer gestalten will, braucht Kompetenz, egal ob Meister, Vorarbeiter, Manager, betrieblicher Planer, Betriebsrat, Facharbeiter, Arbeitsvorbereiter, Einkäufer. Auch die sozialen Fähigkeiten, die in und für die Erwerbsarbeit wie für die Interessenvertretung zweifellos zum Know-how gehören, werden unter den Bedingungen der traditionell-arbeitsteiligen Betriebspraxis durchaus ambivalent entwickelt. Soziale Qualitäten, Gemeinschaftsgeist und solidarisches Interesse an der Entwicklung des anderen und der gesamten Belegschaft fehlen. Basis einer solidarischen Arbeitsgestaltungspraxis ist es aber beispielsweise, gerade die Meinungen und Bedürfnisse der Beschäftigten zu erfassen, zu berücksichtigen und unter Beteiligung in die konkrete Humanisierung einer Arbeitstätigkeit einfließen zu lassen. Sach-, Handlungs- und Sozialkompetenz jedenfalls sind prozeßhaft entwickelbares, latent oder materiell vorhandenes Know-how, die persönliche Selbstbestimmung des einzelnen Arbeiters oder der einzelnen Angestellten, die kollektive Selbstbestimmung eines Betriebsrats, einer Belegschaft, eines Vertrauenskörpers, die positive Seite der Fabrik 2000. Das wiederum ermöglicht die Arbeitsgestaltung als Selbsthilfeprozeß.[4]

---

4 Vgl. Entschließung zur Technologie- und Humanisierungspolitik, Gewerkschaftstag 1989 in Berlin.

3. Demokratie heute: »Von der Selbstbestimmung zur Selbsthilfe«

Selbstbestimmung in der Arbeit ist ein Ziel gewerkschaftlicher Arbeitsgestaltung. Die sozial- und umweltverträgliche Gestaltung von Arbeit im Rahmen der Technikeinsatzpolitik von Unternehmen bildet dabei die Basis einer Humanisierung der Produktion, die an Bedürfnissen, Werten und Normen der Beschäftigten auf jeweils bewußt vorhandenem Niveau ansetzt. Die gesellschaftliche Diskussion um diese neuen Maßstäbe beeinflußt die politische Sozialisation, unterstützt oder behindert sie. Ohne Partizipation der Arbeitenden, ohne deren moralische Vorstellungen treten keine Gestaltungsperspektiven und neue Ideen zutage. Der Weg der (tendenziell) autonomen und kompetenten Betriebsräte-Gestalter geht über den Betrieb hinaus in die Verwaltungsstelle und von da in die Region und ist in der innovativen Erweiterung traditioneller Arbeitsschwerpunkte zu erkennen. Der politische Blickwinkel geht von der Technik oder Technologiegestaltung zur Arbeitsgestaltung als menschenbezogene Humanisierungsinitiative, ist Bestandteil der Alltagsarbeit und enthält Dimensionen der Gesellschaftspolitik. Aus den Arbeits- und Rationalisierungsschützern der Vergangenheit werden Produktionsgestalter; aus ihnen entwickeln sich Zukunftsgestalter, d. h. Menschen mit einem Blick für das antizipatorische Handeln im ganzheitlichen Sinn.

Zukunftsgestalter erweitern die Gestaltungspalette um struktur- und wirtschaftspolitische Felder; sie nehmen neben der industriellen die kommunale unmittelbare Wirklichkeit zum Gestaltungsansatz. D. h., an dieser Stelle geht es um die Schaffung neuer qualitativer (persönlichkeitsförderlicher usw.) Arbeitsplätze; ökologisch sinnvolle Produkte und Verfahren; Verfahren der Abfallsammlung und -beseitigung; Zurückgewinnung von Fertigungstiefen für eine Region; Schließung endogener Kreisläufe u. a. m.[5] Sie werden als Moderatoren modellhafte Überlegungen, Konzepte und ihre Erfahrungen einer neuen IG Metall-Politik nach dem Motto: »Lokal denken – global handeln« verfestigen, ausbauen und weiterentwickeln.[6]

Die Erweiterung des traditionell-betriebspolitischen Betreuungsansatzes der hauptamtlichen Funktionäre ist perspektivisch auf sozial-, umwelt- und regionalverträgliche Gestaltungsoptionen gerichtet, auf mehr individuelle und kollektive Kompetenz, Autonomie und Beteiligung am betriebs-, kommunal-, wirt-

---

[5] Vgl. GEWOS: Strukturprogramm Küste, Hamburg 1986.
[6] Vgl. *M. Pfeifer/C. Bollen*, Zwischen Realität und Utopie; Zwischenbilanz der Jansen-Werft-Initiative, Frankfurt Mai 1989.

schaftspolitischen und damit gesellschaftlichen Leben. Derartige Ansätze lassen sich als roter Faden durch die Geschichte der Arbeiterbewegung verfolgen, sie sind nicht neu. Neu sind der Intensitätsgrad und das breite inhaltliche, zeitliche verantwortungsbewußte Engagement für eine gesellschaftliche Interessenvertretung durch die Ausübung gewerkschaftlicher Funktionen.[7]

4. Gegen verkrustete Strukturen: »Von der Verwaltungsstelle zur Gestaltungsstelle«

Neben den direkten Beschäftigungseffekten ergeben sich durch einen erweiterten, d. h. betrieblichen und kommunalen Gestaltungsansatz indirekte Effekte für die regionale Wirtschaft durch regionale Kreisläufe, die damit die Autonomie einer Region und die Handlungsmöglichkeiten der Arbeitenden stärken. Die Gestaltungsspielräume im Rahmen einer IG Metall-Verwaltungsstelle als Zukunftswerkstatt »vor Ort«, um derartige Entwicklungen einzuleiten, zu verfestigen und zu multiplizieren, mögen aus der Perspektive von Kritikern nicht ausreichend radikal erscheinen. Es sind bescheidene, aber wegweisende Konkretisierungen einer Öffnung betriebsrätlicher Alltagsarbeit in gesellschaftlicher Verantwortung. Es ist der Versuch der Verzahnung mit der Wissenschaft und ein themenübergreifender, problemkonzentrierter Politikansatz, der Integration, der Versuch einer neuen Beschreibung von Arbeitskultur als Gestaltungskultur. Dieser steht der Vereinzelung von Arbeitsgestaltern im Gremium (Exotentum) und der Isolation von politischem Handeln und unpolitischem Humanisieren, Betriebsegoismen, Unternehmens- und Beschäftigtenkonkurrenzen entgegen. Scheinbar ist nichts schwerer in diesen Betriebsalltagen, als über lebbare Utopien nachzu*träumen*. Arbeitsräume ebenso wie Lebensräume sind keine Träume, sie sind für einen begrenzten Lebenszyklus »die Welt, um die sich alles dreht«.[8]

Es zeigt sich jedoch deutlich, daß durch eine bedürfnisorientierte kooperative Zusammenarbeit sämtlicher relevanten gesellschaftlichen Kräfte, d. h. der Menschen[9] in »Arbeitsgemeinschaften« vor Ort (sogenannten »vor Ort-Teams«),

---

7 Vgl. *L. Gautier*, »Macht mit!« – Folienvortrag zur ökologischen Gestaltungsinitiative »Getrennte Abfallsammlung« der Meyer-Werft in Papenburg, gehalten auf dem Symposium »Wirtschaft und christliche Ethik« zum Thema Innovation und Partizipation, a. a. O.; *S. Benzler,* Beitrag für die Tagung des Arbeitskreises »Lokale Politikforschung« der deutschen Vereinigung für politische Wissenschaften, Hannover 1989.
8 Vgl. Studierende der HWP: Der Betrieb im Leben der Befragten, Referate und Diskussionen im Rahmen der 16. Zukunftswerkstatt einer Verwaltungsstelle vor Ort, 10./11. 7. 1990 in der Historisch-ökologischen Bildungsstätte Papenburg.
9 Vgl. IG Metall Aktionsprogramm Arbeit und Technik: Präambel.

nicht nur die kompetenten Kräfte solidarisch gebündelt, sondern auch motivierende, Orientierung bietende, demokratisch diskutierte Lösungen und Visionen denkbar und durchsetzbar, auf jeden Fall lebbar werden. Dies alles unter dem Dach der alten »Arbeitergewerkschaft« IG Metall. In diesem Gestaltungsprozeß wird die Gestaltung sinnlich erfahrbar; das prozeßhafte Erleben des praktischen, täglichen »ökologischen«, »humanen« Handelns ermöglicht die Macht der Veränderung, die Möglichkeit zum Aufweichen verkrusteter IG Metall-Strukturen.

Der experimentelle Ansatz neuer und alter Gewerkschaftsarbeit, beispielsweise in der öffentlich geführten Diskussion um »soziale Pflichtenhefte«[10], schafft die für die Durchsetzung der Gegenwarts- und Zukunftsperspektiven erforderlichen regionalen Strukturen, die nicht zuletzt einen Beitrag zur lebendigen Demokratie darstellen. Zum weiteren Ausbau der dargestellten Autonomie und Kompetenz in produktionsökonomischer, politisch-kultureller und ökologisch-sozialer Hinsicht werden weitere »Zukunftswerkstätten vor Ort« durchgeführt und miteinander vernetzt.

Die Rolle der hauptamtlichen Gewerkschafter gilt es dabei ebenso zu hinterfragen wie die Rolle der Betriebsräte bei der Arbeitsgestaltung. Die Problemsicht der Zukunftsgestalter im Betrieb (Arbeitnehmer, Betriebsräte) ist auf den ganzheitlichen betrieblichen Zusammenhang gerichtet. Infolge der Debatten um betriebliche Vernetzung, CIM, Arbeitsorganisation mit der Auflösung traditioneller Strukturen und Grenzziehungen, mit der Infragestellung von Funktionen und Aufgaben im Betriebszusammenhang, der Kontroverse um Arbeitszeitflexibilisierung und solidarischer Arbeitspolitik vor dem Hintergrund der vermehrt geführten Debatte um den betrieblichen Gesamtarbeiter, ergeben sich weitere Sogwirkungen. Diskussion und praktische Politik der Gestaltung von Arbeit und Technik nehmen ihren Anfang idealtypisch vielleicht an einem bestimmten Arbeitsplatz, der ausgewählt wird, in einer bestimmten Betriebsabteilung für eine zunächst begrenzte Anzahl von Arbeitnehmern und münden in einer sich ausweitenden bedürfnisorientierten, prioritätensetzenden, öffentlich transparenten, beteiligungsorientierten Arbeitspolitik des Betriebs.[11]

Die konstruktiv gewendete Frage nach der autonomie- und kompetenzförderlichen Humanisierung kann beteiligungsorientiert gelöst werden. Wie könnte die Konzeption von integrierten Produktionsinseln mit der Rücknahme wesentlicher administrativer und marktbezogener Funktionen auf die Bürosituation übertragen werden? Wie läßt sich das im Spannungsfeld von Bastionen (z. B. Entwick-

---

10 Vgl. *U. Blum*, Gewerkschaftspolitik im Wandel, in: Forum Wissenschaft 2/1989, S. 21 ff.
11 Vgl. *M. Thompson*, Welche Gesellschaftsklassen sind potent genug, anderen eine Zukunft aufzuoktroyieren?, in: Design der Zukunft; Architektur • Design • Technik • Ökologie, Berlin 1987, S. 58 ff.

lung der Anwendungsprogramme durch Fachkräfte selbst gegen DV-Bastionen) umsetzen? Da politisches Wollen und bestimmte Sachgesetzlichkeiten zusammentreffen (neue Wirtschaftlichkeitsrechnung, innerbetriebliche Ressourcen an menschlichem Engagement und Know-how), gilt es, vermehrt subjektiv-selbstbestimmte Alternativen formulieren zu lernen.

Als kontraproduktiv für den Weg der Verwaltungsstellen (Mitgliederbeiträge verwalten, Beschlüsse ausführen, Vorstandspolitik verbreiten, Tarifpolitik durchsetzen) zu (Zukunfts-)Werkstätten erweisen sich dabei das Denken und Handeln in Reaktionskategorien (Angst vor Einmischung), technisch-eindimensionale Denk- und Handlungsstrukturen und mangelhaftes Vertrauen in die Kompetenz der Beschäftigten. Emanzipation wird zudem behindert durch patriarchalisches Denken, autoritäre Handlungsstrukturen und zentralistische Lösungsmuster, durch mangelhaftes Auspendeln von Einzel- und Gruppeninteressen, durch einseitige Machtinteressen, Vereinzelung, neokonservative Ideologie, mangelhafte Wahrnehmung von Gestaltungsoptionen, fehlende Einflußmöglichkeiten und durch eine insgesamt praktizierte innere und äußere Arbeitsteilung.

5. Zukunftswerkstätten vor Ort

Verwaltungsstellen auf dem Wege zu Zukunftswerkstätten müssen, in der Konsequenz der diskutierten und untersuchten sozial-, umwelt- und regionalverträglichen Arbeitspolitik der Pilotfälle, zunächst selbst eine »Kritik-, Phantasie- und Realisierungsphase« für ihre Aufgaben als Organisation zulassen. Bedürfnisse und Ansprüche, Normen und Werte, politische Einschätzungen und Prioritäten der einzelnen Hauptamtlichen für das eigene Arbeitsgebiet und die gemeinsame Arbeitspolitik können nicht losgelöst von den einzelbetrieblichen Gestaltungsinitiativen und Denkprozessen entwickelt werden. Die Zukunftsdiskussion um eine Verwaltungsstelle schneidet sich mit der Zukunftsdiskussion in der IG Metall schlechthin, wird aber auch durch regionale Bedarfe und Rahmenbedingungen beeinflußt. Dabei geht es, 100 Jahre nach ihrer Gründung, um ein neues Bild, ein neues Image für die IG Metall bei gleichzeitig erforderlicher Kontinuität der Interessenvertretungsstrukturen. Von daher verläuft die Entwicklung oder die Verlängerung der betrieblichen Reformpolitik auf die Verwaltungsstelle in qualitativen Sprüngen. Die Zukunft ist nicht so ohne weiteres aus der Vergangenheit zu projizieren, da sich eine für die Planung erforderliche Prognose weniger denn je auf eine kontinuierliche Entwicklung stützen kann.

Während planerisches Denken (idealtypisch) keine Zufälligkeiten zulassen darf, ist die Utopie an der prinzipiellen Offenheit der Realität und an der daraus resultierenden »utopischen Funktion« orientiert.[12] Sicherlich kann in einer als konkret verstandenen Utopie das prospektiv-konzeptielle Moment nicht unterschlagen werden, aber auf dies allein verkürzt verändert sich der spezifische Charakter der Utopie bis zur Unkenntlichkeit. Gesamtvernetzung (Infosysteme, Arbeitsfunktionen, Abteilungen, Konzerne) schränkt die Aussagekraft von Bestandsaufnahmen, Plänen und Konzepten von Teilbereichen ein. In der Wiederholung liegt die Wurzel erfolgreicher Gestaltung der sich aus den ersten, zweiten, dritten usw. Lerngestaltungsprozessen entwickelnden Autonomie, Kompetenz und Selbstbestimmung. In der »Hochrechnung« von Gestaltungserfahrungen, in der Übertragung und Verbreiterung von Insellösungen auf weitere Betriebe und Regionen liegt eine überzeugende Humanisierungskraft. Vor dem Hintergrund der sich abspielenden Prozesse können folgende Punkte der Logik gesellschaftlicher Vernunft benannt werden, an die Betriebsräte anknüpfen sollten:

Unternehmenskultur kann Gestaltungskultur sein oder werden. Das erfordert eine Denkweise in gesellschaftlichen Zusammenhängen, die partielles, statisches, eindimensionales Denken überwindet. Der politische Modernisierungskurs wird durch den gesellschaftlichen Wertewandel unterstützt.[13] Die Gestaltung der neuen Produktionsprozesse braucht entsprechend qualifizierte Arbeitende, Betriebsräte und Hauptamtliche, die ihr Handeln auf den gesellschaftlichen Gesamtprozeß beziehen. Dabei sind betriebliche Zielhierarchien zu durchdenken, um sozial-, umwelt- und regionalverträgliche Gestaltungsprozesse optimieren und kommunikative und soziale Kompetenz entwickeln zu können.

6. Die drei K's: Kompetenz, Kooperation und Kommunikation

Die Funktionäre und Funktionärinnen der IG Metall, allen voran die Betriebsräte und Betriebsrätinnen als bewegende Basis in den Betrieben, lassen sich ein auf die Welt, in der sie arbeiten und leben, suchen den tagtäglich gelebten Alltag zu verändern. Ihre dingliche Wirklichkeit ist durch und durch industriell geprägt: technische und kultivierte Produkte überwiegen gegenüber den natürli-

---

12 Vgl. *G. Seeliger*, Referat auf der IG Metall-Fachkonferenz »Wie sollen wir morgen arbeiten und leben? Perspektiven einer sozialen Gestaltung von Arbeit und Technik«, 6./7. Mai 1988: Die Zukunft aus Sicht des Ingenieurs, Frankfurt 1988, S. 2 ff.
13 Vgl. *E. Teschner*, Probleme gewerkschaftlicher Betriebs- und Tarifpolitik im Strukturwandel, in: Gewerkschaftliche Monatshefte 10/89, S. 619 f.

chen. Aus dieser sich exponentiell beschleunigenden technischen Entwicklung gibt es kein Zurück.[14]

These 1: Industrialisierung und soziokulturelle Entwicklung gehören historisch und perspektivisch untrennbar zusammen. Fortschreitende Industrialisierung und Computerisierung werden zu einem anderen Lebensrhythmus, einem veränderten Zeitgefüge von Tag und Nacht, Wochenmitte und Wochenende führen. Die dadurch entstehenden neuen Formen vermischter Arbeit und Freizeit werden nur dann nicht als Angriff der Arbeit auf die Freizeit empfunden, wenn der Arbeitsprozeß zugleich humaner, autonomer und demokratischer wird.[15]

These 2: Die Bestimmtheit des einzelnen durch Arbeit läßt einerseits nach, weil Technik und Technologien menschliche Arbeit übernehmen; sie nimmt andererseits zu, weil die systemisch-technische Entwicklung die Produktivität und Effizienz anhebt. Die Qualifikation der Arbeitenden wird steigen und sich verändern. Damit wachsen und verändern sich die Arbeitsansprüche der einzelnen. Es findet eine Verschiebung von eher materiell orientierten zu immateriellen Werten statt.[16] Sozialverträgliche Arbeitsverhältnisse und umweltverträgliche Produkte, neue Interaktionen verlangen eine neue Industrie- und Produktionsarchitektur.

These 3: Innovative Gewerkschaftspolitik begreift die gegenwärtigen und zukünftigen Aufgaben der humanen Gestaltung als Experiment: Die Fabrik 2000 wird mit dem Umfeld, der Stadt, dem Land zum zentralen Ort, an dem gemeinschaftlich genutzte Innenräume sich mit dem öffentlichen Raum überlagern, an dem Arbeitsverhalten und politisches Agieren sich mit dem sozialen Schauspiel der Unternehmen, der Kommunalpolitiker usw. verbinden. Hier wird Industriekultur getestet.

These 4: Die Gestaltungsaufgabe wird zur Denkaufgabe und dann zum Handlungsauftrag. Sie fordert die Kompetenz und Autonomie aller Spezialisten inner- und außerhalb der Betriebe, Gewerkschaften, Kommunen oder Landesregierungen in einem grenzüberschreitenden kontinuierlichen Dialog.[17] Spezialisten sind einerseits die Theoretiker an den Hochschulen, Instituten und Universitäten der Regionen, der Bezirke, der Länder, des Bundes und andererseits die Facharbeiter, die an- und ungelernten Arbeiter und Arbeiterinnen. Ihr Spezialistentum ist erfahrungsgeleitetes, auf Produktionswissen und Betriebsstrukturen gründendes

---

14 Vgl. P. *Humbrey u. a.*, Computer und Partizipation, Ergebnisse zu Handlungs- und Gestaltungspotentialen, S. 159 ff.
15 Vgl. W. *Volpert*, Zauberlehrlinge, Die gefährliche Liebe zum Computer, Berlin 1988, S. 71 ff.
16 Vgl. R. *Zoll*, Beteiligung, a. a. O., S. 52 ff.
17 Vgl. F. *Vester*, Neuland des Denkens, München 1984, S. 475 f.

Know-how. Durch Kooperation in interdisziplinärer Ganzheitlichkeit wird Arbeitsgestaltung zur innovativen Betriebs- und Gewerkschaftspolitik.[18]

These 5: Durch ihre historisch gewachsenen Strukturen hat die betriebspolitische Interessenvertretung zu einer Entmischung von Arbeit und Wohnen, Betrieb und Gesellschaft geführt. Zukünftige Arbeitsgestaltung muß der Zurückführung der Ganzheitlichkeit der Arbeit dienen, dem Entstehen kooperativer Arbeitsvollzüge gewidmet sein und der Wechselwirkung zwischen Arbeits- und Lebenswelt, Produktions- und Reproduktionsbereich eindeutig Rechnung tragen. Forderungen nach ökologischen Produkten und soziokultureller Arbeitsweise lassen sich nur dann effektiv gewerkschaftspolitisch umsetzen, wenn die Arbeitenden von vornherein in die Diskussion um die jeweiligen Inhalte einbezogen werden. Die entsprechende Beratungspraxis verfolgt prozeßhaft sowohl die Kompetenzentwicklung der Arbeitenden als auch die Autonomiezuwächse der Gestalterbetriebsräte und Gewerkschaftssekretäre. Übergeordnet wird dabei die Humanisierung der Arbeitswelt in einem weiten zukunftsbezogenen Verständnis verfolgt: im Sinne von Vermeidung belastender Arbeits- und Lebensweisen und -bedingungen, von Sinnhaftigkeit und Sinnfindung in der Arbeit, in der IG Metall, im Leben, in der Natur.[19] Es geht um gute Arbeit und um Glück!

---

18 Vgl. IG Metall, Vorstandsverwaltung, Entschließung zur Technologie- und Humanisierungspolitik.
19 Vgl. *W. Roth,* Die zweite Natur — Evolution der Techno- und Soziosphäre; Manuskript, Ilmenau 1990, S. 14 f.

Lothar Kamp/Norbert Kluge

Technikgestaltung –
ein schwieriges Projekt der Mitbestimmung

1. Gewerkschaftlicher Gestaltungsanspruch und Gestaltungswirklichkeit

Einige Jahre nach dem gewerkschaftlichen Paradigmenwechsel kann gefragt werden, inwieweit der gewerkschaftliche Gestaltungsanspruch Gestaltungswirklichkeit wurde. Um diese Frage beantworten zu können, ist eine offene, ehrliche Bilanz des bisher Erreichten notwendig, die mit diesem Beitrag unterstützt werden soll. Im folgenden werden fünf Punkte genannt, die für die gewerkschaftliche Gestaltungspraxis wesentliche Probleme darstellen. An der Bewältigung dieser Probleme läßt sich unserer Meinung nach die Einlösung der Ansprüche ablesen.

1.1 Mengenproblematik

Das gegenwärtige System der gewerkschaftlichen Gestaltungsarbeit läßt sich grob folgendermaßen umschreiben:

Konzepte für die betriebliche Gestaltungsarbeit werden in gewerkschaftlichen Fachabteilungen, vor allem auf Hauptvorstandsebenen, entwickelt. Gewerkschaftskongresse beschließen diese Ansätze in programmatischer Form. Entlang der Konzepte werden betriebliche Interessenvertreter in Bildungsveranstaltungen geschult. Nur in wenigen Fällen besteht genügend Kapazität, Betriebsräte auf der Grundlage dieser Konzepte vor Ort zu beraten. Von herausragender Bedeutung sind deswegen einzelne Beratungsfälle, die von den Fachsekretären in intensiver Form betreut werden. Diese Fälle stehen unter enormem Erfolgsdruck. Selten waren für ihre Auswahl günstige Ausgangsbedingungen entscheidend als vielmehr ein konkreter Problemdruck, der von einer Personengruppe zu einem bestimmten Zeitpunkt gesehen wurde. Dies ist verständlich, da gewerkschaftliche Gestaltungsarbeit keine wissenschaftliche Veranstaltung ist, in der man in Ruhe anhand bestimmter Kriterien Objekte auswählt. Dennoch bleibt die Zufälligkeit unbefriedigend. Da viele andere Fälle unberücksichtigt bleiben, sind die Gestalter zu ihrer eigenen Legitimation gezwungen, das vermeintlich Exemplarische und Übertragbare ihrer Fälle herauszustellen.

Mit diesen als »gelungen« bezeichneten Beratungsfällen sowie mit fallüberschreitenden musterhaften Betriebsvereinbarungen soll so die betriebliche Landschaft großflächig beeinflußt werden. Parallel dazu wird in gewerkschaftlicher Bildungsarbeit Breiten- und Basiswissen vermittelt. Mit den beschriebenen Methoden wollen die Gewerkschaften der ungeheuren Menge von Fällen und Bedingungen, die inzwischen in den Betrieben gestaltet werden müßten, Herr werden.

Heute läßt sich sagen, daß dieser Weg nicht ansatzweise zum Erfolg führte. Eine Vielzahl von Fällen, die eher an der 95-%- als an der 50-%-Marke liegt, wird überhaupt nicht gestaltet. Die These ist, daß dies an der oben beschriebenen Struktur der gewerkschaftlichen Gestaltungsarbeit liegt, mit der die Menge zu lösender Probleme nicht bewältigt werden kann. Statt dessen werden Kapazitäten für die notwendige Koordinierungsarbeit der gewerkschaftlichen Fachabteilungen abgezogen. Die Gestaltung bleibt auf Einzelfälle beschränkt.

1.2 Personengruppenproblematik

Wie sich die verschiedenen Gruppen heute im Betrieb begegnen, hat Wurzeln, die bis in die Frühzeit der Industrialisierung zurückreichen. Der damals aufkommende Kapitalismus war begleitet von autoritären und willkürlichen Führungsstrukturen, von harten Arbeitsbedingungen ohne Freiräume für persönliche Entfaltung.

Diese Arbeitsstrukturen drückten auch der Arbeiterschaft und deren Organisationen ihren Stempel auf. Vor allem die Facharbeiter bildeten die Basis für die Gewerkschaften. Solidarität, Geschlossenheit und Disziplin wurden zu den leitenden Werten der neuen Bewegung. Sie waren zur damaligen Zeit Grundlage großer gewerkschaftlicher Erfolge. Diesen Werten – so glaubte man wenigstens – gehörte auch die Zukunft, die man sich als gesellschaftliche Verallgemeinerung der fabrikbezogenen Produktionsweise und ihrer Kultur vorstellte. Individualismus und Selbstentfaltung galten vor diesem Hintergrund als Lebensformen des untergehenden Liberalismus. Es ist bekanntlich anders gekommen.

In den letzten Jahrzehnten hat ein Wertewandel stattgefunden, der vor Facharbeitern und angelernten Beschäftigten nicht haltmachte. Geschlossenheit ist nicht mehr Wert an sich. Der einzelne will gehört werden und eigenständig Veränderungen durchsetzen. Solidarität existiert nicht vorab, sondern kann nur anhand konkreter politischer Inhalte, von denen der einzelne überzeugt ist, hergestellt werden.

Für das Verhältnis der betrieblichen Gruppen untereinander ergeben sich einschneidende Veränderungen. In der Frühzeit der Industrialisierung boten die damaligen Werte der Arbeiterbewegung Schutz vor Übergriffen der Kapitalvertreter, zu denen auch die betrieblichen Ökonomen und Techniker sowie fast alle anderen Angestellten zählten. Nun diversifizieren sich diese Gruppen. Das Bild einer Aufteilung der Belegschaft in zwei feindlich sich gegenüberstehende Lager stimmt nicht mehr. Da, wo immer noch derartige Leitbilder wirken, ergeben sich entscheidende Hemmnisse für die Interessenvertretungsarbeit, neue Bündnismöglichkeiten werden verschenkt. Darüber hinaus droht eine andere Spaltung, nämlich zwischen den gewerkschaftlich eingebundenen Belegschaftsteilen und der immer größer werdenden Gruppe der Nichtgewerkschaftlichen. Die Grenzen zwischen den betrieblichen Gruppen werden immer durchlässiger, die Karrierechancen vielfältiger. Zahlreiche Beschäftigte und ihre Interessenvertreter berücksichtigen die Interessen des Betriebes in ihren Überlegungen mit.

Die bisherige gewerkschaftliche Struktur ist immer noch allzu festgefügt. Leitbilder bisher schwer erreichbarer Beschäftigtengruppen können kaum aufgenommen werden; nicht selten wirkt das gewerkschaftliche Image abschreckend auf diese Gruppen. Verlangt wird, daß sich Außenstehende vor einer Integration zunächst anpassen müssen – ein im Zeitalter des Individualismus hoffnungsloses Unterfangen. Dadurch werden Chancen vertan, denn produktiver Streit in den eigenen Reihen kann wichtige Veränderungsprozesse einleiten. Wenn zum Gestaltungsnetzwerk der Zukunft alle betreffenden Arbeitnehmergruppen gehören sollen, dann müssen sich die »neuen« Arbeitnehmer auch mit ihren Ansichten und Herangehensweisen vertreten fühlen. Bisherige Barrieren zwischen den Gruppen müssen dazu beiseite geräumt, Berührungsängste überwunden, Vorurteile überprüft werden. Eine vielfältige Zusammensetzung von Gewerkschaften und Betriebsräten befördert eher Problemlösungen unter Berücksichtigung verschiedener Gruppeninteressen; sie ermöglicht größere Resonanz unter allen Teilen der Belegschaft; sie hilft, Entscheidungen gezielter zu delegieren, und sie trägt zur Bewältigung des Mengenproblems bei, da ein wesentlich intensiverer betrieblicher Zusammenhang entsteht.

1.3 Kompetenzproblematik

Die beschriebenen personellen Rekrutierungsmuster sind auch ein Grund dafür, daß ein inzwischen überaus notwendiges Methoden- und Fachwissen nur bedingt vorhanden ist. Berührungsängste und Unsicherheiten gegenüber Akademikern und Führungspersonen erschweren einen Wissenstransfer. Das Festhalten an gewohnten gewerkschaftlichen Erklärungsmustern erleichtert zwar die Orientierung im Alltag der Interessenvertreter, schränkt aber die Offenheit gegenüber neuen Problemlösungsideen und -wegen ein. Denkblockaden und -verbote sind das unproduktive Ergebnis. So bewirken ideologische Abgrenzungen gegenüber dem Management, daß die Möglichkeit, mit fortschrittlichen Managementmethoden die eigene Arbeit besser zu bewältigen, in negativem

Licht gesehen wird. Diese Methoden sind aber in Zukunft für eine erfolgreiche Betriebsratsarbeit zwingend notwendig. Hierzu gehören Fähigkeiten wie: Delegieren, Koordinieren, Analysieren, flexibel neue Einschätzungen erarbeiten und Moderieren. Betriebsräte lassen sich bisher kaum auf interdisziplinäre Arbeitsweisen ein. Es geht nicht mehr an, daß komplexe Zusammenhänge *vor* entsprechenden Analysen und zureichenden Argumentationen auf vereinfachende Formeln reduziert werden. Gerade die neuen Beschäftigtengruppen, ohne die Gestaltung im gewerkschaftlichen Sinne nicht möglich ist, werden sich kaum auf derartige Einschränkungen des Denkens einlassen.

1.4 Übertragungsproblematik

Die Arbeiterbewegung in den früheren Jahrzehnten hatte es in einer Hinsicht einfacher: Durch die Standardisierung der Produktion und die Uniformierung der Arbeitsverhältnisse, durch die Vorrangigkeit von Lohnfragen und die Generalisierbarkeit von Arbeitszeit- und Arbeitsschutzfragen ließen sich viele Probleme übergreifend regeln. Lösungsmuster waren in hohem Maße übertragbar. Gewerkschaften konnten allgemeine Tarifverträge abschließen, Mindeststandards für Arbeitsbedingungen verhandeln, die Dauer der Arbeitszeit festlegen und Akkordsysteme auf einen zufriedenstellenden Stand bringen. Die Fronten waren klar, Kampflinien wurden auf einer quantitativen Skala abgesteckt.

Die Bedeutung dieser Handlungsfelder ist heute relativiert. Ein wesentlicher Grund ist neben der allgemeinen materiellen Besserstellung der Wandel der Produktion von einer Angebots- zu einer Kundenorientierung. Höhere Flexibilität und Diversifizierung der Produktion verbunden mit Qualitätssteigerungen, erfordern in weitaus höherem Maße das Einbeziehen der Beschäftigten aller Ebenen. Viele Fragen werden im Arbeitsprozeß unmittelbar zwischen den Beschäftigten und ihren direkten Vorgesetzten geregelt. Zentralisierte betriebliche Instanzen erhalten andere Aufgaben. Sie spezialisieren sich auf strategische Entscheidungsfindungen. Klassische Verhandlungsgegenstände lassen sich teilweise nicht mehr mit einer zentralen Entscheidungsinstanz verhandeln. Vielmehr müssen zahlreiche betriebliche Entscheidungszentren berücksichtigt werden. Immer mehr betriebliche Planer sehen den Betrieb als einzigartiges *soziotechnisches System* mit einer jeweils einzigartigen Sozialstruktur. Als Konsequenz ergibt sich, daß betriebliche Gestaltungsfälle kaum noch auf andere Betriebe übertragbar sind und daß großflächige gewerkschaftliche Politik nur sehr eingeschränkt in der Lage ist, unmittelbar Probleme zu lösen. So ist es nicht gelungen, durch die Publikation verallgemeinerter Erfahrungen aus positiven Gestaltungsfällen und die Aufbereitung ihrer Voraussetzungen und Lösungsmuster in gewerkschaftlichen Veranstaltungen eine Breitenwirkung in der Gestaltungspraxis zu erzielen.

1.5 Beteiligungsproblematik

Das Interesse der Arbeitnehmer und Arbeitnehmerinnen, Arbeitsplatz und Arbeitsbedingungen in ihrem Umfeld nach eigenen Wünschen zu gestalten, ist gestiegen. Neuerungen werden weniger denn je ergeben hingenommen und unter eher defensiven Schutz- und Abwehraspekten betrachtet. Die Regulierung von Umstellungen wollen die Beschäftigten nicht mehr allein Dritten überlassen. Derartige Haltungen werden inzwischen vom Management gefördert. Anerkannt wird das Einbringen eigener Meinungen, ebenso eine gute Qualifizierung als integraler Bestandteil und generelle Notwendigkeit bei Umstrukturierungen, wenn auch die Praxis hinter diesen Ansprüchen zurückbleibt. Uralte gewerkschaftliche Wünsche nach mehr Beteiligung der Beschäftigten werden Wirklichkeit, wenn unteren Ebenen *von oben* mehr Entscheidungsspielräume und Kompetenzen eingeräumt werden.

Das bisherige System von Interessenvertretung und Mitbestimmung trägt noch immer Züge der frühen Arbeiterbewegung. Es ist geprägt durch einen hohen Grad an Institutionalisierung, Formalisierung und Verrechtlichung. Es ist erfolgreich in relativ unbeweglichen industriellen Strukturen und bei streng hierarchisierten Formen der Unternehmensorganisation, in der sich alle wesentlichen Entscheidungen in der Spitze bündeln. Die Verhandlungsformen sind in diesem Fall richtigerweise »hart« an Rechtsvorschriften und formalisierten offiziellen Aushandlungsprozeduren und am Rahmen des einzelnen Betriebs orientiert.

Dieses System stößt jedoch heute an seine Grenzen. Denn diese Strukturen entsprechen nicht mehr der Logik systemischer Rationalisierung. Hier erfolgen die Veränderungsprozesse permanent. Sie haben kein Ende und kein vorab vollständig definiertes Ziel, auf das man sich beziehen könnte. Sie sind stärker durch prozessuale Verläufe gekennzeichnet. Gestaltet werden — zuweilen auch grenzüberschreitend — ganze Unternehmenslandschaften und nicht mehr ein Betrieb. Viele Entscheidungen werden prozeßnah getroffen. Informelle Strukturen haben große Bedeutung. Entscheidungskompetenzen werden auf mehrere Stellen verteilt. Ein verrechtlichtes, institutionalisiertes und formalisiertes Vorgehen der Interessenvertretung läuft dadurch im Gestaltungsbereich vielfach ins Leere. Vernetzte Wirkungen, wie sie gerade beim Einsatz neuer Techniken typisch sind, werden im Rahmen bisheriger betrieblicher Interessenvertretung nur unzureichend erfaßt.

Defiziten betrieblicher und gewerkschaftlicher Interessenvertretungsarbeit — so jüngste gewerkschaftliche Forderungen — soll dadurch begegnet werden, daß Mitbestimmungsrechte im bestehenden System ausgeweitet werden. So sinnvoll diese Forderung sein mag — so wenig trifft sie das Hauptproblem und so gering ist zur Zeit ihre Mobilisierungskraft. Die einzelnen Beschäftigten wollen nicht ausschließlich über kollektive Formen vertreten werden, in denen das Individuum im Aggregat der Belegschaft verschwindet. Die eigene Meinung soll sichtbar zur Geltung kommen. Und dies läßt sich vor allem im Arbeitsprozeß realisieren. Freilich ist auch eine Qualifizierung für Gestaltung notwendig, was Veränderungen in den traditionellen gewerkschaftlichen Schulungskonzepten bedeutet.

Die Chance für die Gewerkschaften besteht darin, daß auch in gut geführten Qualitätszirkeln und Projektgruppen nach Konzepten des Arbeitgebers vorgegangen wird und wichtige beschäftigtenorientierte Gesichtspunkte systematisch zu kurz kommen. Diese neuen Beteiligungsformen sind zudem in keiner Weise abgesichert, ein Willkürprinzip ist nicht ausgeschlossen.

Beteiligung von Arbeitnehmerinnen und Arbeitnehmern in solchen Formen bedeutet auch, die Struktur der Interessenrepräsentation durch eine Struktur der Mitwirkung in der Sache zu ergänzen. Die berufliche Kompetenz und Erfahrung des und der einzelnen sind Ausgangspunkt der Beteiligung. Interessenvertretung und Befähigung werden direkter miteinander verzahnt. Dies hat auch Konsequenzen für die Art der notwendigen Qualifizierung für Beteiligung. Sie muß nicht nur bei den Kenntnissen des und der einzelnen anknüpfen, sondern diese in den Mittelpunkt der Beteiligung rücken.

Das Einklagen von mehr Mitbestimmungsrechten darf in einer zukunftsorientierten Strategie nicht die einzige Vorgehensweise sein. An erster Stelle muß ein Vorgehen mit *weichen* Strategien stehen: Informelle Kontakte zu wichtigen Gruppen im Betrieb, Analysieren, Konzepte entwickeln, Argumentieren und hierüber möglichst viele Belegschaftsteile für sich gewinnen, sich also als ernstzunehmender Partner mit Kompetenz präsentieren. »Weich« bedeutet nicht etwa geringere Entschlossenheit, sondern im Gegenteil eine Veränderung der Ziele und Methoden, die es ermöglichen, eine größere Wirkung zu entfalten.

Eine im Arbeitnehmersinne effektive Beteiligung ist in der Form durchzusetzen, daß die einzelnen nicht mehr nach Gutdünken der Vorgesetzten bei ausgewählten Entscheidungen gefragt oder hinzugezogen werden. Beteiligung heißt, eine vernetzte Struktur zwischen Akteuren innerhalb und außerhalb des Betriebs aufzubauen, die einer beschäftigtenorientierten Gestaltung dient. Eine derartige Struktur existiert bisher kaum in Ansätzen.

Gerade da, wo eine kooperative Praxis zwischen den verschiedenen Fach-, Wissens- und Entscheidungsebenen auch über den Einzelbetrieb hinaus notwendig ist, werden nicht selten expertokratisch angelegte Projekte durchgeführt, zu denen Aufsichts- und Betriebsräte lediglich hinzugezogen werden. So sind bisher weder die ausreichende Einbeziehung des Gestaltungswillens der Individuen noch eine vernetzte Struktur im gestalterischen Vorgehen verwirklicht.

2. Aus der Arbeit der Hans-Böckler-Stiftung

Auf dem Feld der Gestaltung von Arbeit und Technik können sich die entsprechenden Bereiche der Hans-Böckler-Stiftung (HBS) nur als Bestandteil des allgemeinen Gestaltungs-Netzwerkes einbringen. Dieses Netzwerk muß in vielen Teilen noch ausgebaut werden. Die Präzisierung der eigenen Rolle muß über einen gemeinsamen Diskussionsprozeß aller wichtigen Akteure des Netzwerkes erfolgen. Vor welchen Problemen die HBS steht, wenn sie sich in diesen Verbund einbringen will, soll exemplarisch an zwei Arbeitsfeldern der Stiftung beschrieben werden.

2.1 Forschung für die Zukunft –
Anmerkungen zu Erfahrungen aus der Forschungsförderung

Im Jahr 1990 wurde erstmals ein Forschungsförderungsprogramm der HBS mit dem Titel *Forschung für die Zukunft – Gestaltung des Strukturwandels durch gewerkschaftliche Interessenvertretung* beschlossen. Dem ging ein intensiver Diskussionsprozeß über gewerkschaftliche Forschungs- und Wissensbedarfe voraus, an dem Gewerkschafterinnen und Gewerkschafter sowie Wissenschaftlerinnen und Wissenschaftler beteiligt waren. Einer der acht Förderschwerpunkte beschäftigt sich mit der *Gestaltung von Arbeit, Technik und Qualifikation*. Förderziele sind, die Entstehung von Gestaltungs- und Orientierungswissen für Gewerkschaften und Arbeitnehmer-Interessenvertretungen zu unterstützen und Mitbestimmung als gesellschaftlich anerkanntes Gestaltungs- und Entscheidungsprinzip zu fördern. Daraus folgend soll in diesem Schwerpunkt hauptsächlich Wissen entstehen zu aktuellen Gestaltungsfragen und zur Beeinflussung perspektivischer technischer Entwicklung unter dem Aspekt von Arbeitnehmerbeteiligung und sozialer und ökologischer Verträglichkeit neuer Technologien. Dabei wird eine betriebliche Arbeitspolitik gefördert, die über die Möglichkeiten repräsentativer Interessenvertretung und Vereinbarungen hinaus Formen direkter Mitgestaltung hervorbringt. Modellprojekte und Handlungshilfen sollen darauf gerichtet sein, arbeitspolitische Innovationen *von unten* voranzutreiben. Sie sollen außerdem dazu dienen, verschiedene Wege von Technikentwicklung sichtbar zu machen und damit einer besseren Entscheidungsfindung zu dienen.

Die Möglichkeiten, derart ehrgeizige Programmziele einzulösen, sind allerdings bescheiden, die finanziellen Ressourcen begrenzt. Zum HdA-Programm resümierte der Sozialwissenschaftler *Volker Volkholz*: »Würde zusammengezählt, was in Projektanträgen alles versprochen worden ist, so müßte eigentlich eine wunderbare Arbeitswelt entstanden sein.«[1]

Für die sehr viel bescheidenere Forschungsförderung zur Technikgestaltung durch die HBS könnte die bisherige Bilanz ähnlich skeptisch ausfallen. Eine projektübergreifende, vernetzte Diskussions- und »Nutzerinfrastruktur« existiert kaum. Arbeitskreise der HBS, in denen Gestaltungserfahrungen ausgewertet werden, gewinnen erst allmählich Akzeptanz in den Gewerkschaften.

Forschungsprojekte der HBS zur Gestaltung von Arbeit, Technik und Qualifikation stehen vor folgenden Problemen:

Gestaltungsprobleme entwickeln sich immer konkret und in einem betrieblichen Zusammenhang. Betriebliche Akteure, insbesondere gewerkschaftliche Interessenvertreter, sehen sich nach Unterstützung zur Lösung ihres Problems um. Die zuständige Gewerkschaft greift das Problem auf und vermittelt, soweit sie nicht selbst berät, externe Beratung und Expertise. Ihr Interesse besteht darin, über die konkrete Fallbegleitung hinaus die allgemeine Gestaltungspolitik weiterzuentwickeln. Bei der Masse der Fälle bleibt ihr nichts anderes, als den einzelnen Gestaltungserfolg sowie Kernelemente oder Leitlinien zur Technikgestaltung zu verallgemeinern. Gerade dieser Versuch ist jedoch bei zunehmender Besonderheit der jeweiligen betrieblichen Gestaltungsanforderungen immer schwieriger realisierbar und wird von der betrieblichen Interessenvertretung vielfach kaum als praxisgerechte Hilfe angesehen. Die HBS ist als Förderin solcher Projekte aber auch an systematischem Auswertungswissen interessiert, das in der Regel quer zu den konkreten praktischen Anwendungsfragen steht.

In gewerkschaftlichen Gestaltungsprojekten gleicht die Rolle von Wissenschaft oft einem Balanceakt zwischen sehr unterschiedlichen Erwartungen und Anforderungen. Das Interesse am Projekt erlischt bei Interessenvertretungen und Gewerkschaften bald nach dessen zeitlichem Auslaufen. Forschungsprojekte und betriebliche Gestaltungsprojekte unterscheiden sich in ihren Zeitstrukturen erheblich. Die Fortführung des externen wissenschaftlichen Beistands ist ohne zusätzliche Kapazitäten kaum noch möglich. Was von der HBS erwartet wird, nämlich ein fundierter Abschlußbericht mit verallgemeinernden Auswertungen und Hinweisen zur Übertragbarkeit der Ergebnisse, trifft in dieser Phase nur noch auf schwache Resonanz bei den Beteiligten. Der Aufwand für diese Arbeit ist zusätzlich und nicht mehr mit dem praktischen Prozeß vernetzt.

---

1 Vgl. *V. Volkholz*, HdA-Bilanzierung. Unveröffentlichtes Manuskript, Dortmund 1990.

Ein Kompromiß besteht oft darin, von vornherein die Arbeit auf die Erstellung eines Handbuchs zu richten, das den Anspruch der Praxisgerechtigkeit und der Ratgeberfunktion für gewerkschaftliche Akteure erhebt. Der Wert solcher Handbücher soll hier nicht bestritten werden. Es ist allerdings nicht zu verhehlen, daß im Hintergrund oft der Kampf um die Definitionsmacht über den »richtigen« gewerkschaftlichen Gestaltungsweg ausgetragen wird. Die Gestaltungserfahrungen zeigen jedoch, daß es gerade diesen einen, allgemeingültigen Weg nicht gibt. So schlagen zwar die Wellen in der gewerkschaftlichen Gestaltungsdiskussion höher, dem praktischen Gestaltungsprozeß ist damit aber nicht unbedingt gedient.

Mengen und Besonderheiten von Gestaltungsproblemen lassen die (Selbst-)Beschränkung auf wenige, exklusiv durch Gewerkschaften steuerbare Vorhaben nicht sinnvoll erscheinen. Wollen Gewerkschaften darüber hinaus Kapazitäten für Gestaltung erweitern, müssen sie sich stärker auf der konkreten betrieblichen Umsetzungsebene über die betrieblichen Interessenvertretungen einbringen. Dies hat Rückwirkungen darauf, wie Ressourcen für Gestaltungsprojekte aus staatlichen Förderprogrammen – auch auf europäischer Ebene – gewonnen werden können. Die bloße Mitwirkung in Spitzengremien allein auf der Basis verbandlicher Legitimation reicht dazu nicht mehr aus. Gefragt sind fachliche Beiträge und Ideen zur konkreten Technikgestaltung. Dies bedeutet, daß die gewerkschaftliche Beteiligung und Mitteleinwirkung anders als bisher organisiert sein müßte: Praktische Gestaltungserfahrungen müßten zusammengetragen, systematisiert und gebündelt werden. Mitwirkungsfunktionen in Gremien außerhalb von Gewerkschaften müßten dezentralisiert und delegiert werden, Kontakte über die Grenzen der eigenen Arbeitszusammenhänge und Organisationsgrenzen hinaus stärker gesucht und gepflegt werden.

2.2 Wie läßt sich praktischer Erfahrungsaustausch organisieren?
Einige Erfahrungen aus dem Referat
Technologie des Mitbestimmungsförderungsbereichs

Der Paradigmenwechsel in der gewerkschaftlichen Gestaltungsdiskussion führte 1986 im Bereich Mitbestimmungsförderung der HBS zur Bildung eines Referats *Technologie*. Dessen Aufgaben bestehen vor allem darin, innovative Felder und neue Anforderungen zu bearbeiten, für die noch keine ausreichenden Kommunikations- und Netzwerkstrukturen existieren. In derartigen Bereichen wird versucht, von seiten des Referats einen Erfahrungsaustausch zu koordinieren und zu fördern sowie nach praktischen Gestaltungsansätzen zu suchen. Dies geschieht vor allem in der Form von Arbeitskreisen.

Arbeitskreise sind im Referat beispielsweise für folgende Felder gebildet worden: Rechnerintegrierte Produktionsverfahren, Einsatz neuer Werkstoffe, Bürokommunikation, Normung sowie Arbeit und Technik im Handwerk. An ihnen sollen exemplarisch einige Probleme der Koordinierung des Erfahrungsaustausches im Gestaltungsbereich aufgezeigt werden. Teilnehmer der Arbeitskreise sind in der Regel folgende Personengruppen: Betriebsräte, Personalräte, Gewerkschaftssekretäre aus anderen Fachabteilungen, Vertreter gewerkschaftlicher Technologieberatungsstellen, Mitglieder aus gewerkschaftsnahen Beratungseinrichtungen, Vertreter aus öffentlichen oder privaten Forschungsförderungseinrichtungen, Firmenvertreter, Vertreter aus Ämtern, EDV-Fachleute und Wissenschaftler. Diese bewußt pluralistische Zusammensetzung ermöglicht auf der einen Seite die Bearbeitung eines Problems aus verschiedenen Sichtweisen und simuliert auf einer anderen Ebene, was in ähnlicher Form in der praktischen Gestaltungsarbeit vor Ort erfolgen muß: interdisziplinäre Zusammenarbeit. Wesentlich ist dabei, daß sich die Teilnehmer in die Zugangsweisen anderer hineindenken. So werden übergreifende Denkansätze gefördert und die Probleme in größere Zusammenhänge gestellt. Die Basis für neue Anregungen ist wesentlich größer, als wenn jede der Gruppen ihr Problem isoliert bearbeitete. Ein wichtiges Moment der Arbeitskreise ist es darüber hinaus, daß Kontakte aufgebaut werden, die für den eigenen Bereich zu nutzen sind.

Neben diesen positiven Seiten gibt es auch Probleme. So werden an die Arbeitskreise manchmal Bedürfnisse gerichtet, die nicht zu erfüllen sind. Schwierig wird es beispielsweise, wenn erwartet wird, der Arbeitskreis solle für die Problembewältigung im eigenen Bereich detaillierte Informationen und direkt umsetzbare Lösungskonzepte liefern — eine mögliche Sichtweise von Gewerkschaftern oder Betriebsräten. Oder man möchte neue, wissenschaftlich verwertbare Thesen gewinnen — ein Wunsch mancher Wissenschaftler. Bei derartigen Erwartungshaltungen wird die traditionelle Arbeitsteilung beibehalten, die zu Bewertungen mittels eingeengter partikularistischer Maßstäbe führt und eine neue Form der Zusammenarbeit behindert.

Probleme bereitet es auch, daß pluralistische Arbeitsstrukturen zur eigenen Tradition querstehen. Bisher ist man in gewerkschaftlichen Kreisen recht homogene Gruppen von Gleichgesinnten gewohnt, beispielsweise im Betriebsratsgremium, in Gewerkschaftsschulungen oder auf Kongressen. Nun stößt man auf Einschätzungen, die den eigenen Deutungsmustern zuwiderlaufen. Ob die Arbeitskreise produktiv arbeiten, hängt in starkem Maße davon ab, daß sich die unterschiedlichen Gruppen aufeinander einlassen, daß sie voneinander lernen und daß sie trotz konträrer Auffassungen gemeinsame Arbeitsstrukturen entwickeln.

Arbeitskreise für den koordinierten Erfahrungsaustausch sind insofern zerbrechliche Gebilde. Da sie kein Gremium darstellen, das zwingend zusammentritt oder auf repräsentativer, per Wahl legitimierter Grundlage arbeitet, steht und fällt ihr Erfolg mit der Motivation der Teilnehmer, aber auch mit ihrer Bereitschaft, eigenes Terrain zu verlassen.

3. Gedanken zur Zukunft

Insgesamt muß auf mittlere Sicht ein effektives Gestaltungsnetzwerk aufgebaut werden, in dem es einen streitbaren Austausch über Gestaltungsansätze und gute Informationsflüsse gibt. Dabei ist eine sinnvolle Rollenverteilung zwischen folgenden Akteuren zu finden: Beschäftigte, Interessenvertreter, Aufsichtsräte, betriebliche Fachleute, Gewerkschaftssekretäre, Gewerkschaften, DGB, Technologieberatungsstellen, HBS, das Wirtschafts- und Sozialwissenschaftliche Institut des DGB (WSI), gewerkschaftsnahe Berater und Wissenschaftler. Die Aufgabenabgrenzung zwischen dem DGB und dem HBS besteht darin, daß der DGB politisch koordiniert und in Abstimmung mit den Gewerkschaften Programme entwickelt, während die HBS in konkreten Arbeitsgebieten den fachlichen Erfahrungsaustausch organisiert und koordiniert. Innerhalb der HBS arbeiten Forschungsförderung und Mitbestimmungsförderung bei diesen Aufgaben eng zusammen.

Auch zwischen Beratenen und Beratern sind bisherige Rollenteilungen zu überdenken. Vielfach ist es immer noch so, daß Interessenvertreter die Verantwortung an externe Berater abgeben. Dies verhindert, daß sich Betriebsräte eigene Gedanken zur Lösung ihrer Probleme machen. Nicht selten fallen dadurch betriebliche Bedingungen nach Weggang des Beraters in den Normalzustand zurück.

Ähnliches läßt sich für die HBS sagen. Die betriebliche Gestaltung selbst kann nicht Aufgabe einer allgemeinen Koordinierungsebene wie der HBS sein. Sie fällt in die Zuständigkeit der Gewerkschaften und der betrieblichen Interessenvertretungen.

Die Regelung von Problemen auf repräsentativem und institutionellem Wege stößt an Grenzen. Eine Vorgehensweise, Konzepte von oben vorzudenken und unten umsetzen zu lassen, ist heute hinfällig. Nicht nur das neue Bewußtsein der Beschäftigten widerspricht einem derartigen Vorgehen, sondern auch die Differenziertheit und Besonderheit der jeweiligen Probleme. Beratungs-, Betreuungs- und Gestaltungsarbeit müssen demgegenüber derart umgestaltet werden, daß dezentrale, sich selbst steuernde Regelkreise vor Ort viele *Probleme in Eigenregie lösen*. Eigenaktivität und Selbsttätigkeit der Akteure vor Ort müssen gestärkt werden. So kann besser das Fachwissen der *Experten in eigener Sache* (nämlich der Beschäftigten) genutzt werden, deren Fähigkeit, Wesentliches zu Problemlösungen beizutragen, noch immer unterschätzt wird. Weiterhin können diese dezentralen Kreise durch interdisziplinäres Vorgehen in angemessener lokalspezifischer Weise das Fachwissen anderer Beschäftigtengruppen einbeziehen. Der Besonderheit der einzelnen Fälle kann so besser Rechnung getragen werden. Der Einwand, daß die *Leute vor Ort* zu einem derartigen Vorgehen oft nicht in der Lage seien, ist deswegen zu kurz gegriffen, weil er die bisherigen Denk- und Arbeitsweisen zugrunde legt. Jedoch werden sich die zukünftigen Kreise vor Ort personell pluralistischer zusammensetzen, werden andere Zugänge zu inhaltlichen Einschätzungen haben und werden mit mehr Eigenenergie und Eigeninitiative Einfluß zu nehmen versuchen. Wenn dies nicht geschieht, gibt es ohnehin keine Gestaltung.

Natürlich ist zwischen den dezentral operierenden Kreisen Koordination und Austausch notwendig, um sich auf Mindeststandards zu verständigen, gemeinsames Vorgehen abzuklären, Konzeptideen auszutauschen und sich gegenseitig anzuregen. Dieser Austausch muß fachgerecht von Gewerkschaftssekretären organisiert werden. Die Gewerkschaften wären also nicht mehr die ideologischen Orientierer, sondern vielmehr Plattform für die Diskussion von Konzepten und Positionen. Sie wären darüber hinaus Serviceeinrichtung für Informationsbeschaffung, Kontaktvermittlung, Sammelstelle für interessante Modelle, Fälle und Konzepte und Lieferstelle für unterstützende Materialien. Kompetente Gewerkschafter würden die Begrenztheit betrieblicher Lösungsansätze partnerschaftlich mit den jeweiligen Akteuren vor Ort diskutieren und zusätzliche, aus distanziertem Blick gewonnene Einschätzungen einbringen. Die Gewerkschaften wären auch die Verbindungsstelle zwischen den betrieblichen Interessenvertretungen auf der einen Seite und wichtigen Insitutionen auf der anderen Seite wie Ämtern, Universitätsinstituten, Beratungsfirmen, Forschungseinrichtungen, Industrie- und Handelskammern sowie Handwerkskammern.

Von besonderer Bedeutung für die Zukunft ist, ob und wie Gewerkschaften als Organisation lernen. Die bisherige Situation ist derart, daß zwar die Auseinandersetzungen in der unmittelbaren betrieblichen Praxis vielfach rasche Lernprozesse *erzwingen*. Auf der anderen Seite besteht immer noch die Tendenz, mittels *Beschlußlagen* für längere Zeiten bestimmte gewerkschaftliche Positionen festzuschreiben. Im Zweifelsfall verhindert dies eine produktive Auseinandersetzung mit neuen Problemfeldern, wie dies beispielhaft an der Diskussion um Qualitätszirkel gezeigt werden kann.

Genauso wie die Unternehmensleitungen im Falle neuer Produktionskonzepte die Gestalt der zukünftigen Fabrik nicht vorhersagen können, so sind die Gewerkschaften auch nicht mehr in der Lage, für die einzelnen Problemfelder Ziele und Vorgehensweisen *mit längerer zeitlicher Gültigkeit* zu definieren. Statt dessen sind die Arbeitnehmerorganisationen gezwungen, sich ständigen Lernprozessen auszusetzen. Deren Qualität wird davon abhängen, inwieweit sich die Organisationen öffnen gegenüber Einschätzungen und Konzeptionen anderer gesellschaftlicher Gruppen und in welchem Maße sie bereit sind, von betrieblichen Akteuren zu lernen und deren Bedürfnisse aufzunehmen und sich selbst tragende Arbeitszusammenhänge mit Entscheidungs- und Gestaltungskompetenzen außerhalb des hauptamtlichen Apparates stärker zu akzeptieren.

Auf betriebliche Interessenvertreter kommen weitere Anforderungen zu. Sie können nicht von einem einheitlichen Belegschaftsinteresse ausgehen und müssen mehr als in der Vergangenheit Interessenausgleiche zwischen den Gruppen organisieren. Voraussetzung hierzu ist jedoch, daß die wesentlichen Gemeinsamkeiten und auch Unterschiede in den Interessen der Gruppen herausgearbeitet werden, was nur in einem gut moderierten und moderaten Dialog möglich ist. Erforderlich ist, daß die betrieblichen Interessenvertretungen über entscheidende Entwicklungen in ihrem Unternehmen ständig gut informiert sind und diese Entwicklungen analysieren. Hierzu ist Methodenwissen erforderlich, um Situationen und Tendenzen nach eigenen Kriterien bewerten zu können, aber auch, um sich notwendige Einschätzungen und wichtiges Hintergrundwissen beschaffen zu können. Zusätzlich müßten sie über ihren betrieblichen Zusammenhang hinaus Bescheid wissen über neue Produktionskonzepte, Just-in-time-Konzepte, neue Personalführungsmethoden und neueste EDV-Entwicklungen, und zwar bis zu einer Tiefe, die es erlaubt, Optionen herauszuarbeiten und Entscheidungen zu treffen. Hieran müßte eine stärker als bisher wahrzunehmende Service-Rolle von Gewerkschaften ansetzen. Auch ein besserer Transfer aus Forschungs- und Beratungsprojekten der HBS könnte ein Beitrag zur Qualifizierungsproblematik betrieblicher Interessenvertretung sein.

Alte ideologische Scheu gegenüber notwendigen Managementqualifikationen für den Betriebsrat ist zu überwinden: Fähigkeit zu Moderation, zu Kooperation und Auseinandersetzungen mit allen betrieblichen Gruppen; Fähigkeit, den Austausch zwischen den Gruppen voranzutreiben und zu Konzepten zu verdichten, eigene Assistenzstäbe zu bilden und zu nutzen (in Großbetrieben) oder interne bzw. externe Expertinnen und Experten zielgerecht einzubeziehen (in Klein- und Mittelbetrieben). Es wird selbstverständlich sein, daß ein Betriebsrat nicht alle Probleme selbst lösen kann, sondern bestimmte Problemlösungen verantwortlich delegiert.

Johann Welsch

Mitgestaltung staatlicher Forschungs- und Technologieförderung: Chancen und Grenzen für gewerkschaftliche Technologiepolitik

1. Problemstellung

Die Gewerkschaften erheben seit langem den Anspruch, Wissenschaft, Forschung und Technik mitgestalten zu wollen. Müssen sie diesen Anspruch heute überprüfen? Ist die Forderung nach Mitgestaltung von Forschung und Technik der Dramatik der historischen Situation überhaupt noch angemessen? Die Bejahung dieser Frage würde bedeuten, die Demokratisierung von Forschungs- und Technikentscheidungen als eigenständiges Ziel einer pluralistischen Gesellschaft wirtschaftlichen Zielsetzungen unterzuordnen und zwischen sozial und ökologisch gestaltetem technischen Wandel und wirtschaftlicher Effizienz einen Gegensatz zu konstruieren. Aber dieser Gegensatz existiert offensichtlich nicht. Die Expansion der Märkte für Umwelttechniken liefert dafür ebenso eindeutige Belege wie die wachsende Nachfrage nach sozialverträglich gestalteten Techniksystemen. Ich halte sogar viel weitergehende Thesen für plausibel und begründbar: Diejenigen Regionen werden sich im globalen Wettbewerb am besten durchsetzen, die es am schnellsten lernen, den technischen Wandel im Einklang mit gesellschaftlichen Normen und Bedürfnissen sowie mit Rücksicht auf die natürlichen Umweltbedingungen zu gestalten. Nur dann wird es nämlich gelingen, die ökologischen, sozialen und wirtschaftlichen Chancen neuer Technologien voll auszuschöpfen. Nur dann werden technische Neuerungen in Zukunft nicht auf unüberwindbare Barrieren stoßen.

Ebensowenig wie es einen Gegensatz zwischen wirtschaftlicher Leistungsfähigkeit und sozialökologischer Technik gibt, gibt es einen Gegensatz zwischen Demokratisierung und technisch-wirtschaftlicher Effizienz. Vielmehr dürfte die Gegenthese zutreffen: Für sozialökologische Forschungs- und Technologiesteuerung ist Demokratisierung weder Hemmnis noch bloßes Anhängsel. Im Gegenteil: Zukunftssichernde Wissenschaft und Technik sind ohne bewußte interessenpluralistische Steuerung kaum möglich. Das bedeutet allerdings nicht, daß, wenn sich diese Erkenntnis nur breit genug durchsetzt, damit bereits praktikable und durchsetzbare Verfahren des dafür erforderlichen Politikprozesses gefunden wären. Schon die machtpolitische Bedeutung von Forschung und Technik verweist auf die *Interessengebundenheit* und gesellschaftliche Strukturierung des technischen Wandels. Der gewerkschaftliche Anspruch auf Mitgestaltung staatlicher Forschungs- und Technologieförderung ist deshalb nicht allein mit noch so ausgefeilten institutionellen Beteiligungsmodellen einlösbar.

Im folgenden steht die Forderung der Gewerkschaften nach Mitgestaltung staatlicher Forschungs- und Technologiepolitik im Mittelpunkt der Erörterungen, wobei dieser Ansatz als ein Handlungsfeld im Rahmen der gewerkschaftlichen Technologiepolitik begriffen wird. Zunächst geht es um den programmatischen Hintergrund dieser Forderung, um anschließend nach der Wirklichkeit gewerkschaftlicher Beteiligung an staatlicher Forschungs- und Technologieförderung zu fragen. Aus der Kluft zwischen programmatischem Anspruch und Wirklichkeit ergibt sich dann die Frage nach den Grenzen, aber auch nach Möglichkeiten und Chancen, diese Grenzen zu überwinden.

2. Entwicklung der gewerkschaftlichen Programmatik

Forschungs- und Technologiepolitik spielt als explizites Handlungsfeld in der vom DGB Anfang der 70er Jahre beschlossenen Konzeption der überbetrieblichen Mitbestimmung noch keine Rolle. Sie taucht als Mitbestimmungsfeld der auf regionaler, Landes- und Bundesebene angestrebten Wirtschafts- und Sozialräte nicht auf. Es dauerte bis zum DGB-Kongreß 1978, bis die Forderung nach Mitgestaltung der staatlichen *Forschungs- und Technologiepolitik* erstmals ausdrücklich formuliert und beschlossen wird. Im entsprechenden Kongreßantrag heißt es: »Die Vergabe öffentlicher Forschungsmittel ist an eine ausreichende gewerkschaftliche Mitwirkung, an eine Planung entsprechend den gesellschaftlichen Bedürfnissen und an eine öffentliche Erfolgskontrolle zu binden.« Und: »Die Organisation der staatlichen Forschungsförderung ist so zu gestalten, daß die Gewerkschaften zentral an der Schwerpunktsetzung mitwirken können.«[1]

Auch wenn die staatliche Forschungs- und Technologiepolitik in der Debatte um Mitbestimmung wirtschaftlicher Entscheidungen erst recht spät eine eigenständige Rolle spielt, so steht die Forderung nach Mitgestaltung dieses Feldes ohne Zweifel in der Tradition gewerkschaftlicher Mitbestimmungsprogrammatik. Ein Konzept, welches die Gleichberechtigung von Arbeit und Kapital in allen Sphären von Gesellschaft, Wirtschaft und Staat anstrebt, um den einzelnen von

---

1 DGB-Bundesvorstand (Hg.), Angenommene Anträge und Entschließungen, 11. Ordentlicher Bundeskongreß 1978, Düsseldorf 1978, Antrag 30.

Fremdbestimmung zu befreien und die Weichenstellungen für eine bessere gesellschaftliche Zukunft zu stellen, muß sich notwendigerweise auch auf die Bereiche Wissenschaft, Forschung und Technik beziehen.

Die Forderung nach Mitgestaltung dieser Bereiche wird in das 1981 neu beschlossene Grundsatzprogramm aufgenommen: »Wissenschaft und Forschung gewinnen für die wirtschaftliche und gesellschaftliche Entwicklung immer größere Bedeutung. Ihre Ergebnisse verändern die Arbeits- und Lebensbedingungen der Arbeitnehmer, ohne daß deren Interessen in ausreichendem Maße berücksichtigt werden... Die Mitbestimmung der Arbeitnehmer über Forschung und Entwicklung in den Betrieben und Unternehmen ist zu erweitern. Die Förderung von Wissenschaft und Forschung durch den Staat ist unter Beteiligung der Gewerkschaften einer wirksamen öffentlichen Kontrolle zu unterstellen.«[2] Diese Mitgestaltungsforderung wird auch auf dem DGB-Bundeskongreß 1982 im Grundsatz bekräftigt, allerdings werden in dem dort beschlossenen Antrag 27 bereits die Spannungen zwischen den konkreten betrieblichen Erfahrungen der Arbeitnehmerschaft mit den negativen Folgen neuer Techniken und der zunehmenden staatlichen Förderung solcher Technologieentwicklungen deutlich. Auch die enttäuschten Erwartungen im Hinblick auf die Leistungsfähigkeit des Förderprogramms »Humanisierung des Arbeitslebens« sowie die anhaltende Massenarbeitslosigkeit Anfang der 80er Jahre bilden den Hintergrund für eine erkennbare Distanzierung von der praktizierten Forschungs- und Technologiepolitik des Staates: »Die Gewerkschaften sind nicht bereit, eine Forschungs- und Technologiepolitik zu unterstützen, die die Wechselbeziehungen zwischen Technik und Arbeit vernachlässigt oder gar die Arbeitnehmerinteressen als Restgröße eines angeblichen Sachzwangs der technischen Entwicklung behandelt.« Deshalb wird die Mitwirkung der Gewerkschaften an klare Vorbedingungen geknüpft: »Eine Beteiligung der Gewerkschaften an der Forschungs- und Technologiepolitik ist vielmehr auf Dauer nur denkbar — und gegenüber der Mitgliedschaft nur vertretbar —, wenn sich die Forschungs- und Technologiepolitik an qualitativen und sozialen Kriterien orientiert.« Darüber hinaus wird zur strukturpolitischen Ausrichtung der Technologie- und Humanisierungspolitik kritisch festgestellt, »daß die arbeitssparenden Wirkungen dieser Politik viele Arbeitnehmer in Bedrängnis bringen. Die Gewerkschaften können deshalb diese Politik nur dann mittragen, wenn einerseits die Bundesregierung eine aktive Vollbeschäftigungs- und Strukturpolitik betreibt, und wenn anderer-

---

2 DGB-Bundesvorstand (Hg.), Grundsatzprogramm des Deutschen Gewerkschaftsbundes, 4. Außerordentlicher Bundeskongreß 1981, Düsseldorf 1981, Abschnitt 28.

seits Gewerkschaften und die betroffenen Arbeitnehmer auf allen Ebenen vollwertige Mitbestimmungsrechte erhalten.«[3]

Die Einlösung beider Forderungen rückt mit dem Regierungswechsel zur konservativ-liberalen Koalition Ende 1982 in weite Ferne. Die kritische Distanz der Gewerkschaften zur nunmehr neokonservativen Forschung- und Technologiepolitik nimmt zu. Zwar werden auch auf dem nächsten DGB-Kongreß von 1986 die grundlegenden Forderungen nach Mitbestimmung in der Wissenschafts- und Forschungspolitik erneuert (Antrag 30). Gleichzeitig rückt die zunehmende Bedeutung der europäischen Forschungs- und Technologiepolitik ins Blickfeld und »eine Konzeption zur Beeinflussung der Technologie- und Humanisierungspolitik auf der EG-Ebene« wird angestrebt.[4] Unverkennbar ist jedoch die grundlegende Neubestimmung des Verhältnisses der Gewerkschaften zu den neuen Technologien sowie die Betonung der Mobilisierung gewerkschaftseigener Kräfte für die Technikgestaltung. Neben den Problemen und Risiken, die die neuen Technologien für die Arbeitnehmerschaft mit sich bringen, werden auch die potentiellen Vorteile sowie die Gestaltbarkeit neuer Techniken ausdrücklich hervorgehoben: »Sie eröffnen neue Chancen für die Arbeitnehmer, die Bedingungen, die Inhalte und die Organisation der Arbeit in ihrem Interesse zu gestalten und die Demokratisierung von Wirtschaft und Gesellschaft zu verwirklichen. Die Auseinandersetzung um die Durchsetzung dieser Chancen ist die eigentliche Herausforderung für die zukünftige gewerkschaftliche Politik ... Weder die passive Hoffnung auf den Segen noch die resignative Furcht vor dem Fluch neuer Technologien, sondern gestaltendes Eingreifen und politisches Handeln werden die gewerkschaftliche Politik gegenüber den neuen Technologien bestimmen.« Kritisiert wird »eine staatliche Technologiepolitik, die sich zum Anhängsel unternehmerischer Innovations- und Wettbewerbsstrategien gemacht hat«. Diese wird nur verändert werden können, wenn die Gewerkschaften ihre eigenen Anstrengungen zur Technik und Arbeitsgestaltung intensivieren: »Nur über die gezielte Ausweitung betrieblicher Gestaltungsaktivitäten, in deren Mittelpunkt die menschengerechte Gestaltung der Arbeitsbedingungen, weitreichende Maßnahmen der Arbeitszeitverkürzung und die Ausweitung der Mitbestimmung stehen müssen, wird es den Gewerkschaften gelingen, auch im überbetrieblichen Bereich den politischen Forderungen nach einer sozialverträglichen Technikgestaltung das notwendige Gewicht zu verleihen.«[5]

---

3 DGB-Bundesvorstand (Hg.), Angenommene Anträge, 12. Ordentlicher Bundeskongreß 1982, Düsseldorf 1982.
4 DGB-Bundesvorstand (Hg.), Angenommene Anträge, 13. Ordentlicher Bundeskongreß 1986, Düsseldorf 1986, Antrag 138.
5 Ebd., Antrag 137.

Wie eine zukunftssichernde, sozial und ökologisch ausgerichtete Forschungs- und Technologiepolitik des Staates ausgestaltet sein sollte, wird auf dem DGB-Kongreß 1990 sowohl für die nationale als auch für die europäische Ebene ausführlich konkretisiert. Mitwirkungsmöglichkeiten der Gewerkschaften werden als wesentliche Bestandteile der Politikperspektive für beide Ebenen bekräftigt. So heißt es z. B.: »Den Gewerkschaften sind demokratische Einflußmöglichkeiten auf die soziale Gestaltung der staatlichen Forschungs- und Technologiepolitik einzuräumen.« Mehr noch: »Damit sie diese im öffentlichen Interesse liegende Aufgabe inhaltlich kompetent wahrnehmen können, sind ihnen die dafür notwendigen Fördermittel zur Verfügung zu stellen.«[6] Letztere Forderung ist ein neuer Aspekt, der angesichts der wachsenden Komplexität der technischen Entwicklung und des zunehmenden – durch erhebliche staatliche Förderung mitbedingten – Informations- und Kompetenzvorsprungs der Kapitalseite in bezug auf neue Technologien mehr und mehr ins Blickfeld rückt. Nur bei Berücksichtigung dieses Aspektes lassen sich formale Beteiligungsrechte inhaltlich auch tatsächlich voll ausschöpfen. Wie weit aber ist den Gewerkschaften bislang die Durchsetzung institutioneller Mitgestaltungsansprüche und -formen in der staatlichen Forschungsförderung überhaupt gelungen?

3. Zur Wirklichkeit gewerkschaftlicher Beteiligung an staatlicher Forschungspolitik

Bereits die zitierten Anträge aus den DGB-Kongressen lassen erkennen, daß die Gewerkschaften im Hinblick auf die Verwirklichung institutioneller Beteiligungsformen in der staatlichen Technologiepolitik nicht sehr weit gekommen sind. Verwirklichung der entsprechenden Partizipationsformen müßte letztlich bedeuten, daß Beteiligungsansprüche rechtlich festgeschrieben und hierfür geeignete Politikverfahren entwickelt werden. Gewerkschaften hätten das Recht, über ihre Repräsentanten an der Bildung von Förderschwerpunkten, an der Konzipierung und Formulierung von Förderprogrammen, an den Verfahren zur Selektion förderungswürdiger Vorhaben sowie an der Erfolgskontrolle abgeschlossener Maßnahmen mitzuwirken. In der IG Chemie-Papier-Keramik hat die Diskussion dieser Themen Mitte der 80er Jahre zum Vorschlag eines »Bundesforschungsgesetzes« geführt.[7] Hiermit sollen zur praktischen Durchsetzung

---

6 DGB-Bundesvorstand (Hg.), Angenommene Anträge, 14. Ordentlicher Bundeskongreß 1990, Düsseldorf 1990, Antrag 104.
7 Vgl. dazu die Einführung von *E. Wolf* in die Arbeitsgruppe 7 der technologiepolitischen Konferenz des DGB 1985, abgedruckt in: *S. Bleicher* (Hg.), Technik für den Menschen. Soziale Gestaltung des technischen Wandels. Eine Dokumentation, Köln 1986, S. 272 ff.

der Sozialpflichtigkeit von Wissenschaft und Forschung unter anderem die politischen Rahmenbedingungen für die staatliche Forschungsförderung geregelt werden. Unter mitbestimmungspolitischen Gesichtspunkten von besonderem Interesse ist vor allem der Vorschlag zur Berufung eines »Rates für Forschung und Entwicklung«, in dem zwischen Wissenschaften, Wirtschaft und Gewerkschaften ein technologiepolitischer Dialog geführt werden soll. Darüber hinaus soll eine »stärkere Beteiligung des Parlaments an der Planung und Steuerung öffentlicher Forschungsförderprogramme« durch Festlegung von entsprechenden Regelungen praktisch gewährleistet werden. Ein weiterer Vorschlag: ». . . im Rahmen solcher parlamentarischer Aktivitäten sind angemessene Beteiligungsrechte für die Gewerkschaften zu regeln.«[8]

In der *Praxis* der Forschungs- und Technologiepolitik auf Bundesebene haben Gewerkschaften demgegenüber nur einen äußerst geringen formalisierten Einfluß. Er reicht noch am weitesten im *Programm »Arbeit und Technik«*, in das das frühere Programm »Humanisierung des Arbeitslebens« 1989 überführt wurde. Hier sind die Gewerkschaften in die Formulierung von Zielsetzungen und die Durchführung von Projekten einbezogen. In dem als »Steuerungsgremium« des Programms eingerichteten Gesprächskreis »Arbeit und Technik« beim BMFT, in dem die Hauptziele und Aufgaben des Förderprogramms beraten, neue Arbeitsschwerpunkte initiiert und in den wichtigsten Fragen auf einen Konsens zwischen den Beteiligten hingewirkt werden soll, sind die Gewerkschaften neben Arbeitgebern und Wissenschaftlern gleichgewichtig vertreten. Vertreten sind sie auch in den Sachverständigenkreisen, die Föderanträge begutachten und Arbeitsschwerpunkte weiterentwickeln sollen. Gleiches gilt für die Koordinationskreise, welche wichtige Steuerungs-, Begutachtungs- und Fortentwicklungsfunktionen für Branchen- und Verbundprojekte übernehmen. Betriebs- und Personalräte werden darüber hinaus bei der Durchführung von Projekten auf der Betriebs- und Verwaltungsebene beteiligt.

Sieht man vom Programm »Arbeit und Technik« ab, findet man auf Bundesebene allenfalls noch begrenzte Mitwirkungsmöglichkeiten am *Programm »Fertigungstechnik«*, welches sich auf die Mitarbeit als Gutacher bzw. Sachverständige in Beratungsgremien beschränkt. Zu erwähnen ist darüber hinaus die Beteiligung einzelner Gewerkschaftsrepräsentanten an zeitlich befristeten forschungs- und technologiepolitisch relevanten *Enquete-Kommissionen*. Zu erwähnen sind hier vor allem die beiden Kommissionen zur »Technikfolgenabschätzung beim Deutschen Bundestag« (1984 bis 1986 bzw. 1987 bis 1990) sowie die Kommission zum Problemfeld »Chancen und Risiken der Gentechnologie« (1984 bis 1986).

---

8 Ebd., S. 278.

An der Formulierung und Gestaltung weitreichender Technologieförderprogramme werden die Gewerkschaften demgegenüber nicht oder allenfalls marginal mit dem Ziel der »Akzeptanzförderung« im Hinblick auf neue Technologien beteiligt. Exemplarisch soll hier auf die Entstehung des 1989 von der Bundesregierung beschlossenen »*Zukunftsprogramm Informationstechnik*« hingewiesen werden. Mit diesem Konzept wurde die Informationstechnikförderung des Bundes bis zum Ende der 90er Jahre fortgeschrieben. Zur Definition der Ausgangssituation und zur Formulierung wichtiger Programmelemente wurden vier Arbeitskreise »Informationstechnik 2000« gebildet, welche 1987 ihre Empfehlungen an den BMFT übergaben. An diesen Arbeitskreisen, die die wesentlichen Grundzüge des Förderkonzepts vorprägten, war kein Gewerkschaftsvertreter beteiligt. Vertreter der Informationsindustrie sowie in den entsprechenden Wissenschaften engagierte Forscher, d. h. also zwei Gruppen, die später auch als wesentliche Adressaten der Forschungs- und Technologieförderung auftreten, waren unter sich. Auf der Fachebene wurde die Gewerkschaftsseite im nachhinein aufgefordert, zum vorgelegten technik- und wirtschaftszentrierten Handlungskonzept, welches kaum noch nichtökonomisch geprägte Gestaltungsalternativen zuließ, eine Stellungnahme zu formulieren. Trotz dieser Benachteiligung haben die Gewerkschaften dieses »Mitbestimmungsangebot« aufgegriffen, ihre Forderungen zum weitgehend fertigen »Zukunftskonzept Informationstechnik« formuliert und diese in Gesprächen beim BMFT erläutert. Auch wenn es gelang, einzelne Maßnahmenvorschläge im Bereich der Humanisierungs- und Technikfolgenforschung noch ins Konzept einzubringen, kann man bei diesem Verfahren in keiner Weise von gleichberechtigter Partizipation sprechen. Eine echte Einflußnahme auf die »Grundphilosophie« und die förderpolitische Perspektive des Programms war nicht möglich. Ähnliche Erfahrungen mußten die Gewerkschaften bereits beim Vorläufer-Programm »Informationstechnik 1984-1988« machen. Erst als Reaktion auf die lautstarke Kritik der Gewerkschaften am Zustandekommen und an der Einseitigkeit des damaligen Förderkonzepts berief der Bundesforschungsminister 1985 einen »Arbeitskreis Informationstechnik« ein, an dem auch Gewerkschaftsvertreter teilnahmen. Dieser Arbeitskreis hatte programmbegleitende Beratungsfunktion und sollte konsensbildend wirken. Mit dem Auslaufen der Legislaturperiode wurde dieser Arbeitskreis beendet. Eine Weiterbelebung in der neuen Legislaturperiode ab 1987 fand nicht mehr statt.

4. Unausgewogene Prioritätensetzung in der staatlichen Forschungsförderung

Angesichts dieser Verfahrensweise der staatlichen Forschungs- und Technologiepolitik dürfte es kaum überraschen, daß die Prioritäten der vom Bund finanzierten und geförderten Forschung vorrangig auf Bedürfnisse der *Großindustrie und Großforschung* ausgerichtet sind. Der Bundesforschungshaushalt wird strukturell geprägt von Ausgaben für Großtechnologieprojekte wie vor allem die bemannte Weltraumforschung und die Nukleartechnologie sowie für die Förderung von »Schlüsseltechnologien« wie insbesondere die Informationstechnologien, der Bereich Luftfahrt/Hyperschalltechnologie, die Biotechnologien und die Materialforschung. Über die Hälfte des BMFT-Etats entfällt Anfang der 90er Jahre auf die Förderung wirtschaftsbezogener, meist großtechnologischer Forschungs- und Entwicklungsprojekte. Gerade diese Mittel sind es, die vor allem Großunternehmen zufließen. So erhielten 1987 Unternehmen mit mehr als 200 Millionen DM Umsatz pro Jahr fast 75% der Forschungs- und Entwicklungsausgaben des Bundes für die Wirtschaft. Betrachtet man die Forschungsausgaben des Bundes insgesamt, so ist die Rüstungsforschung der gewichtigste Förderbereich, in den inzwischen fast jede vierte Mark der staatlichen Forschungsaufwendungen fließt.

Demgegenüber bleiben Förderbereiche, die auf soziale und ökologische Gestaltung des technischen Wandels gerichtet sind, immer weiter hinter den wachsenden Handlungsbedarfen zurück. Zwar wurden die Fördermittel für die Bereiche Ökologie-, Umwelt- und Klimaforschung im Verlaufe der 80er Jahre erheblich aufgestockt, angesichts der dramatisch anwachsenden Technikrisiken (um Problembereiche nur schlagwortartig zu benennen: »Treibhauseffekt«, »Ozonloch«, »Waldsterben«, »schleichende Bodenvergiftung« usw.) sind diese Vorsorgeforschungsbereiche jedoch nicht ausreichend dotiert. Zudem handelt es sich hierbei vorrangig um die Förderung von »Reparaturforschung« für eine sozial und ökologisch nicht ausreichend gestaltete Industrieproduktion. Finden in den genannten Bereichen immerhin noch Mittelaufstockungen statt, so gilt dies seit einigen Jahren nicht mehr für die Förderung der Humanisierungsforschung. Die Fördermittel für das Programm »Arbeit und Technik«, dessen Vorläuferprogramm 1983 immerhin noch einen Anteil von knapp 1,5% am BMFT-Etat hatte, wurden in den letzten Jahren (seit 1988) bei unter 100 Millionen DM eingefroren; der Anteil dieses Programms ist Anfang der 90er Jahre auf knapp 1,2% gesunken. Darüber hinaus bewegen sich die staatlichen Förderaktivitäten im Bereich der Technikfolgen- und Technikalternativenforschung seit Jahren auf einem vernachlässigbar geringen Niveau. Nicht zuletzt ist auf die auch heute noch bestehende Diskrepanz zwischen der immer noch beachtlichen Förderung nuklearer Energieforschung einerseits und der bescheidenen Unterstützung der Erforschung erneuerbarer Energien, wie die Sonnen- und Windenergie, die biologische Energiegewinnung und von Formen und Möglichkeiten rationeller Energieverwendung andererseits hinzuweisen. Der Aufwand für die letztgenannten Bereiche beträgt gerade ein Drittel der öffentlichen Forschungsressourcen, die im Zusammenhang mit der Nuklearenergie jährlich bereitgestellt werden. Nimmt man die für die Erforschung sozialökologischen Gestaltungswissens relevanten Förderbereiche (Ökologie-, Umwelt-, Klima-, Technikfolgen, HdA-Forschung) zusammen, so kommt man derzeit auf eine Quote von knapp über 16% am BMFT-Etat. Damit beläuft sich die Gesamtheit der Fördermittel für gesellschaftliche Vorsorgeforschung nicht einmal auf die Größe des Einzeletatpostens für »Weltraumforschung und -technik«!

5. Bestimmungsgründe forschungspolitischer Entscheidungen

Gewerkschaftliche Politik, die eine Lenkung von Forschungs- und Entwicklungsressourcen im Sinne einer sozialökologischen Gestaltung gesellschaftlicher Zukunft anstrebt, griffe allerdings zu kurz, wollte sie die Schieflage in der Prioritätensetzung öffentlicher Ressourcen allein dem *neokonservativen Konzept* der herrschenden Forschungs- und Technologiepolitik zuschreiben. Gewiß, zutreffend ist, daß dieses Konzept vorrangig auf die innovationssteuernde Kraft der privaten Wirtschaft und des Marktes setzt. Deshalb steht nicht die qualitative, gesellschaftspolitisch orientierte Gestaltung des technischen Wandels, sondern die Unterstützung und Beschleunigung der marktorientierten Entwicklung und Umsetzung neuer Technologien im Vordergrund dieser Politik. Dies beinhaltet auch das Bemühen, die materiellen Voraussetzungen für private Innovationen zu verbessern, indem die wissenschaftlich-technische Infrastruktur ausgebaut und auf die Förderung der Grundlagenforschung, bei deren Bereitstellung die Marktkräfte versagen, besonderer Wert gelegt wird. Letzteres geschieht vorrangig unter dem Gesichtspunkt der Steigerung auch der industriellen Verwertbarkeit von Grundlagenforschung im Hochschul- und außeruniversitären Bereich. Richtig ist nicht zuletzt, daß in diesem Konzept, welches eine nach anderen als technisch-wirtschaftlichen Kriterien ausgerichtete Steuerung des technischen Wandels kaum zuläßt, auch kein Platz ist für eine echte Mitgestaltung von seiten anderer gesellschaftlicher Interessengruppen als der Repräsentanten von Industrie und naturwissenschaftlich-technischer Forschung.

Trotz dieser Einwände ist nicht zu übersehen, daß auch in der Ära der sozialliberalen Koalition keine merkliche, anhaltende Verschiebung von Prioritäten der Forschungsförderung zu verzeichnen war. Deshalb muß sich gewerkschaftliche Technologiepolitik, die notwendigerweise auch auf die Einflußnahme auf staatliche Forschungs- und Technologiepolitik setzen muß, ihrer Einflußmöglichkeiten und -chancen vergewissern und von einer realistischen Vorstellung des derzeitigen Zustandekommens von Schwerpunktsetzungen in diesem Politikbereich ausgehen. Und das bedeutet zunächst festzustellen, daß es *keine rationale wissenschaftliche Gesamtplanung* in diesem Bereich gibt. Politikwissenschaftliche Untersuchungen kamen bereits Anfang der 70er Jahre im Hinblick auf die staatliche Wissenschafts- und Forschungspolitik zu dem Ergebnis: »Ihr Inhalt wird bestimmt durch die divergierenden Interessen konkurrierender Konzerngruppierungen, was zur Folge hat, daß zwar ›Förderungsprogramme in Teilbereichen‹ entwickelt werden, eine in sich konsistente, rationale Gesamtplanung aber unterbleibt. Die Tätigkeit der Lenkungsorgane und der Inhalt der Förderungsmaßnahmen sind deutlich geprägt von Auseinandersetzungen zwischen den jeweils interessierten Konzernen über den Anteil der Programme am Gesamtetat und die konkrete Gestalt der Förderungsmaßnahmen – Auseinandersetzungen, die freilich selten an die Öffentlichkeit dringen und selbst dann meist unter der Maske wissenschaftlicher Argumentation geführt werden.«[9] Die Aktualität dieser Untersuchungsergebnisse wird durch die Auseinandersetzungen, die seit 1987 um den Einstieg der Bundesrepublik Deutschland in die bemannte Weltraumforschung geführt werden, eindrucksvoll bestätigt. Vor allem die Informationsindustrie, aber auch andere Industriezweige ebenso wie Vertreter aus dem Wissenschaftsbereich, haben sich in den letzten Jahren mehrfach kritisch gegen die zunehmende Überwucherung des BMFT-Etats durch die Ausgaben für »Weltraumforschung und -technik« gewandt. Prioritätensetzungen werden in der Regel in Beratungsgremien der Bundesregierung sowie in den Gremien der zentralen Wissenschaftsförderungsorganisationen (z. B. Deutsche Forschungsgemeinschaft, Max-Planck-Gesellschaft, Fraunhofergesellschaft usw.) gefaßt. In diesen Gremien dominieren die Vertreter der Großindustrie sowie die Repräsentanten der etablierten Wissenschaften. Unabhängig von der konkreten Zusammensetzung dieser forschungspolitischen Lenkungsorgane ist festzuhalten: Sie werden geprägt durch ein vorherrschendes *gemeinsames Fortschrittsverständnis,* das *Kreibich* vor einigen Jahren als »Wissenschafts-Technologie-Industrialismus-Paradigma« gekennzeichnet hat.[10]

Diesem Fortschrittsverständnis wird Nachdruck verliehen durch den Hinweis auf die *internationale Konkurrenz* und die dadurch bestehende permanente Gefahr technologischer »Rückstände« und »Lücken«. *Eckert* und *Osietzki* haben

---

9 *J. Hirsch,* Wissenschaftlich-technischer Fortschritt und politisches System, 2., ergänzte Auflage, Frankfurt/Main 1971, S. 233 ff.
10 *R. Kreibich,* Wissenschaftsgesellschaft, a. a. O., S. 8 f.

am Beispiel der Durchsetzung der Kernenergie- und der Mikroelektronik-Förderung in der Bundesrepublik die Durchschlagskraft dieses Argumentes eindrucksvoll nachgewiesen und kommen zu dem Ergebnis: »Das Motiv der internationalen Konkurrenz beherrschte den wissenschaftlich-technischen Fortschritt in der Bundesrepublik in einem Ausmaß, das kaum überschätzt werden kann ... Das Motiv der internationalen Konkurrenzfähigkeit erweist sich ... beim Einstieg in neue Technologien als *das* Leitmotiv, das sich bei aller Verschiedenartigkeit der einzelnen Akteure und der von ihnen repräsentierten gesellschaftlichen Kräfte durch alle Entwicklungen hindurchzieht.«[11]

Hinzu kommt die machtpolitische Durchsetzungsfähigkeit, die vor allem der Großindustrie in privatwirtschaftlich organisierten Systemen notwendigerweise eigen ist. Das gilt vor allem in einer Phase der schnell zunehmenden »Verwissenschaftlichung der Produktion«, in der eigene Forschungs- und Entwicklungsressourcen für die wirtschaftliche Leistungsfähigkeit eine immer bedeutendere Rolle spielen. Diese Ressourcen sind bei der Großindustrie konzentriert. Sie werden im Rahmen langfristiger forschungs- und produktionspolitischer Planungen strategisch gezielt eingesetzt. Weder die in den forschungspolitischen Lenkungsgremien beteiligten Staatsbeamten noch die Wissenschaftler aus dem Universitätsbereich und den Großforschungseinrichtungen verfügen über dermaßen langfristige und gezielte forschungspolitische Konzeptionen, auf deren Grundlage sie agieren und argumentieren könnten. Darüber hinaus ist es für öffentliche Instanzen kaum möglich, gegen die Produktions- und Investitionsstrategien großer Unternehmenskonglomerate Front zu machen. Im Gegenteil: Da der Staat aus gesamtgesellschaftlichem Stabilitätsinteresse heraus auf das reibungslose Florieren der Wirtschaft angewiesen ist, stehen seine forschungspolitischen Entscheidungen in der Regel in einem korrespondierenden Verhältnis zu privatwirtschaftlichen Innovationsstrategien. Die Konsequenz ist: »Solange die Entscheidungen im Bereich administrativer Wissenschaftsförderung ein Korrelat privatunternehmerischer Forschungsstrategien darstellen, so lange müssen sie auch mit einiger Notwendigkeit öffentlicher Diskussion und öffentlicher Kontrolle entzogen bleiben.«[12]

---

11 *M. Eckert/M. Osietzki*, Wissenschaft für Macht und Markt, Kernforschung und Mikroelektronik in der Bundesrepublik Deutschland, München 1989, S. 206 f.
12 *J. Hirsch*, Wissenschaftlich-technischer Fortschritt.., a. a. O., S. 236.

6. Schlußfolgerungen und Perspektiven

Angesichts dieser in der gesellschaftlichen Machtverflechtung tief verwurzelten Prioritätenbildung für Forschungs- und Entwicklungsressourcen gerät gewerkschaftliche Technologiepolitik in ein *Dilemma:* Einerseits ist die Einflußnahme auf staatliche Forschungs- und Technologieförderung ein zu bedeutendes Eingriffsfeld für soziale Technikgestaltung, als daß die Gewerkschaften auf eine Mitgestaltung der dort getroffenen Weichenstellungen verzichten könnten. Andererseits zeigt die Untersuchung der entsprechenden politischen Entscheidungsprozesse, daß diese derzeit weitgehend eine »exklusive« Angelegenheit wissenschaftlicher, politischer und vor allem wirtschaftlicher Eliten sind. Und zwar nicht im Sinne einer »verschwörerischen« und »illegalen« Aneignung von Entscheidungskompetenzen, sondern als Ausdruck der derzeitigen gesellschaftlichen Strukturierung von Wissensproduktion in einer hochentwickelten, privatwirtschaftlich organisierten und marktgesteuerten Ökonomie. Selbst gesetzlich verbriefte Beteiligungsansprüche der Gewerkschaften würden als solche an diesen Grundstrukturen und den von ihnen produzierten Ergebnissen zunächst wenig zu ändern vermögen.

Das kann allerdings nicht bedeuten, die Perspektive der auch institutionellen Partizipation an öffentlichen Forschungsentscheidungen aufzugeben. Vielmehr legt die Analyse die Schlußfolgerung nahe, daß formale Beteiligungsrechte nur dann faktisch Bedeutung zu erlangen vermögen, wenn sie durch soziale Kraft und Bewegung fundiert sind. Institutionalisierte Beteiligungsrechte an staatlicher Forschungspolitik werden nur dann tatsächliche Veränderungen bewirken können, wenn sie von einer *gewerkschaftlichen Technologiepolitik »von unten«*, d. h. von Initiativen auf Betriebs-, Unternehmens- und Regionsebene begleitet werden. Sie müssen darüber hinaus flankiert werden durch eine systematische öffentliche Thematisierung von Kritik gegenüber den Förderentscheidungen bzw. Prioritätensetzungen staatlicher und privater Eliten. *Ulrich Beck* spricht in diesem Zusammenhang vom Ausbau und von der rechtlichen Sicherung der »Einflußmöglichkeiten der Subpolitik«.[13] Er meint damit z. B. die Verstärkung und Absicherung von »Gegenexpertise, alternative(r) Berufspraxis, innerberufliche(r) und innerbetriebliche(r) Auseinandersetzungen um Risiken eigener Entwicklungen, verdrängte(m) Skeptizismus«[14] und sieht hierin auch »eine neue, wichtige Aufgabe der Gewerkschaften«: »Ähnlich wie das Streikrecht wäre — im Interesse der Allgemeinheit — das Recht auf professions- und betriebsinterne

---

13 U. Beck, Risikogesellschaft, Auf dem Weg in eine andere Moderne, Frankfurt/Main 1986, S. 372.
14 Ebd.

Technikkritik zu erkämpfen und zu sichern. Diese Institutionalisierung von Selbstkritik ist deswegen so wichtig, weil in vielen Bereichen ohne entsprechendes Know-how weder die Risiken noch alternative Wege ihrer Vermeidung erkannt werden können.«[15]

Gewerkschaftliche Technologiepolitik »von unten« bedeutet darüber hinaus, die vorhandenen *Ansätze sozialer Arbeits- und Technikgestaltung auf Betriebs- und Verwaltungsebene* auszubauen. Damit haben die Gewerkschaften seit Mitte der 80er Jahre begonnen. Die IG Metall z. B. hat ein Aktionsprogramm »Arbeit und Technik — Der Mensch muß bleiben« Ende 1984 beschlossen. 1986 hat die Gewerkschaft ÖTV ihr Arbeitsprogramm »Neue Techniken/Rationalisierung — Technik sozial entwickeln und anwenden!« eingeleitet. Um »die schwierigen Fragen der Arbeits- und Technikgestaltung zum integralen Bestandteil gewerkschaftlicher Arbeit zu machen«, hat dieselbe Gewerkschaft Ende 1989 »Empfehlungen zur Verbesserung unserer Betreuungsarbeit« beschlossen und in der Organisation verbreitet. Für den privaten Dienstleistungssektor hat die Gewerkschaft HBV 1989 ein technologie- und rationalisierungspolitisches Arbeitsprogramm »Zur Zukunft der Arbeit im privaten Dienstleistungsbereich« auf den Weg gebracht.

Im branchen- und gewerkschaftsübergreifenden Bereich sind in diesem Zusammenhang die wissenschafts- und technologiepolitischen Aktivitäten des DGB von Bedeutung. Mit der Verwirklichung von zahlreichen arbeitnehmerorientierten Technologieberatungsstellen in vielen Bundesländern (von den alten Bundesländern fehlen nur noch Bayern und Baden-Württemberg; für die neuen Bundesländer konnte beim BMFT im Rahmen der dort geplanten CIM-Transferstellen die Zusage für jeweils eine/n arbeitsorientierte/n Technologieberater/in durchgesetzt werden) wurde ein Ansatz für den *Aufbau regionaler Technikgestaltungsinfrastrukturen* geschaffen. In vielen Regionen des Bundesgebietes haben sich die DGB-Kreise inzwischen aktiv in den Aufbau lokaler Technologie- und Innovationszentren eingemischt.[16] Über die regionalen Technologieberatungsstellen versuchen die Landesbezirke des DGB Einfluß auch auf die inzwischen erheblich ausgeweitete Forschungs- und Technologiepolitik der Bundesländer zu gewinnen, ein Ansatz, der vor allem in Nordrhein-Westfalen sehr weit fortgeschritten ist.[17] Der Aufbau von Kooperationsstellen »Hochschule — Gewerk-

---

15 Ebd., S. 373.
16 Vgl. dazu *J. Welsch*, Durch »Technologieparks« zu mehr Arbeitsplätzen? — Ein neuer Ansatz der Strukturpolitik aus gewerkschaftlicher Sicht, in: WSI Mitteilungen 1/1985, S. 6—17.
17 Vgl. TBS beim DGB — Landesbezirk in NRW (Hg.), Regionale Struktur- und Technologiepolitik, Handlungsmöglichkeiten von Betriebsräten und Gewerkschaften, Oberhausen 1990.

schaften«, wie er seit Jahren mit mehr oder weniger Erfolg versucht wird, hat das Ziel, Arbeitnehmerinteressen und arbeitsorientierte Fragestellungen stärker in die Hochschulforschung einzubringen. Solche Kooperationsstellen gibt es derzeit in Bochum, Bremen, Dortmund, Hamburg und Oldenburg. Zeitweilig haben entsprechende Institutionen auch in Kassel und Tübingen bestanden, wo allerdings die Schließung durch die zuständigen Bundesländer von den Gewerkschaften nicht verhindert werden konnte.

Auch wenn die Darstellung der Vielzahl arbeitsorientierter technologiepolitischer Initiativen »von unten« hier notwendigerweise lückenhaft bleiben muß[18], so zeigen sie doch, daß in diesem Bereich einiges in Bewegung gekommen ist. Um dieser Vielfalt betrieblicher und regionaler Initiativen einen gewissen »Flankenschutz« zu geben, um die Voraussetzungen für ihre Erweiterung und Entfaltung zu verbessern, aber auch um sie in einen gewissen Gesamtrahmen einzuordnen, hat der DGB in Zusammenarbeit mit den Gewerkschaften Ende des letzten Jahres ein Arbeitsprogramm »Gewerkschaftliche Politik zur Gestaltung von Arbeit und Technik« beschlossen. »Die Schwerpunkte des Arbeitsprogramms zielen auf die Förderung der Bereitschaft und der Kompetenz zur Gestaltung von Arbeit und Technik durch eine entsprechende gewerkschaftliche Informations-, Öffentlichkeits- und Bildungsarbeit sowie durch die Verwirklichung neuer Formen des Erfahrungsaustausches im Rahmen gewerkschaftlicher Organisationsstrukturen und Arbeitsformen.«[19]

Gelingt es, diese vielfältigen Ansätze einer Technikgestaltung »von unten« im Laufe der Zeit zu entfalten, auszuweiten und in regionalen Verbünden zu vernetzen, gelingt es darüber hinaus, soziale Arbeits- und Technikgestaltung stärker zum Gegenstand von Tarifpolitik zu machen – eine Perspektive, die z. B. die IG Metall mit ihrem Konzept »Tarifreform 2000« in nächster Zeit anvisieren will –, so bleibt dies gewiß nicht ohne *Wirkung* auf die gewerkschaftlichen Einflußmöglichkeiten auf *staatliche Forschungs- und Technologiepolitik*. Im »Arbeit und Technik«-Programm der IG Metall wird dieser Bezug deutlich hervorgehoben: »Wenn in ›1000 und mehr‹ Betrieben menschengerechte Arbeitsbedingungen und humane Techniken ›nachgefragt‹ werden, dann stellt das eine nicht zu unterschätzende ›Marktmacht‹ dar, die auch überbetrieblich Wirkung zeigen wird: bei den Entwicklern und Herstellern neuer Techniken, in der

---

[18] Vgl. ausführlich dazu *J. Welsch*, Gewerkschaftliche Programme und dezentrale Alternativen in der Beschäftigungs- und Technologiepolitik, in: *Bullmann/Cooley/Einemann* (Hg.), Lokale Beschäftigungsinitiativen, Konzepte – Praxis – Probleme, Marburg 1986, S. 27–46.
[19] DGB-Bundesvorstand, Abt. Technologie/HdA (Hg.), Gewerkschaftliche Politik zur Gestaltung von Arbeit und Technik – Ziele, Aufgaben und Maßnahmen, Arbeitsprogramm, Düsseldorf 1991, S. 2.

Durchsetzungsfähigkeit von tarifpolitischen Forderungen, in der Technologie-, Industrie- und Wirtschaftspolitik, bei der Verringerung der Massenarbeitslosigkeit.«[20]

Werden damit Bemühungen um die Ausweitung *institutioneller* Beteiligungsrechte an öffentlicher Politik nebensächlich oder gar überflüssig? Keineswegs. Rechtlich fixierte Beteiligungsansprüche haben erhebliche Vorteile: Sie gewährleisten die Kontinuität von Beteiligung und erlauben damit den Aufbau stabiler, unterstützender Infrastrukturen, sie sind die Voraussetzung für die Ansammlung von Beteiligungswissen und eröffnen die Chance für neue Lernprozesse usw. So hat die gewerkschaftliche Beteiligung am staatlichen Förderprogramm »Humanisierung des Arbeitslebens« nicht nur kritikwürdige Begleiterscheinungen und teilweise enttäuschende Erkenntnisse gebracht, sondern auch zu positiven, wenn auch oft nicht direkt beabsichtigten Ergebnissen geführt: »Vielmehr muß Erfolg in der Einbeziehung der Gewerkschaften und in den damit gegebenen Lernchancen gesehen werden; in der Öffnung eines, vor allem für die Arbeits- und Sozialwissenschaften, praxisrelevanten Forschungsfeldes; in der Tatsache, daß damit erstmals auch an ingenieurwissenschaftliche Forschung und Entwicklung Ansprüche und Aufträge für menschengerechte Arbeits- und Technikauslegung formuliert wurden.«[21]

Vor dem Hintergrund dieser Erfahrungen ist das Bemühen um die Ausweitung institutioneller Beteiligungsmöglichkeiten gewiß auch weiterhin als ein wichtiger Ansatz gewerkschaftlicher Technologiepolitik zu betrachten. Dieser Ansatz wird allerdings um so erfolgreicher sein, je besser es den Gewerkschaften gelingt, über technologiepolitische Initiativen »von unten« sozialen Druck aufzubauen und faktische Einflußnahme in Teilbereichen von Technikgestaltung sowie auf verschiedenen Ebenen forschungs- und technologiepolitischer Entscheidungsprozesse durchzusetzen. Es ist dieser »Bodensatz« einer zu entwickelnden »demokratischen Technikkultur«[22], der es ermöglichen könnte, die verfestigten gesellschaftlichen Strukturen der Wissensproduktion und Forschungssteuerung aufzubrechen und damit auch für institutionalisierte Mitgestaltungsformen der Gewerkschaften in der staatlichen ebenso wie in der europäischen Forschungs- und Technologiepolitik neue Chancen zu eröffnen.

---

20 Ebd., S. 9.
21 *K. Benz-Overhage*, Demokratische Öffentlichkeit und soziale Verantwortung – Wege einer Neuorientierung von Wissenschaft und Forschung Einführung, in: *S. Bleicher* (Hg.), Technik für den Menschen..., a. a. O., S. 285.
22 Dieser Begriff wurde m. W. von *Willy Bierter* geprägt, vgl.: Das Plädoyer für eine demokratische Technikkultur, in: Industriegewerkschaft Metall (Hg.), Technologieentwicklung und Techniksteuerung, a. a. O., S. 13–56.

Sabine Groner-Weber

Technikgestaltung am Beispiel der Gentechnologie

1. Ausgangslage

Lange Zeit betrachteten die Gewerkschaften naturwissenschaftlich-technischen Fortschritt als Voraussetzung und als Motor des sozialen Fortschritts. Hatte er nicht ganz wesentlich zur Minderung materieller Not, zur Verbesserung der Lebensbedingungen und Steigerung des Wohlstandes beigetragen? Verdankte man ihm nicht Arbeitserleichterungen und die Zurückdrängung vieler Krankheiten? Unter dem Einfluß der Auseinandersetzungen um Atomtechnologie und technologische Rationalisierung, um Umweltschäden und drohende Klimakatastrophen wurde dieser stillschweigende Konsens mehr und mehr brüchig: Heute wird technologischer Fortschritt nur noch selten vorbehaltlos befürwortet, statt dessen wurde und wird die Notwendigkeit seiner Gestaltung betont und ein technologiepolitischer Dialog unter Einbeziehung aller gesellschaftlicher Gruppen gefordert.

Dabei geht der Gestaltungsbedarf weit über traditionelle gewerkschaftliche Tätigkeitsfelder, wie beispielsweise die Sicherung der Einkommen und der Arbeitsplätze, die Abwehr gesundheitlicher Gefährdungen und die Wahrung beruflicher Aufstiegschancen, hinaus. Es zeigte sich immer deutlicher, daß das zunehmende Tempo des technischen Wandels auch in anderen Bereichen neue Anforderungen stellt, man betrachte nur die geänderten Erwartungen an die berufliche Erstausbildung bzw. an Weiterbildungsmaßnahmen oder die über technische Neuerungen ermöglichten (gelegentlich auch erzwungenen) anderen Formen von Zusammenarbeit und Verantwortlichkeit. Auch aus den bisherigen technologiepolitischen Auseinandersetzungen mußten Konsequenzen gezogen werden: So zeigte die Diskussion um Risiken und Sicherheitskonzepte in der Atomtechnologie, daß technischer Fortschritt nicht ohne gesellschaftliche Akzeptanz umgesetzt werden kann. Berücksichtigt werden müssen jedoch auch die Erfahrungen auf dem Feld der Mikroelektronik; letztere wurde von vielen Gewerkschaften lange Zeit gänzlich abgelehnt und hielt dadurch oft ohne gewerkschaftliche Mitwirkung und ohne soziale Ausgestaltung in die Betriebe Einzug. Weder Euphorie noch Verweigerung haben sich als geeignete Gestaltungswerkzeuge erwiesen. An ihrer Stelle sollte eine frühzeitige Beteiligung an der Entwicklung und betrieblichen Umsetzung wissenschaftlicher Fortschritte mit dem Ziel einer sozialverträglichen, ökologisch und ethisch verantwortbaren Gestaltung das traditionelle Handlungsrepertoire der Gewerkschaften ergänzen. Voraussetzung dafür ist jedoch die frühzeitige Einmischung der Gewerkschaften in Diskussions- und Gestaltungsprozesse.

So gesehen bot das Feld der Gentechnologie Anfang der 80er Jahre günstige Voraussetzungen für eine gewerkschaftliche Technologiepolitik. Schließlich galt es hier, ein ganz junges Arbeitsgebiet auszugestalten: Die meisten der dort verwendeten Methoden waren damals erst knapp zehn Jahre alt: Das erste gelungene gentechnische Experiment, bei dem die Erbinformation für das Merkmal »Produziere eine Antibiotikumresistenz« von einem Bakterienstamm auf einen anderen, bisher nicht resistenten übertragen wurde, mit dem Erfolg, daß dieser Stamm anschließend gegen das Antibiotikum gefeit war – dieses erste Experiment war 1973 durchgeführt worden. Andererseits lag genau da eine Schwierigkeit: Anfang der 80er Jahre war sich nicht einmal die Fachwelt einig darüber, welche Auswirkungen die Gentechnologie mit sich bringen würde. Ihr Nutzen war umstritten: Einige Prognosen sahen in der Gentechnik ein wichtiges Werkzeug zur Bekämpfung von Hunger, Krankheiten und Umweltzerstörung. Andere bezweifelten, daß überhaupt ein Nutzen zu erwarten wäre. Die damals geltenden Sicherheitsrichtlinien wurden teils als zu restriktiv, teils als völlig unzureichend kritisiert.

Auf Annahmen und Prognosen blieb man schließlich auch in vielen anderen Fragen angewiesen: Welcher Zeitraum verblieb für die Regelung der anstehenden Probleme, und wie lange sollte es dauern, bis der Nutzen der Gentechnik realisiert werden konnte? Welches Rationalisierungspotential war zu erwarten? War mit einer Zu- oder Abnahme von qualifizierten Arbeitsplätzen zu rechnen, und welche neuen Qualifikationsanforderungen und Qualifikationsansprüche konnten im Gefolge der betrieblichen Etablierung gentechnischer Methoden auftreten? Konnten die neuen Methoden einen Beitrag zu einem Mehr an eigenverantwortlicher Tätigkeit leisten? Welche Bedeutung kam schließlich dieser Technik für den Erhalt der Konkurrenzfähigkeit zu, welchen industriepolitischen Stellenwert sollte man ihr zuordnen? Zu guter Letzt: Mit welchen gesellschaftlichen und ökologischen Auswirkungen sollte gerechnet werden?

Vor diesem Hintergrund wurde versucht, im Rahmen allgemeiner Vorstellungen von sozialverträglicher Technikgestaltung möglichst konkrete Vorstellungen für Gentechnik zu entwickeln und diese parallel zu der rasch voraussschreitenden Nutzung mit anderen gesellschaftlichen Gruppen zu diskutieren und umzusetzen.

Der damals häufig vertretenen politischen Auffassung, wonach ein Regelungsbedarf der Gentechnik nicht erkennbar sei, wollte sich die Industriegewerkschaft Chemie-Papier-Keramik nicht anschließen. Aus ihrer Sicht bestand an der Schwelle des Einstiegs in die Nutzung der Gentechnik ein Regelungsbedarf insbesondere auf folgenden Gebieten:
1. rechtlicher Schutz vor mißbräuchlichen Anwendungen der Biowissenschaften;
2. sozialgerechte Gestaltung der Arbeitsbedingungen der in der Biotechnologie beschäftigten Arbeitnehmer;
3. Sicherung der Mitbestimmung, insbesondere bei den neuen Organisationsformen der unmittelbaren Zusammenarbeit zwischen Wissenschaft und Wirtschaft;
4. Schaffung eines funktionsgerechten Arbeitssicherheitssystems;
5. Sicherstellung wirksamer Natur- und Umweltschutzmaßnahmen;
6. Sicherung von Mitwirkungsrechten der Gewerkschaften im Rahmen der staatlichen Biotechnologie-Förderung;
7. rechtliche Maßnahmen zur Beherrschung grundsätzlicher Probleme der Biotechnologie (z. B. Menschenrechte, Ethikfragen, Grund- und Patentrechte, Kartellrecht, internationale Vereinbarungen usw.).

2. Aktivitäten zur Umsetzung gewerkschaftlicher Forderungen

Seit 1984 hat die IG Chemie-Papier-Keramik in zahlreichen Lehrgängen, Diskussionsveranstaltungen und Seminaren sowie durch die Herausgabe von Informations- und Bildungsmaterialien die Informationsbasis innerhalb der Gewerkschaft ständig verbreitert. Im Rahmen von drei Fachtagungen wurden unter Einbeziehung von Vertretern aus Wissenschaft, Wirtschaft und Politik zusätzliche Diskussionsforen für soziale, ökologische, ethische und rechtliche Fragen geschaffen. Dadurch wurde es möglich, schon frühzeitig einen immer größer werdenden Personenkreis in den innergewerkschaftlichen Meinungsbildungsprozeß einzubeziehen. Auf dieser Grundlage entwickelten sich die folgenden Ansätze:

Im Januar 1984 hatte die IG Chemie-Papier-Keramik beschlossen, auf eine Enquete-Kommission des Deutschen Bundestages und ein Dialogforum zu ethischen und rechtlichen Problemen einer Anwendung der Gentechnologie am Menschen hinzuwirken.

Im Mai 1984 berief die Bundesregierung eine interministerielle Arbeitsgruppe »In-vitro-Fertilisation, Gentherapie und Genomanalyse«; sie sollte prüfen, in welchen der angesprochenen Bereiche politischer Handlungsbedarf besteht, und gegebenenfalls Vorschläge ausarbeiten. In dieser Kommission, die im November 1985 einen Abschlußbericht und zahlreiche Empfehlungen vorgelegt hat, arbeitete *Ernst Wolf* als DGB-Vertreter mit.

Im Juni 1984 setzte der Deutsche Bundestag die Enquete-Kommission »Chancen und Risiken der Gentechnologie« ein. Diese hatte die Aufgabe, in den Bereichen Gesundheit, Ernährung, Umweltschutz, Rohstoff- und Energieversorgung Chancen und Risiken der neuen Technologie darzustellen und Zielkonflikte, Kriterien und Empfehlungen auszuarbeiten. Die Kommission, in der *Jürgen Walter* als Vertreter der Industriegewerkschaft Chemie-Papier-Keramik mitarbeitete, legte im Januar 1987 einen umfassenden Abschlußbericht vor, der in der Folgezeit Grundlage nahezu aller Diskussionen um die verschiedenen Problemfelder der Gentechnologie war.

Ohne auf die von den beiden Kommissionen erarbeiteten Einzelvorschläge einzugehen, soll es hier lediglich um die Tauglichkeit von Beratungskommissionen im Hinblick auf Technikbewertung und Technikgestaltung gehen:

Die beiden angesprochenen Kommissionen wurden nach einem aus Sicht der Industriegewerkschaft Chemie-Papier-Keramik vernünftigen Prinzip zusammengesetzt: Gemeinsam mit Fachwissenschaftlern aus verschiedenen Disziplinen tauschten Vertreter gesellschaftlicher Gruppen und Verbände ihre Meinungen aus und erarbeiteten – soweit möglich – Konsenspositionen. In der (parlamentarischen) Enquete-Kommission arbeiteten darüber hinaus Vertreter der im Deutschen Bundestag vertretenen Parteien mit. Die dahinterstehende Intention, einen ausreichenden Praxisbezug zu gewährleisten und gesellschaftliche Erwartungen und Wertungen in den Beratungsprozeß einzubeziehen, wurde von der Industriegewerkschaft Chemie-Papier-Keramik unterstützt. Durch die interdisziplinäre Zusammensetzung der Kommission wurde der Komplexität der zu behandelnden Themen immer Rechnung getragen. Beides hat die inhaltliche Arbeit bereichert und sollte bei ähnlichen Kommissionen fortgeführt werden.

Der Arbeitsauftrag der Enquete-Kommission war ausschließlich technikzentriert, infolgedessen lautete die grundlegende Fragestellung: »Welche Probleme können mit Hilfe der Gentechnologie geschaffen oder durch sie verursacht werden?« Es ist der Kommission zu verdanken, daß sie zumindest an einzelnen Punkten diesen ihr gesetzten Rahmen überschritt und problemorientiert die Frage anschnitt: »Könnte ein gegebenes Problem nicht auch mit anderen Mitteln und Methoden gelöst werden?« Allerdings konnten mögliche Alternativen im Rahmen des Berichts nicht umfassend diskutiert und somit auch nicht mit gentechnischen Ansätzen verglichen werden – ein solcher Vergleich hätte jedoch in eine Bewertung mit einfließen sollen.

Positiv ausgewirkt hat sich jedoch die vergleichsweise frühzeitige Installation der beiden Beratungsgremien, die dadurch ohne Zeitnot arbeiten konnten. Um die nach der Fertigstellung des Berichts weiter voranschreitende Entwicklung hinsichtlich ihrer Auswirkungen einschätzen und bewerten zu können, empfahl die Enquete-Kommission, einen Gentechnik-Beirat beim Parlament oder beim Forschungsministerium einzurichten. Dies wäre nicht nur für die sehr kontrovers verlaufene Auseinandersetzung um das Gentechnikgesetz hilfreich gewesen, es würde wahrscheinlich auch die anstehende gesetzliche Regelung der genetischen Analyse erleichtern. Vor diesem Hintergrund ist es unverständlich, daß das Parlament dieser Empfehlung der Kommission nicht gefolgt ist.

3. Sicherheitsfragen

Seit den Anfängen der Gentechnik findet eine intensive Auseinandersetzung über Fragen der Sicherheit statt. Eröffnet wurde diese Diskussion von amerikanischen Wissenschaftlern, die – angesichts möglicher Risiken der Gentechnik – zu der später berühmt gewordenen Konferenz von Asilomar einluden, um die Sicherheitsproblematik zu besprechen. Ergebnis dieser Konferenz waren Sicherheitsrichtlinien, die zunächst für die USA galten und dann von anderen Staaten, so auch der Bundesrepublik, übernommen wurden. Die zunächst sehr strengen Sicherheitsrichtlinien wurden in der Folge mehrmals gemildert.

Heute beruft sich die überwiegende Mehrheit der Wissenschaftler auf die in Asilomar diskutierten Grundlagen, wonach biologische Sicherheitsmaßnahmen, die eine Vermehrung gentechnisch veränderter Organismen in der natürlichen Umwelt verhindern sollen, in Kombination mit physikalischen Maßnahmen mögliche Gefährdungen ausschließen sollen.

Im Mai 1985 nahm auf Initiative der Industriegewerkschaft Chemie-Papier-Keramik eine Arbeitsgruppe »Biotechnologie« bei der Berufsgenossenschaft Chemie federführend für den Hauptverband der gewerblichen Berufsgenossenschaften die Arbeiten zur Erstellung einer Unfallverhütungsvorschrift »Biotechnologie« auf. Seit Januar 1988 gilt diese Unfallverhütungsvorschrift, die auf den Grundsätzen von Asilomar aufbaut, im Bereich der Berufsgenossenschaft Chemie. Mittlerweile ist eine Reihe von spezifizierenden Sicherheitsmerkblättern herausgekommen; außerdem werden besondere Lehrgänge für Sicherheitsbeauftragte in der Biotechnologie angeboten.

Die Deutsche Gesellschaft für chemisches Apparatewesen hat ein Curriculum-Projekt »Sichere Biotechnologie« entwickelt. Von Januar 1988 an wurde es für eine Laufzeit von zwei Jahren vom Bundesministerium für Forschung und

Technologie finanziert. Im Lenkungsausschuß des Projekts hat ein Vertreter der IG Chemie-Papier-Keramik mitgewirkt.

Mit dem Gentechnikgesetz sind Sicherheitsvorschriften, die auf die Richtlinien von Asilomar zurückgingen, mittlerweile rechtsverbindlich für alle in der Gentechnik Tätigen vorgeschrieben. Eine Bewertung der für jedes einzelne Projekt vorgesehenen Sicherheitsvorkehrungen wird von der Zentralen Kommission für Biologische Sicherheit vorgenommen.

4. Das Gentechnikgesetz

Ende der 70er Jahre wurde unter Verantwortung von *Volker Hauff* ein Gentechnikgesetz vorbereitet, welches jedoch am Widerstand aus Industrie und Forschung scheiterte. Die IG Chemie-Papier-Keramik hat von Anfang an für eine gesetzliche Regelung dieser Materie plädiert und sah sich in dieser Haltung 1987 durch den Abschlußbericht der Enquete-Kommission des Deutschen Bundestages »Chancen und Risiken der Gentechnologie« bestätigt. Bedauerlicherweise verstrich bis zur Vorlage eines Gesetzentwurfes durch die Bundesregierung bis zu dessen Verabschiedung im März 1990 noch zuviel Zeit: So lange gab es in der Bundesrepublik Deutschland keine verbindlichen und spezifischen Sicherheitsregelungen. Es gab aber auch keine verbindliche und kalkulierbare Rechtsgrundlage für die Genehmigung von gentechnischen Arbeiten und Anlagen.

Das seit Juli 1990 geltende Gentechnikgesetz regelt die Durchführung gentechnischer Arbeiten in geschlossenen Systemen, die Freisetzung gentechnisch veränderter Organismen und das Inverkehrbringen gentechnisch veränderter Organismen und Produkte, die solche Organismen enthalten. Gentechnische Arbeiten werden entsprechend ihrem Gefährdungspotential in vier verschiedene Sicherheitsstufen eingeteilt, denen anschließend bestimmte Sicherheitsmaßnahmen zugeordnet werden. Darüber hinaus finden sich in dem Gesetz Vorschriften bezüglich der Anmeldungs- und Genehmigungsverfahren gentechnischer Projekte zu den Aufgaben und der Zusammensetzung der Zentralen Kommission für Biologische Sicherheit. Aus Sicht der IG Chemie-Papier-Keramik verbleibt eine Reihe von Kritikpunkten am Gentechnikgesetz, beispielsweise hinsichtlich der Einbeziehung des Betriebsrats bei der Bestellung des Beauftragten für die Biologische Sicherheit und hinsichtlich der Freisetzung gentechnisch veränderter Organismen. Besonders bedauerlich bleibt, daß in der Zentralen Kommission für Biologische Sicherheit nach wie vor die Seite der sogenannten Sachverständigen, also der Praktiker beispielsweise aus Berufsgenossenschaften, Gewerkschaften und Industrie, gegenüber der Bank der Wissenschaftler deutlich unterrepräsentiert ist.

Trotz dieser Mängel hat sich die Industriegewerkschaft Chemie-Papier-Keramik eindeutig für eine schnelle Verabschiedung des Gentechnikgesetzes ausgesprochen. Ausschlaggebend dafür war letztendlich die Notwendigkeit, vor dem Hintergrund der immer größer werdenden Bereitschaft der Nutzung der Gentechnik zur rechtsverbindlichen Sicherheitsvorschrift zu kommen. Verstärkt wurde dies durch das Urteil des Kasseler Verwaltungsgerichtshofs im Herbst 1989, mit dem die gentechnische Produktion von Humaninsulin unter Hinweis auf fehlende gesetzliche Bestimmungen untersagt wurde. Dadurch entstand die schwer nachvollziehbare Situation, daß die Herstellung von Humaninsulin durch gentechnisch veränderte Bakterien im offenen System in Straßburg zulässig ist, während eine Produktion im geschlossenen System in Frankfurt/Main wegen angeblich nicht kalkulierbarer Risiken untersagt wurde.

Die notwendige Anpassung des Gentechnikgesetzes an europäische Richtlinien bietet Gelegenheit, dafür Sorge zu tragen, daß verbesserungsbedürftige Regelungen neu gefaßt werden. Gleichzeitig dürfte als Folge der Anpassung der nationalen Gesetzgebung an die europäischen Richtlinien auch das noch existierende Sicherheitsgefälle zwischen den Einzelstaaten verschwinden. Die Industriegewerkschaft Chemie-Papier-Keramik hat sich nachhaltig für diese Harmonisierung, aber gegen ein Absenken des bundesdeutschen Niveaus ausgesprochen.

5. Genetische Analysen

Nach wie vor fehlen für einen Bereich, den die Gewerkschaften von Anfang an als eine der brisantesten Möglichkeiten der Gentechnik bezeichnet haben, gesetzliche Regelungen: für die genetischen Analysen. Das lange Zögern der Bundesregierung, auf diesem Gebiet gesetzgeberisch tätig zu werden, ist um so weniger zu verstehen, als mittlerweile eine Reihe von fundierten Überlegungen dazu vorliegt, welche Punkte bei einer rechtlichen Regelung zu berücksichtigen wären, so zum Beispiel der Abschlußbericht der Enquete-Kommission des Deutschen Bundestages »Chancen und Risiken der Gentechnologie«, der Abschlußbericht der Bund-Länder-Kommission, die Vorschläge der Ethik-Kommission des Landes Rheinland-Pfalz und der Diskussionsbeitrag des Arbeitskreises »Ethische und soziale Aspekte der Genomforschung« des Bundesministeriums für Forschung und Technologie. Neben diesen Vorschlägen auf nationaler Ebene, an denen – abgesehen von der Bund-Länder-Kommission – jeweils Vertreter der Gewerkschaften beteiligt waren, wird mittlerweile auch auf europäischer Ebene über die Weiterentwicklung der Genomforschung und ansatzweise auch über deren soziale, ethische und rechtliche Probleme nachge-

dacht. Es ist jedoch ein untragbarer Zustand, daß das bislang unter Ausschluß der Gewerkschaften geschieht.
Für eine gesetzliche Regelung von genetischen Analysen in der Arbeitswelt hat die IG Chemie-Papier-Keramik gefordert,
- das Fragerecht des Arbeitgebers bei Einstellungsuntersuchungen gesetzlich einzuschränken,
- im Zusammenhang mit Arbeitsverhältnissen sowohl Fragen nach schon durchgeführten genetischen Analysen als auch Aufforderungen, entsprechende Untersuchungen vornehmen zu lassen, zu untersagen,
- Vorkehrungen zu treffen, die gewährleisten, daß ein Arbeitnehmer seinerseits die Entscheidung, ob er sich einer genetischen Untersuchung unterziehen will oder nicht, tatsächlich freiwillig – und das heißt, ohne einen wie auch immer gearteten direkten oder indirekten Zwang – treffen kann,
- einen angemessenen Datenschutz für die hochsensiblen genetischen Daten zu gewährleisten.

6. Forschungspolitik

Die Industriegewerkschaft Chemie-Papier-Keramik hat sich von Anfang an für eine Förderung sowohl der Grundlagenforschung als auch der angewandten Forschung auf dem Gebiet der Gentechnologie eingesetzt, dabei jedoch stets auf die Notwendigkeit einer umfassenden Sicherheits- und Technikfolgen-Forschung sowie sozialstaatsgerechter Gestaltungsmaßnahmen hingewiesen. Nachhaltig und erfolgreich hat sie sich für die Einrichtung eines Schwerpunktes »Biologische Sicherheitsforschung« eingesetzt und für diese Forschungsarbeiten an Universitäten und Forschungseinrichtungen geworben. In Grenzen gelang es, auf die Formulierung öffentlicher Forschungsförderungsprogramme, zum Beispiel »Biotechnologie« oder »Biotechnologie 2000«, Einfluß zu nehmen.

Beunruhigend bleibt, daß es nicht gelang, ausreichend wirksame Mitbestimmungsregelungen in der im Laufe der letzten zehn Jahre entstandenen biotechnologischen Forschungslandschaft durchzusetzen. So arbeiten vielfach öffentlich finanzierte Hochschulen und Forschungsinstitute im Rahmen der Genzentren oder auch kleinerer Kooperationen mit privaten Firmen zusammen, ohne daß diese Zusammenarbeit, in die öffentliche Mittel in oft bedeutendem Ausmaße einfließen, in ausreichendem Maße öffentlich überprüft wird. Gleichzeitig unterliegen die Lenkungs- und Ausschußgremien dieser Kooperationen oft weder den Mitbestimmungsregelungen der privaten Unternehmen noch den entsprechenden Bestimmungen der öffentlich-rechtlichen Kooperationspartner. Solange wirksame Mitbestimmungsregelungen auch für die betroffenen Wissenschaftler im Rahmen dieser Forschungskooperationen fehlen, sehen die Gewerkschaften darin ein Hindernis auf dem Weg zu einer sozialverträglichen Weiterentwicklung der Biotechnologie.

7. Zwischenbilanz

Eine Zwischenbilanz nach beinahe 10jährigen gewerkschaftlichen Gestaltungsbemühungen zeigt, daß trotz einer Reihe von Erfolgen der Industriegewerkschaft Chemie-Papier-Keramik kein Grund besteht, sich beruhigt zurückzulehnen. Zwar hat sich gezeigt, daß der eingeschlagene Weg, frühzeitig das Gespräch mit Wissenschaft, Wirtschaft und Politik aufzunehmen und in gemeinsamen Expertenkommissionen auftretende Probleme auszudiskutieren, richtig war. Auch hat die konstruktive und dabei konsequent an den Interessen der Arbeitnehmer orientierte Mitarbeit der Gewerkschaft dazu beigetragen, daß viele der 1984 formulierten Anforderungen an die Ausgestaltung der Gentechnologie mittlerweile umgesetzt werden konnten. Unbefriedigend bleibt jedoch, daß der gesamte Bereich »Genetische Analysen«, deren Auswirkungen so unterschiedliche gesellschaftliche Bereiche wie die Arbeitswelt, das Versicherungswesen, die pränatale Diagnose, die genetische Beratung oder aber die Personenidentifizierung im Rahmen von Strafverfahren betreffen können, nach wie vor keinen rechtsverbindlichen Regelungen unterliegt. Hier wäre ein ebenso schnelles und zielstrebiges Handeln angebracht gewesen wie beim Gentechnikgesetz.

Ebensowenig zufriedenstellend ist, daß die bisherige Entwicklung der Diskussionen keinen gesellschaftlichen Konsens darüber erbracht hat, wie eine verantwortungsvolle industrielle Nutzung der Gentechnik aussehen soll. Offensichtlich konnte die Skepsis, mit der viele Mitbürger der Gentechnologie gegenüberstehen, noch nicht überwunden werden. Die Ursachen dafür dürften in der Frühphase der Diskussion zu suchen sein. Sicher hat es nicht vertrauensfördernd gewirkt, wenn Fragen nach den gesellschaftlichen Auswirkungen der Gentechnik in erster Linie mit Marktprognosen beantwortet wurden oder wenn die Wissenschaft, auf ihre gesellschaftliche Verantwortung angesprochen, ausschließlich auf die Konferenz von Asilomar verwies, gerade so, als ob die Gentechnik nur sicherheitstechnische und nicht auch soziale und ethische Fragen aufwerfe. Es hat in der Bundesrepublik – anders als in den Vereinigten Staaten – vergleichsweise lange gedauert, bis ein gesellschaftlicher Dialog über die Gentechnologie einsetzte und bis Vertreter der Wissenschaft zu einer Sprache gefunden hatten, die geeignet war, Befürchtungen der Menschen aufzugreifen und auf sie einzugehen. Es ist nicht zuletzt Aufgabe der Gewerkschaften, darauf hinzuwirken, daß der Dialog zwischen Wissenschaft und Gesellschaft ausgebaut und weiterentwickelt wird – dies nicht nur im Hinblick auf die Gentechnik, sondern ganz allgemein im Hinblick auf die Veränderungen, die die Entwicklung und Einführung neuer Technologien für unsere Lebensverhältnisse mit sich bringen. Es wäre vermessen, vom Bericht einer Expertenkommission – und sei er noch so fundiert – zu erwarten, daß er eine breite gesellschaftliche Diskussion ersetzen kann.

Neben den Auseinandersetzungen in der Bundesrepublik haben auch die einschlägigen Richtlinien der Europäischen Gemeinschaft die Gestaltung der Gentechnik maßgeblich beeinflußt. Auf europäischer Ebene fehlt es den Gewerkschaften jedoch nach wie vor an Mitbestimmungs- und Einflußmöglichkeiten. Die Richtlinien haben für die nationale Gesetzgebung bezüglich der industriellen Nutzung der Gentechnik einen klaren Rahmen gesetzt. Innerhalb eines bestimmten Zeitraums müssen die einzelstaatlichen Regelungen an diese Vorgaben angepaßt werden. Gemessen an der Bedeutung dieser Richtlinien wäre es wünschenswert, daß die Gewerkschaften nicht erst im Rahmen der Anhörung des Wirtschafts- und Sozialausschusses darauf Einfluß nehmen könnten. Dasselbe gilt für die Erarbeitung europäischer Forschungsförderungs-Programme. Die heute dort angestoßenen Forschungsprojekte werden die europäische Zukunft mitgestalten; Versäumnisse auf diesem Gebiet können sich in einigen Jahren als Wissenslücken im Bereich des Arbeitsschutzes, der Arbeitssicherheit, des Umweltschutzes usw. bemerkbar machen. Möglichkeiten dafür zu schaffen, hier frühzeitig gewerkschaftliche Fragen und Ansprüche einzubringen, wird eine wesentliche Aufgabe gewerkschaftlicher Forschungs- und Technologiepolitik sein.

Teil III

Michael Schlecht
Tarifliche Gestaltung der Arbeitsbedingungen in der Druckindustrie

Die direkte tarifliche Gestaltung von vielen Aspekten der Arbeitsbedingungen hat – zumindestens für die Druckindustrie – in der IG Medien und ihrer Vorläuferorganisation, der IG Druck und Papier, eine lange Tradition. In den *Anhängen zum Manteltarifvertrag,* die erstmals zum Beginn dieses Jahrhunderts tarifiert wurden, werden die Arbeitsbedingungen in den Betrieben der Druckindustrie im Hinblick auf Qualifikationssicherung und Schutz vor Leistungsverdichtung in vielfältiger Weise geregelt. Eine derartige direkte Regelung gibt es nur im Tarifgebiet der Druckindustrie. 1990 konnten für einen wichtigen Teilbereich – die Weiterverarbeitung – neue, zukunftsweise Anhangbestimmungen tarifiert werden.

1978 konnte der Tarifvertrag für rechnergesteuerte Textsysteme (RTS-Tarifvertrag) durchgesetzt werden, in dem die Arbeitsbedingungen in der Setzerei und der Redaktion geregelt werden und gleichermaßen für den Tarifbereich Druckindustrie und Verlage gelten.

Der RTS war eine erste Antwort auf die sogenannte »Neue Technik«, also der verstärkten Computerisierung von Produktions- und Verwaltungsabläufen. Die Beschränkung liegt unter anderem darin, daß dieser Tarifvertrag nur für einen bestimmten Produktionsbereich – Satz und Redaktion in der Zeitungs- und Zeitschriftenproduktion – gilt. Ebenfalls sind kollektive Durchsetzungsinstrumente der tariflichen Normen nicht vorhanden. Deshalb wurde der RTS nur als ein Einstieg in die umfassendere Tarifierung der Arbeitsbedingungen in der »Neuen Technik« begriffen. In den Folgejahren wurden Tarifvertragskonzepte entwickelt und diskutiert, die auf einen umfassenden Techniktarifvertrag hinausliefen. In den 80er Jahren wurde allerdings vor dem Hintergrund der Prioritätensetzung auf die 35-Stunden-Woche ein derartiger Techniktarifvertrag nie gefordert. In der 84er Tarifrunde wurde neben dem Einstieg in die 35-Stunden-Woche gleichwohl eine Facette aus dem Komplex Techniktarifvertrag – die mitbestimmungspflichtigen Stellenpläne – gefordert, aber nicht durchgesetzt. In den folgenden Tarifrunden der 80er Jahre wurden dann weitere Einzelteile gefordert und zum Teil auch durchgesetzt:

1989 konnte die IG Druck und Papier spezielle Bestimmungen zum *Gesundheitsschutz* im Manteltarifvertrag durchsetzen, in denen insbesondere ein individuelles Beschwerderecht verankert ist.

1990 wurden im Tarifvertrag zur Förderung der Fortbildung und Umschulung Bestimmungen zur *Qualifizierung* tarifiert.

I. Bestandsaufnahme

1. Die Anhänge

Zum einen enthalten die Anhänge Bestimmungen zur Sicherung der Maschinenbesetzung: Zum Beispiel ist für die verschiedenen Typen von Druckmaschinen, angefangen bei Bogenmaschinen über Rollenoffsetmaschinen bis hin zu Tiefdruckrotationen genau festgelegt, wie viele Drucker und wie viele Hilfskräfte an den jeweiligen Maschinen einzusetzen sind.

Zum anderen geht es in den Anhängen um die Sicherung des Facharbeiterstatus. Für eine große Anzahl von Arbeitsplätzen bzw. Tätigkeiten wird bestimmt, ob es sich hierbei um Fach- oder Hilfsarbeiten handelt. Die so definierten Facharbeiten dürfen nur von Fachkräften ausgeführt werden. Damit wird der sogenannte Facharbeiterstatus abgesichert.

Zum Beispiel müssen an Fotosetzmaschinen Schriftsetzer beschäftigt werden, an elektronischen Bildherstellungssystemen müssen entsprechende Fachleute eingesetzt werden. An allen Druckmaschinen sind Drucker für die Bedienung der Maschine verantwortlich.

Die Sicherung dieses Facharbeiterstatus ist maßgeblich dafür verantwortlich, daß in der Druckindustrie ein relativ hoher Qualifikationsstandard vorherrscht. Ohne eine derartige Absicherung wären die Gefahren der Entwertung beruflicher Qualifikation deutlich größer. Was nützt eine noch so gute Berufsausbildung, wenn anschließend keine der Ausbildung entsprechende Arbeit angeboten wird? Was nützt eine noch so gute Berufsausbildung, wenn von Unternehmern auf vielen Arbeitsplätzen angelernte Hilfskräfte eingesetzt werden? Was nützt eine noch so gute Berufsausbildung, wenn die Tätigkeiten, die damit ausgeführt werden können, von Unternehmern im Wege der Arbeitsteilung in zergliederte Arbeitsschritte zerlegt werden, die jeweils für sich von angelernten Hilfskräften durchgeführt werden können?

Damit leistet die Sicherung des Facharbeiterstatus auch einen Damm gegen eine übermäßige Zergliederung der Arbeit und eine entsprechende Beraubung der Arbeitsinhalte.

Der Facharbeiteranteil in der Druckindustrie beträgt ca. 50% der Beschäftigten.

Bei Fortfall der Absicherung des Facharbeiterstatus schätzt die IG Medien, daß dieser Anteil auf 25% bis 30% absinken könnte.

Zur Durchsetzung der Besetzungsnormen ist in den Anhängen nur für zwei Bereiche eine Regelung vorgesehen: Bei der Besetzung im Tiefdruck ist in bestimmten Situationen der Abschluß einer Betriebsvereinbarung erzwingbar. Sofern es nicht zu einer Einigung kommt, kann die Einigungsstelle vom Betriebsrat einseitig angerufen werden, die verbindlich entscheidet. Für die Weiterverarbeitung finden sich im 1990 neu abgeschlossenen Anhangteil deutlich weiterreichende Durchsetzungs- und Mitbestimmungsrechte; dazu weiter unten mehr.

Die Anhänge sind den Druckunternehmern seit langem ein Dorn im Auge. Sie haben in der letzten Manteltarifrunde 1988/89 die Anhänge mit dem erklärten Ziel gekündigt, sie ersatzlos zu streichen. Schon die Kündigung durch den Unternehmerverband war ungewöhnlich. Bislang war es stets üblich, daß die Gewerkschaft Tarifverträge kündigt und versucht, Verbesserungen bzw. Anpassungen an veränderte wirtschaftlich oder technische Bedingungen zu erreichen.

Die Härte und Schärfe der Tarifauseinandersetzungen zu Beginn des Jahres 1989 – allgemein bekannt geworden durch den Kampf der IG Druck und Papier um das freie Wochenende in der Druckindustrie – war auch damit zu erklären, daß die Unternehmer die Streichung eines ganzen Tarifwerkes versuchten. Im Ergebnis des Arbeitskampfes wurde dann nicht nur das freie Wochenende und weitere Verbesserungen im Manteltarifvertrag erreicht, sondern auch die Wiederinkraftsetzung der gekündigten Anhänge.

2. Der RTS-Tarifvertrag

Mit Beginn der 70er Jahre wurde in der Druckindustrie eine über 500 Jahre alte Technologie – der Bleisatz – durch die Einführung des Fotosatzes komplett revolutioniert. Für die Beschäftigten im Satzbereich – die weiteren Abteilungen sind Reproduktion/Druckformherstellung, Druck und Weiterverarbeitung/Versand – bestanden erhebliche Gefahren, vor allem hinsichtlich Beschäftigung, Qualifikation und Abgruppierung.

Nach langen, schwierigen Verhandlungen, die durch erheblichen Widerstand der Unternehmer gekennzeichnet waren und von Streik und Aussperrung begleitet wurden, konnte 1978 eine tarifvertragliche Regelung über die Einführung rechnergesteuerter Textsysteme in der Druckindustrie (RTS-Tarifvertrag) durchgesetzt werden.

Die Kernelemente des RTS-Tarifvertrages sind folgende:

Arbeitsplatzsicherung: Tariflich ist abgesichert, daß Gestaltungs- und Korrekturarbeiten für einen Zeitraum von 8 Jahren nach Umstellung der jeweiligen

Tätigkeit durch geeignete Fachkräfte der Druckindustrie, insbesondere Schriftsetzer, ausgeübt werden. Die Tätigkeit von Redakteuren an Bildschirmgeräten wird begrenzt durch die Bestimmung, daß die Eingabe eigener Texte nur statthaft ist, wenn es sich um deren erstmalige Niederschrift handelt. Die Eingabe fremder Texte darf von Redakteuren nicht durchgeführt werden.

Arbeitsentgeltsicherung: Die Tätigkeiten im rechnergesteuerten Textsystem sind Angestelltentätigkeiten. Zum Schutz vor Einkommenseinbußen ist bestimmt, daß Ausgleichszahlungen zu leisten sind, die dem Niveau des ehemaligen Facharbeiterlohnes entsprechen. Diese Ausgleichszulagen können jedoch im Laufe der darauffolgenden sieben Lohnabschlüsse kontinuierlich abgebaut werden.

Umschulungsmaßnahmen: U. a. wurde im RTS festgelegt, daß die Einarbeitung während der Arbeitszeit und unter Fortzahlung des Arbeitsentgeltes zu erfolgen hat.

Schutz vor gesundheitlicher Belastung: Zum Schutz vor gesundheitlichen Belastungen enthält der RTS-Tarifvertrag eine Reihe von Regelungen. So ist z. B. festgelegt, daß bei Tätigkeiten, die überwiegend Blickkontakt zum Bildschirm von mehr als 4 Stunden zusammenhängend erfordern, zur Entlastung der Augen entweder jede Stunde Gelegenheit zu einer 5minütigen oder alle 2 Stunden zu einer 15minütigen Unterbrechung dieser Tätigkeit bestehen muß.

3. *Tarifvertrag zur Förderung der Fortbildung und Umschulung*

Mit diesem Tarifvertrag wurden erstmalig zum Thema Fortbildung tarifliche Regelungen durchgesetzt. Eine wichtige Forderungskomponente konnte nicht verwirklicht werden: Die IG Medien hatte gefordert, die Mitbestimmungsrechte des Betriebsrats auszuweiten. Der Betriebsrat sollte mitentscheiden können, ob betriebliche Angebote zur Fortbildung, Umschulung und Frauenförderung gemacht werden.

Sieht man von dieser empfindlichen Lücke ab, läßt sich der wesentliche Inhalt des Fortbildungs-Tarifvertrages wie folgt zusammenfassen:

a) Berufliche Fortbildung dient in erster Linie den Qualifikationsinteressen der Arbeitnehmerinnen und Arbeitnehmer und beschränkt sich nicht darauf, wirtschaftliche Entscheidungen des Betriebes nachzuvollziehen.

b) Unternehmer und Betriebsrat stellen den betrieblichen Fortbildungsbedarf gemeinsam fest. Dies gilt mehr als die unverbindliche Beratung durch den Betriebsrat. Doch es ist, gemessen an der Ausgangsforderung nach Mitbestimmung, ein bescheidener Rest. Denn: Die Entscheidung, ob der festgestellte Bedarf in konkrete Fortbildungsmaßnahmen einfließt, trifft der Arbeitgeber. Erst bei der Durchführung der Fortbildung leben die gesetzlichen Mitbestimmungsmittel auf (§ 98 BetrVG).

c) Der Unternehmer ist verpflichtet, einen Teil der jährlichen Fortbildungsaufwendungen für die spezifische Qualifizierung der Frauen bereitzustellen. Damit ist eine wichtige tarifvertragliche Plattform für betriebliche Frauenförderpläne geschaffen, die in ihrer Ausgestaltung über bisher bestehende Tarifregelungen deutlich hinausgeht.

d) Grundsätzlich bleibt es dem einzelnen Fortbildungsangebot und den — im Rahmen der gesetzlichen Mitbestimmung zustande gekommenen — Zugangsvoraussetzungen überlassen, festzulegen, wer teilnahmeberechtigt ist und wer nicht. Der Tarifvertrag sieht jedoch für einen in der Praxis wichtigen Fall unmittelbare Rechtsansprüche der betroffenen Arbeitnehmer vor: Handelt es sich um Fortbildungsmaßnahmen aus Anlaß technischer oder wesentlicher arbeitsorganisatorischer Veränderungen, haben alle Arbeitnehmerinnen und Arbeitnehmer Anspruch auf Teilnahme, sofern ihr Arbeitsplatz von der Veränderung betroffen ist.

e) Fortbildungszeit ist Arbeitszeit. Die Kosten der Fortbildung trägt der Arbeitgeber (soweit nicht von dritter Seite Zuschüsse gezahlt werden). Die Ausbildungszeit wird mit dem Durchschnittsverdienst bezahlt.

f) Arbeitgeber und Betriebsrat haben jährlich über die betrieblichen Möglichkeiten zur Umschulung bzw. erwachsenengerechten Erstausbildung zu beraten.

4. Gesundheitsschutz

Im Grundsatz ist der gesamte Manteltarifvertrag und die dazugehörigen Anhänge ein Schutz vor übermäßiger gesundheitlicher Belastung. Die 1989 zusätzlich im Manteltarifvertrag aufgenommenen Bestimmungen zum Gesundheitsschutz stellen eine neue, spezielle Herangehensweise an diesen Problemkomplex dar. Alle Bestimmungen zielen darauf ab, Rechte zum Handeln für die Beschäftigten zu erweitern. Gleichwohl konnte — ähnlich wie beim Tarifvertrag zur Fortbildung — die erzwingbare Einigungsstelle, die verbindlich zu entscheiden hat, nicht erreicht werden; die Mitbestimmungsrechte konnten nicht erweitert werden. Der § 2a Gesundheitsschutz enthält folgende zentralen Punkte:

a) *Individuelles Beschwerderecht*: Die Arbeitnehmer haben das Recht, einzeln oder gemeinsam Beschwerden einzulegen, wenn nach ihrer individuellen Auffassung die Arbeit nicht menschengerecht gestaltet ist, die freie Entfaltung der Persönlichkeit behindert wird oder wenn arbeitsbedingte Gesundheitsgefahren bestehen. Die Beschwerden, die sich an Arbeitgeber und an den Betriebsrat richten, lösen unmittelbar Handeln seitens der betrieblichen Instanzen aus, ohne daß erst ein formaler Weg eingehalten werden muß.

Mit dieser Bestimmung werden die Voraussetzungen deutlich verbessert für die Thematisierung von Belastungen und Gesundheitsgefahren durch den einzelnen. Entscheidend ist die individuelle Auffassung, nicht der Nachweis der Berechtigung und juristisch wissenschaftliche Absicherung. Die Beschwerde kann einzeln oder gemeinsam vorgenommen werden, was ein solidarisches, gegenseitiges »Rückenstärken« erlaubt. Durch die Ausrichtung auf »die Arbeit« kann auch Beschwerde für andere Kollegen in zum Beispiel ungeschützten Arbeitsverhältnissen eingelegt werden. Das Feld der Beschwerde ist weit gefaßt und damit auch die Begrifflichkeit »Gesundheit«. Der Tarifvertragstext ist ausdrücklich nicht auf verbindliche Schutzbestimmungen und damit auf regelrechte Rechtsverstöße begrenzt.

b) *Recht, sich an geeignet erscheinende Fachleute und Institutionen zu wenden*: Die Arbeitnehmer haben das Recht, sich in Fragen der Unfall- und Gesundheitsgefährdung an ihnen geeignet erscheinende Fachleute und Institutionen zu wenden, nachdem sie sich erfolglos an den Arbeitgeber gewandt haben. Damit wird verhindert, daß in Zukunft ein Arbeitnehmer, der sich an Außenstehende wendet, juristisch wegen Verletzung eines etwaigen »Betriebsgeheimnisses« bedroht werden kann.

Wichtig ist darüber hinaus, daß der Kreis der Fachleute und Institutionen bewußt weit gefaßt ist, lediglich die »Geeignetheit« muß vorliegen.

c) *Verbesserte Informationsrechte*: Der Arbeitgeber hat die Pflicht, jedem Beschäftigten eine Liste mit den Gefahrstoffen, die in der jeweiligen Abteilung zur Anwendung kommen, einschließlich der entsprechenden Sicherheitsdatenblätter, auszuhändigen.

d) *Schutzziel »Arbeitskraft von Beschäftigten«*: Durch den Tarifvertrag sind die Unternehmen verpflichtet, daß von Arbeitsstoffen, Geräten bzw. Maschinen keine Gefahren für Leben und Gesundheit einschließlich der Arbeitskraft von Beschäftigten ausgehen dürfen.

II. Probleme und Perspektiven

1. Schranken der Tarifierung entlang objektiver Tatbestände

In der Grundlinie sind die Anhänge als auch der RTS-Tarifvertrag in ihrer Tarifierung entlang objektiver Tatbestände ausgerichtet. Das heißt, es werden bestimmte Produktionsstrukturen, bestimmte Maschinen, bestimmte Arbeitsplätze normiert und Festlegungen der Arbeitsbedingungen, vor allem im Hinblick auf qualitative und quantitative Besetzungsnormen, getroffen. Für die betriebliche Umsetzung sind derartige, möglichst konkrete Regelungen von Vorteil: Wie in einem Kochbuch lassen sich die jeweiligen Besetzungen aus dem Tarifvertrag in die betriebliche Wirklichkeit übertragen. Diese traditionelle, hauptsächliche Orientierung dieser Tarifverträge der IG Medien stößt allerdings in zunehmendem Maße an Grenzen.

a) Mit dieser Methode eröffnet sich nur die Tarifierung von Produktionsstrukturen, wenn abschätzbar ist, daß aufgrund der technologischen Entwicklung zumindestens eine mittelfristige Konstanz der technischen und arbeitsorganisatorischen Bedingungen absehbar ist. Deshalb konzentrieren sich auch die Besetzungsvorschriften der Anhänge vor allem auf die Fertigungsstufe des eigentlichen Drucks, da hier, aufgrund des Einsatzes großtechnischer Anlagen, nur in längerfristigen Zeitabschnitten grundlegende Veränderungen der Technik und der Arbeitsorganisation stattfinden.

In der Vorstufe, der Satzabteilung und der Bildreproduktion, ist die technische Entwicklung deutlich schneller und die Produktionsverfahren und die Arbeitsorganisation werden in erheblich kürzeren Zeitabschnitten verändert. Dies hängt vor allem damit zusammen, daß gerade in den Vorstufen seit Ende der 60er Jahre in immer stärkerem Maße die Produktion mittels EDV-gestützter Verfahren durchgeführt wird. Da der RTS-Tarifvertrag gerade auf diesen Vorstufenbereich abhebt − speziell für die Zeitungsproduktion − liegt hier eine Schwäche dieses Tarifvertrages.

b) Die Festlegung von tariflichen Arbeitsbedingungen entlang objektiver Tatbestände ist nur möglich, wenn eine gewisse Einheitlichkeit der Produktionsstrukturen im zu tarifierenden Wirtschaftsbereich besteht. Dies ist ein weiterer Grund, weshalb sich in den Anhängen vor allem eine Festlegung der Arbeitsbedingungen für den eigentlichen Druckbereich findet, da in dieser Abteilung die branchenweite Vereinheitlichung, die abstrakte Typisierung von Maschinerie am leichtesten möglich ist. In den sogenannten Vorstufen, in den Abteilungen, in denen der Satz produziert wird und die Bildreproduktion erstellt werden, findet sich eine viel größere Differenziertheit der Arbeitsbedingungen. Das gleiche gilt für die Fertigungsstufen nach dem Druck, der Weiterverarbeitung bzw. der Buchbinderei. Deshalb lassen sich für diese Abteilungen nur in allgemeinerer Weise tariflich geregelte Arbeitsbedingungen festlegen.

Aus diesen Tatbeständen folgt, daß vor dem Hintergrund der lange Zeit geübten Praxis der Tarifierung objektiver Tatbestände die tarifliche Festschreibung von Arbeitsbedingungen Lücken aufweisen muß.

a) Die längerfristige Konstanz des Technikeinsatzes wurde überschätzt; im RTS-Tarifvertrag lassen sich zum Beispiel derartige Probleme verorten. Darüber hinaus ergeben sich Regelungslücken − und dies ist der weitaus häufigere Fall –, weil von vornherein klar war, daß bestimmte Fertigungsstufen, bestimmte Arbeitsprozesse sich nicht oder nur in einer sehr allgemeinen Weise entlang objektiver Tatbestände tarifieren lassen.

b) Die Anhänge weisen vor allem Lücken auf, weil die Homogenität der Produktionsstrukturen zu gering ist. So ist zum Beispiel für die Weiterverarbeitung in Zeitungs- und Zeitschriftenbetrieben bzw. Buchbindereien eine sehr breite, verschiedenartige Maschinerie installiert, die entsprechend vielfältige Arbeitsplätze zur Folge hat. Der Versuch, dies entlang objektiver Tatbestände zu tarifieren, würde es notwendig machen, im Tarifvertrag einen umfassenden Katalog verschiedenster Technik aufzuführen. Dabei wäre nicht einmal sicher, daß nach Abschluß – vermutlich jahrelanger Tarifverhandlungen – viele dieser technischen Gegebenheiten aufgrund der technischen Entwicklung bereits wieder hinfällig geworden wären.

2. Schwierige Durchsetzungsbedingungen

Die tariflich festgelegten Arbeitsbedingungen in den Anhängen, im RTS-Tarifvertrag sowie bei den Tarifbestimmungen zur Qualifikation und zum Gesundheitsschutz sind überwiegend tarifliche Individualrechte. Wenn gegen diese Tarifnorm verstoßen wird, kann der einzelne Arbeitnehmer zwar die Einhaltung dieser Tarifnorm verlangen, die Durchsetzung ist aber schwierig. Der einzelne hat nur die Möglichkeit, die Arbeitsleistung zu verweigern, wenn trotz Abmahnung des Arbeitgebers die tarifvertraglich vorgeschriebenen Arbeitsbedingungen nicht eingehalten werden.

Wenn also zum Beispiel an einer Bogenoffsetmaschine der Einsatz von zwei Fachkräften vorgeschrieben wird, der Arbeitgeber aber nur einen Drucker an diese Maschine stellt, dann kann dieser einzelne die Arbeit verweigern. Aber, wer macht das schon, wer hat schon den Mut, solch einen Konflikt mit dem Arbeitgeber durchzustehen? Selbst die kollektive Inanspruchnahme derartiger individueller Leistungsverweigerungsrechte durch eine Maschinenmannschaft ist schwierig und wird in der betrieblichen Praxis nur in Einzelfällen erfolgreich praktiziert. Oder besser gesagt: In der Praxis hat sich gezeigt, daß in einzelnen Belegschaften im Streitfall kollektiv die Arbeitsleistung verweigert wird, in anderen Betrieben – dies ist dann eher die Mehrzahl – besteht eher eine Zurückhaltung, diesen Konflikt mit der Geschäftsleitung einzugehen.

Bedingt durch die unterschiedliche Handhabung der Anhänge in den einzelnen Betrieben haben die Unternehmer immer wieder versucht – zum Teil erfolgreich –, Belegschaften gegeneinander auszuspielen. Nach der Methode: Im Betrieb A und B nehmen die Belegschaften es mit der Einhaltung der Besetzungsvorschriften ja auch nicht so genau, dann muß das ja wohl hier bei uns im Betrieb, im Betrieb C, auch möglich sein.

In den Anhängen, als auch im RTS-Tarifvertrag sowie bei den Tarifbestimmungen zur Qualifikation und zum Gesundheitsschutz fehlen bis auf Ausnahmen kollektive Durchsetzungsinstrumente. Generell hat der Betriebsrat nicht die Möglichkeit den Abschluß einer Betriebsvereinbarung zu erzwingen, in der die tariflichen Normen für die betrieblichen Verhältnisse konkretisiert werden. Darüber hinaus kann der Betriebsrat — sollte es zu Verhandlungen über eine Betriebsvereinbarung kommen — nicht gegen den Willen des Arbeitgebers im Streitfall die Einigungsstelle anrufen, damit diese verbindlich entscheidet.

Die mangelnden Durchsetzungsmöglichkeiten mittels kollektiver Instrumente sind neben der vorwiegenden Methodik der Tarifierung entlang objektiver Tatbestände in den Anhängen und im RTS-Tarifvertrag die beiden großen Hemmnisse und Schranken der bisherigen Tarifierung der Arbeitsbedingungen.

III. Konsequenzen

1. Tarifierung von Mitbestimmungsrechten

Generell muß versucht werden zur besseren Durchsetzung der bestehenden tariflichen Regelungen die Mitbestimmungsrechte zu verbessern. Insbesondere ist es notwendig, daß zu jedem Sachverhalt der Betriebsrat einseitig den Abschluß von Betriebsvereinbarungen zur betrieblichen Umsetzung von Tarifnormen verlangen kann. Im Streitfall muß darüber hinaus die Einigungsstelle vom Betriebsrat angerufen werden können. Diese Erweiterung ist darüber hinaus aufgrund der aufgeführten Probleme mit der Tarifierung der Arbeitsbedingungen entlang objektiver Tatbestände notwendig.

Beispiel Anhänge

Die Antwort auf die aufgezeigten Probleme kann nur darin bestehen, daß *zusätzlich* zur Tarifierung objektiver Tatbestände in erheblich stärkerem Maße als bisher die Tarifierung subjektiver Rechte des einzelnen, vor allem auch auf kollektiver Ebene — also des Betriebsrats —, in den Tarifverträgen verankert werden muß.

Immer dann, wenn in bestimmten Fertigungsstufen eine schnellebige Technik verortet wird und/oder die Technikstrukturen auf Branchenebene relativ heterogen sind und sich damit einer allgemeinen Tarifierung entziehen, macht es nur Sinn, im Tarifvertrag ganz allgemeine Vorgaben zu machen und gleichzeitig die Durchsetzungsinstrumente für Betriebsräte zu verbessern.

Im Frühjahr 1990 wurde u. a. die Anhangsbestimmung in einem Teilbereich — der Weiterverarbeitung bzw. der Buchbinderei — neu verhandelt. Mit dem Abschluß ist der IG Medien eine neue Qualität in der Ausgestaltung der Tarife zur Regelung der Arbeitsbedingungen gelungen.

Die Weiterverarbeitung ist ein Bereich, in dem zwar einerseits die technische Entwicklung relativ gut absehbar ist, vor allem aber gibt es je nach Produkt — Zeitungen, Zeitschriften oder Bücher — sehr unterschiedliche Produktionsbedingungen. Deshalb wurde von der IG Medien dieser Tarifvertrag mit folgenden Kernelementen gefordert und auch durchgesetzt:

— *Facharbeiterbindung*: Zunächst ist festgeschrieben worden, daß es in der Weiterverarbeitung Facharbeiten gibt; dies war bislang nicht in jedem Fall unumstritten. Darüber hinaus wurde für bestimmte allgemeine Maschinentypen festgelegt, daß die Tätigkeit der Maschinenführung eine Facharbeit ist. Entlang der Bestimmung, daß »das Führen von Weiterverarbeitungsstraßen Facharbeit ist« lassen sich in der betrieblichen Praxis Orientierungspunkte für die qualitative Besetzungsvorschrift gewinnen.

— *Quantitative Besetzungsvorschriften*: Für den Facharbeiterbereich läßt sich aus der Bestimmung, daß mindestens eine Fachkraft an Weiterverarbeitungsstraßen eingesetzt werden muß, je nach betrieblicher Gegebenheit auch eine zweite Fachkraft ableiten. Schwieriger ist die Festlegung für die Anzahl der Hilfskräfte, da dies sehr von unterschiedlichen technischen Gegebenheiten, vor allen Dingen aber von sehr unterschiedlichen Produktarten — Gewicht und Größe des zu bewegenden Papieres — bestimmt ist. Deshalb findet sich im Tarifvertrag die Vorschrift, daß so viele Hilfskräfte einzusetzen sind, daß diese die Tätigkeit auf Dauer und ohne übermäßige körperliche Belastung ausführen können.

— *Durchsetzungsinstrument*: Das wichtigste an dem neuen Anhang Weiterverarbeitung ist, daß erstmalig die Verankerung des Rechtes des Betriebsrats auf Abschluß einer Betriebsvereinbarung und gegebenenfalls der Anrufung der Einigungsstelle, die verbindlich zu entscheiden hat, tariflich durchgesetzt werden konnte.

Im Kern finden sich in diesem neuen Tarifvertrag zwei Elemente: einerseits allgemein gehaltene Vorschriften hinsichtlich der qualitativen und quantitativen Besetzung, die nicht durch technische Entwicklungen ausgehebelt werden können; andererseits hat der Betriebsrat durch Ausweitung der Mitbestimmungsrechte verbesserte Durchsetzungschancen.

Beispiel Gesundheitsschutz

Auch beim Gesundheitsschutz im § 2a des Manteltarifvertrages ist bewußt auf das Festhalten objektiver Kriterien — Grenzwerte u. dergl. — verzichtet worden. Hierzu wäre kein Tarifvertrag notwendig, denn die entsprechenden objektiven Bestimmungen finden sich in den einschlägigen gesetzlichen Vorschriften zum Gesundheitsschutz. Ihr Mangel besteht aber gerade darin, daß zum einen ihre Anwendung Spezialistenwissen voraussetzt und damit die Gesundheit des einzelnen an eine stellvertretende Instanz übertragen wird. Der einzelne Beschäftigte wird eher in Passivität verbannt, als daß er sich selbstbewußt um seine eigenen Interessen kümmert. Zum anderen sind viele sog. objektive Belastungskriterien bzw. Grenzwerte recht subjektiv. So weichen z. B. die noch zulässigen Belastungswerte für das krebserregende Toluol von Land zu Land in ihrer Höhe ab.

Deshalb heben die Tarifbestimmungen darauf ab, was der Betriebsrat sowie der einzelne Beschäftigte verlangen kann und wozu der Arbeitgeber verpflichtet ist. Auch wenn dies nicht in Gestalt von erzwingbaren Mitbestimmungsrechten — die von der IG Medien gefordert wurden — durchgesetzt werden kann, orientiert sich der Tarifvertrag im Grundsatz am subjektiven Handeln bzw. an subjektiven Rechten.

2. Systematische Verzahnung von Tarifpolitik und Betriebsarbeit

Die neuen tarifpolitischen Ansätze machen in viel stärkerem Maße eine systematische Verzahnung von Tarifpolitik und Betriebsarbeit notwendig. Zum einen finden wir allgemein gehaltene Handlungsmöglichkeiten. Im Unterschied zu vielen anderen Tarifnormen reicht es nicht aus, alleine auf den Tarifvertrag selbst zu verweisen. Die tarifvertragliche Norm gerade des Gesundheitsschutzes und der Fortbildung sind überhaupt erst die Voraussetzung für ein breitgefächertes betriebliches Handeln. Zum anderen macht die Ausweitung von Mitbestimmungsrechten — wie zum Beispiel im Anhang Weiterverarbeitung — die überbetriebliche Abstimmung, wie denn diese Mitbestimmungsrechte genutzt werden sollen, notwendig.

Betriebliches Handeln auf Basis von Tarifnormen

Die Handlungsmöglichkeiten, die im Gesundheitsschutz als auch in der Fortbildung enthalten sind, werden nicht automatisch aufgegriffen und in tatsächliches Handeln umgesetzt. Mit diesen neuen Instrumenten bestehen noch wenig Erfahrungen. Da die tarifvertraglichen Bestimmungen zum Gesundheitsschutz bzw. zur Qualifizierung vor allem verbesserte Bedingungen für die Initiierung einer breiten Gesundheitsbewegung und Fortbildung der Arbeitnehmer schaffen, müssen diese neuen Rechte so breit wie möglich verdeutlicht werden. Insbesondere durch die Umsetzung der Bestimmung über die Nichtbeachtung der

Gesundheitsschutzregelung müssen die Arbeitnehmer zu »Kontrolleuren des Gesundheitsschutzes am Arbeitsplatz« werden.

Als Träger für diese Aktionen in den Betrieben eignen sich zuallererst die Betriebsratsgremien und – soweit vorhanden – die Vertrauensleutekörper. Um eine möglichst breite Beteiligung der Betroffenen zu organisieren, eignet sich aber auch gerade für die Umsetzung dieser Tarifbestimmungen das neue Konzept der IG Medien zur Betriebsarbeit.

Dieses geht im Kern davon aus, daß zu bestimmten Schwerpunktthemen – wie zum Beispiel dem Gesundheitsschutz oder der Fortbildung – betriebliche Arbeitskreise gebildet werden. In diesen sollen auch diejenigen eine aktive Betätigungsmöglichkeit finden, die – aus welchen Gründen auch immer – sich der Übernahme eines dauerhaften Mandats in den bisherigen traditionellen Organisationsformen verweigern. Die IG Medien glaubt, daß durch dieses Konzept der »Aktiven auf Zeit« ein deutlich größerer Kreis von Betroffenen zu kollektivem Handeln für ihre eigenen Interessen zu mobilisieren ist.

Die systematische Umsetzung gerade solcher Tarifvertragsthemen wie Gesundheitsschutz und Fortbildung ist aber auch notwendig, damit diese Tarifverträge in späteren Tarifrunden verbessert werden können und die heute noch bestehenden Mängel beseitigt werden. Nur durch das praktische Erleben, daß diese Tarifnormen den Betroffenen ein Stück weit bei der Wahrung ihrer Interessen helfen, gleichzeitig der Tarifvertrag aber unzulänglich ist, läßt sich für die Zukunft eine breitere Mobilisierung für weitergehende Tarifforderungen herstellen.

Überbetriebliche Koordinierung der betrieblichen Umsetzungsarbeit bei mehr Mitbestimmungsrecht

Die Stärkung subjektiver Rechte im einzelnen Betrieb bringt auch Risiken mit sich. Eine erfolgreiche Strategie unterstellt, daß in allen Betrieben gleich starke Belegschaften und gleich starke Betriebsräte anzutreffen sind. Jeder weiß, daß dem nicht so ist. Die Gefahr besteht also, daß – wie in der Vergangenheit – in verstärktem Maße von Unternehmern versucht wird, starke, konsequente Belegschaften bzw. Betriebsräte gegen schwache zurückweichende Belegschaften auszuspielen.

Soll die tarifpolitische Strategie der Ergänzung der Tarifierung objektiver Tatbestände durch Ausweitung subjektiver Rechte erfolgreich sein, muß viel systematischer und konsequenter als in der Vergangenheit die Tarifarbeit mit einer konsequenten Umsetzungsarbeit in der Betriebspolitik verzahnt werden. Hierbei ist eine neue Qualität notwendig.

Diese besteht darin, daß insbesondere nach Abschluß des Tarifvertrages auf der

Basis eines abgeschlossenen Tarifvertrages für homogene Teilgruppen innerhalb der gesamten Druckindustrie präzise betriebsübergreifende Umsetzungsempfehlungen auf Betriebsrätekonferenzen oder dergleichen erarbeitet werden. Zum Beispiel: Die Weiterverarbeitung ist für die gesamte Druckindustrie eine relativ heterogen technisch ausgestattete Produktionsstufe, für einzelne Teilbereiche, zum Beispiel Zeitungsproduktion, Zeitschriftenproduktion oder industrielle Buchbinderei, sind die Produktionsbedingungen allerdings relativ ähnlich. Deshalb lassen sich für diese Teilsektoren verhältnismäßig leicht konkrete Umsetzungsempfehlungen formulieren. Diese müssen und werden kampagneartig propagiert, und über Funktionärskonferenzen werden alle betroffenen Betriebsräte überbetrieblich in ihre Betriebsarbeit eingebunden.

IV. Fazit

Die tarifpolitischen Ziele und Schwerpunktsetzungen der IG Medien für die 90er Jahre sind zur Zeit noch offen und Gegenstand der innergewerkschaftlichen Diskussion. Ohne den Ergebnissen vorgreifen zu wollen, ist aber absehbar, daß die Verbesserung der Mitbestimmungsrechte der Betriebsräte, aber auch der einzelnen Beschäftigten ein zentrales tarifpolitisches Ziel der IG Medien auch weiterhin sein wird. Da dies Thema Bestandteil des Tabu-Katalogs der Unternehmer ist, sind konfliktträchtige Auseinandersetzungen absehbar.

Wie Einzelerfolge – zum Beispiel der Anhang Weiterverarbeitung – gezeigt haben, ist die Verankerung von mehr Mitbestimmungsrechten in begrenztem Umfang auch für eine Einzelgewerkschaft möglich. Gleichwohl könnten die Erfolgschancen gesteigert werden, wenn auch in anderen Gewerkschaften die Ausweitung von Mitbestimmungsrechten zu einem gewichtigen Ziel gemacht würde. So könnten durch entsprechende Koordinierung – ähnlich wie beim Kampf um die 35-Stunden-Woche – die Erfolgschancen für alle verbessert werden.

Karl Röhrig/Jörg Schröder

Zielkonflikte: Arbeits- und Technikgestaltung in der Praxis einer IG Metall-Verwaltungsstelle

Nehmen wir als ein allgemeines Beispiel für Gestaltung den Text des »Programms Arbeit und Technik« und betrachten die Programmziele. In dem Schwerpunkt »Arbeit und Technik bei der Fabrikinnovation« heißt es dort:
»Unter den zentralen Programmzielen
- Schutz der Gesundheit der Beschäftigten durch Abbau und Abwehr von Belastungen und
- menschengerechte Gestaltung von Arbeit und Technik

soll in diesem Arbeitsschwerpunkt die Suche nach Lösungsalternativen zur Gestaltung betrieblicher Innovationsprozesse unterstützt werden. Dabei wird eine menschengerechte und zugleich wirtschaftliche Fabrikinnovation durch die ausgewogene Gestaltung von Technik, Organisation und Qualifikation sowie die Verbesserung des Arbeits- und Gesundheitsschutzes angestrebt (umfassende Innovation). Im Rahmen einer zukunftsgerichteten Arbeits- und Technikgestaltung bieten sich auch Möglichkeiten zur Verbesserung des Umweltschutzes durch den Abbau von Gefährdungen innerhalb des Betriebes.«[1] Das ist sicher kein leichter Anspruch an die Arbeit, trotz der ausgewogenen Formulierungen.

Nun sind Beschlüsse der Gewerkschaftstage und Programme der IG Metall zum Bereich »Arbeit und Technik« sicher in vielen Punkten wesentlich stärker auf die Interessen von abhängig Beschäftigten bezogen, besonders in der Frage der Mitbestimmung der Betroffenen, also der *demokratischen* Gestaltung von Arbeit und Technik. Weitergehende Formulierungen und Forderungen bestehen auch im Bereich der Mitbestimmung bezogen auf die Produkte, aktuell ist die Frage der Rüstungskonversion wieder in die Diskussion gekommen. Die umweltbelastenden Folgen einer industriellen Produktion werden zumindest in der öffentlichen Debatte ständig stärker wahrgenommen.

---

1 Der Bundesminister für Forschung und Technologie, Programm Arbeit und Technik, Arbeitsschwerpunkt Arbeit und Technik bei der Fabrikinnovation, Bundesanzeiger, Jahrgang 42 Nr. 200, S. 5629–5630, Oktober 1990.

»Wie wollen wir morgen leben und arbeiten, was wollen wir morgen produzieren«, das ist die gewerkschaftliche Leitidee zur Gestaltungsfrage. In der Praxis bleibt die Entwicklung von Arbeit und Technik jedoch zu oft allein die Sache der Unternehmer. Und gesellschaftliche Fragen spielen kaum eine Rolle.

Alltägliche Beratung muß zunächst fast immer von einem stark eingeschränkten Begriff von Technologie ausgehen. Dies deswegen, weil in der täglichen Praxis von Betriebsräten und Arbeitnehmern die Lösungen konkreter technischer und arbeitsorganisatorischer Fragen im Mittelpunkt stehen. Für eine umfassendere Arbeitsweise eines Technologieberaters, bei der die Technologie auch in ihren »kulturellen und sozialen Aspekten«[2] berücksichtigt werden kann, bleibt oft wenig Raum und Zeit.

Dies ist natürlich ein widersprüchliches Verhältnis für jeden einzelnen Berater, der sich zunächst die Frage stellen muß, inwieweit er direkt nur auf die konkreten und aktuellen Bedürfnisse der Kolleginnen und Kollegen eingeht und ob er später gemeinsam mit ihnen zu einer umfassenderen gewerkschaftlichen Arbeitsweise »noch die Kurve kriegt«. Gleichzeitig stehen Betriebsräte und Berater in fast jedem Fall vor komplexen Planungsstrukturen, über die sie zu Beginn nur unzureichende Informationen besitzen.

1. Ein aktuelles Beispiel

Ein Betriebsrat bittet um Beratung. Es soll ein Gerät zur Zeiterfassung eingeführt werden. Der Betriebsrat wünscht sich so schnell wie möglich eine Betriebsvereinbarung. Der Berater soll die Funktion des Zeiterfassungssystems erklären und einen Entwurf für eine Vereinbarung erstellen. Bislang ist aber nur der Name des Systems bekannt. Nach Ermittlung der Informationen, gegen den anhaltenden Widerstand der Arbeitgeber, ergibt sich ein ganz anderes Gesamtbild.[3]

Das Zeiterfassungssystem ist nur ein Bestandteil einer Gesamtplanung. Im Betrieb wird schon an der Einführung eines Produktions-, Planungs- und Steuerungssystems (PPS) gearbeitet. Dabei sollen die ermittelten Zeitdaten sowohl in einer Lohn- und Gehaltsabrechnung verwendet werden, als auch in einem Kalkulationsmodul des PPS-Systems. Zusätzlich sollen Maschinendaten direkt

---

2 Vgl. hierzu *W. Bierter,* Plädoyer für eine demokratische Technikkultur, in: Industriegewerkschaft Metall (Hg.), Die andere Zukunft: Technologieentwicklung und Techniksteuerung, Materialband der Diskussionsforen »Die andere Zukunft« Nr. 4, Köln 1988.
3 Alle betrieblichen Angaben wurden verfremdet.

erfaßt werden. Eine neue Anlage zum computerunterstützten Konstruieren (CAD) soll in Verbindung mit einem Stücklistenprogramm nur noch in geringem Umfang die Entwurfsarbeit der Ingenieure zulassen. Sie sollen aus einem Standardbaukasten für Normteile das Produkt auf dem Bildschirm zusammensetzen. Der »Spieltrieb« wird begrenzt, sagt die Geschäftsleitung. Der Betrieb gehört zu einem Konzern, dessen Zentrale in Frankreich ihren Sitz hat. Dort sollen in der Zukunft alle Standard-Bauteile auf einem zentralen Rechner in einer Datenbank gespeichert werden. Das Ingenieurwissen wird also von den einzelnen Standorten zum Teil in die Zentrale abgezogen. Auch die Produkte werden verändert. Ein neues Produkt, hoch standardisiert in seinen Einzelteilen, aber sehr flexibel in seiner endgültigen Ausführung, soll drei andere Produktgruppen ablösen. Die Produkte können nur mit einem hohen Anteil von Wartungsarbeiten als Dienstleistungspaket verkauft werden. Die Außendienstmitarbeiter sollen zu diesem Zweck ein tragbares Computersystem erhalten, das jeweils alle Bestandteile des verkauften Produktes enthält. Durchgeführte Arbeiten werden ebenfalls in diesem System gespeichert und an die jeweils regionalen Betriebe übertragen. Die Angebotsarbeit soll verbessert werden. Nur 20 % der Anfragen werden zu Aufträgen. Der Aufwand ist hoch. Ein Expertensystem soll die Vertriebsingenieure in die Lage versetzen, mit wenig Aufwand erste Angebote abgeben zu können. Insgesamt, so läßt sich ermitteln, gibt es 11 Projektteams in dem gesamten Konzernverbund, die sich aktuell mit allen diesen Fragen beschäftigen. Ein Zeitplan der Konzernleitung macht deutlich, daß schon seit zwei Jahren intensiv gearbeitet wird. In zwei weiteren Jahren soll alles laufen wie geplant.

Der Berater empfindet angesichts dieser Gesamtplanung die Zielsetzung der gemeinsamen Arbeit nicht mehr als angemessen. Eine Diskussion mit den Kollegen ergibt, daß alle diese Punkte schon einmal irgendwann angesprochen worden sind: auf der Ebene des Konzernbetriebsrats und auch regional. Dabei wurden weitgehend verschleiernde Begriffe benutzt, z. B. KD-2000 für das Außendienstsystem oder Phase IV für die Produktveränderung. Die Geschäftsleitung stellte dabei immer übergreifende Ziele in den Vordergrund, die jeweils sehr allgemein formuliert wurden und nicht sehr aufklärend waren. »Wir müssen flexibler werden, die Kunden wünschen das, unsere Angebotsarbeit muß besser unterstützt werden, die Kollegen schaffen das sonst nicht mehr« usw., usw.

2. Warum Beratung schon am Anfang scheitern kann

Insgesamt kommt dabei zunächst ein ziemliches Durcheinander von Zielen, Arbeitsvorstellungen, unterschiedlichen Interessen usw., auch auf seiten der Betriebsräte und der Berater heraus. Jedem, der professionell Beratungsarbeit leistet, ist wohl dieser eigentlich unmögliche Ausgangspunkt bewußt:

- Es besteht keine Klarheit über die Gesamtaufgabe.
- Es besteht aber auch deshalb keine Klarheit über den Beratungsgegenstand, weil Berater und zu Beratende oft verschiedenste, nicht ausgesprochene Vorstellungen und Wünsche mit sich tragen.

Auf der Seite der Betriebsräte sind das meist Wünsche in ganz anderen Arbeitsbereichen. Wenn man schon einmal einen hauptamtlichen Kollegen im Betrieb hat, dann werden alle die Fragen gestellt, zu denen Probleme vorliegen. Lohn-, Tarif- und Leistungsfragen, Fragen der Berufsbildung, Rechtsfragen aller Art, Kündigungsschutz, alles, was eben sonst auch mit Gewerkschaftssekretären besprochen werden kann. Fragen wir einen professionellen Berater, unabhängig vom Arbeitsbereich, er wird sagen, solche Beratungsprozesse, bei denen am Anfang keine Klarheit über den Beratungsgegenstand hergestellt werden kann, die können eigentlich nur scheitern.

Was ist nun die richtige Strategie einer Beratung, die auch den vorhandenen Kapazitäten der Arbeitnehmerseite gerecht wird? Der Einwand, eine solche umfassende Planung wie beschrieben sei ja wohl doch die Ausnahme, trifft nicht zu. In jedem einzelnen Beratungsfall, sei es im Kleinbetrieb oder in einem Konzernableger, läßt sich eine solche Vielzahl gestaffelter und überlappend ablaufender Planungsprozesse nachweisen. Oder anders gesagt, die Planung und Einführung neuer Techniken fängt nicht irgendwann in einem Betrieb an und hört dann wieder auf, und für die nächsten drei Jahre ist Ruhe. Die Erfahrung zeigt, kaum ist das eine Thema erledigt, fängt ein anderes an einer anderen Ecke des Betriebes wieder neu an.

Die Planungsprozesse laufen kontinuierlich, insofern, als Technik und Technologie laufend zur Erhöhung der Produktivität eingesetzt werden. Das zeigt auch die Beratungsstatistik. Die Betriebe lassen sich nicht in diejenigen einteilen, in denen nichts geschieht und die deshalb nicht kommen, und in diejenigen, in denen Planungen ablaufen und die deshalb um Beratung nachsuchen. Es ist allein eine Frage des Vertrauens gegenüber dem Berater. Ist ein Betriebsrat erst einmal davon überzeugt, daß ihm der Berater eine Hilfe sein kann, dann ist er ein »Dauerkunde«. Andere kommen gar nicht, oder brechen die Beratung ab.

3. Gestaltungsziele im Prozeß finden

Und was ist nun mit dem Zeiterfassungssystem? Natürlich lassen sich hier Kriterien finden, die eine arbeitnehmerorientierte und humane Gestaltung ermöglichen. Der Betriebsrat erwartet das auch. Fängt der Berater nun dabei an, oft sehr akademisch von »systemischer Rationalisierung« zu reden, regt sich nicht selten Unwillen. Dennoch gibt es in dem beschriebenen Fall wohl Wichtigeres zu tun, als die Zeiterfassung zu regeln. Die Folgen der Gesamtplanung können ja sehr vielfältig sein.

In den Angebotsabteilungen der Werke könnte es zu größerem Personalabbau kommen, die Kontrolle der Außendienstmitarbeiter könnte sich verschärfen, es könnten zukünftig weniger Ingenieure beschäftigt sein, die Standortfrage der einzelnen Werke kann neu gestellt werden, wenn das Ingenieurwissen in der Zentrale konzentriert wird, es lassen sich noch viele Folgen ausmalen.

Daneben gibt es den üblicheren Bereich der Gestaltung. Wird in dem geplanten PPS-System die Werkstattautonomie erhöht oder abgebaut? Wird also der Meister zukünftig noch die Planung der Arbeit auf einem Leitstand machen, oder wird diese Arbeit in die Arbeitsvorbereitung verlagert werden? Welche Formen der Arbeit lassen sich dann jeweils noch planen? Kann z. B. Gruppenarbeit geplant werden, oder wird es nur noch geringer qualifizierte Bediener an den Maschinen geben?

Es fällt aber schwer, auch wenn der Betriebsrat oft anderes zunächst gar nicht will, an einer Einzeltechnologie so eine Art »Resthumanisierung« zu betreiben, währenddessen im Unternehmen eine Gesamtplanung läuft, die möglicherweise die Existenz einzelner Werke in Frage stellt. Es ist dann nicht verantwortbar, nur den Fertigungsleitstand und die Gruppenarbeit in der Werkstatt zum Thema zu machen und die »restlichen« Fragen unbearbeitet zu lassen.

Nicht zuletzt ist es eine Frage der Arbeitskapazitäten für eine Beratung, die nur sehr begrenzt vorhanden sind. Innovations- und Technologieberatung kann deshalb eben nicht einzeltechnologisch und punktuell ansetzen. Es gibt meist auch nicht »die Schlüsselfrage«, mit der sich die Arbeit auf einen Schlag erledigen läßt. Und es gibt natürlich auch nicht den Berater, wohl auch nicht den Betriebsrat, der sich in allen einzeltechnologischen Fragen so gut auskennt, daß er den versammelten Planungsteams der Arbeitgeber kurzerhand andere Detaillösungen und auch noch ein alternatives Gesamtkonzept gegenüberstellen kann.

4. Ein breiteres Bündnis für die Gestaltung

Prozeßorientierte Beratung, Beteiligung der betroffenen Kolleginnen und Kollegen bei der Entwicklung von Gegenkonzepten und Netze von Sachverständigen, die eine Hilfestellung geben können, ist deshalb die richtige Arbeitsweise. Aber sie ist eben nicht frei wählbar, sondern unverzichtbar, wenn überhaupt vertretbare Ergebnisse herauskommen sollen.

Wo wir in den Betrieben dabei gegen taylorisierte und zerstückelte Arbeitsorganisation ankämpfen müssen, läßt sich dies oft nur sehr schwer erreichen. Solche

Arbeitsweisen haben sich leider auch im Denken der Kolleginnen und Kollegen niedergeschlagen, mit denen wir arbeiten wollen. Bürokratisierte Zuständigkeiten und Hierarchien sind ein großes Hindernis. Wer ist denn zuständig für das oben beschriebene Beispiel? Der Gewerkschaftssekretär, der Betriebsrat, der Technologieberater, die Betreuer der Konzernbetriebsräte, oder ist da nicht eine Arbeitsweise notwendig, die eine teamorientierte, aufgabenbezogene und umfassende Erledigung ermöglicht? Da versteht sich wohl von selbst, daß eine angemessene Arbeitsform auch stärker abteilungs- und bereichsübergreifend sein müßte.

Was sind also die ersten Schritte einer Beratung? Wie wohl schon deutlich wurde, ist die Einigung über den Beratungsgegenstand sehr bedeutsam für den Erfolg. In den üblicherweise sehr komplexen Planungssituationen in den Betrieben ist das natürlich nicht einfach. In der Regel muß der Berater zunächst eine Öffnung der Fragestellung erreichen, muß dazu eine Menge Informationen aus dem Betrieb aufarbeiten und die Zusammenarbeit von einer gewissen Hektik und Alarmstimmung befreien.

Die Beratung als einen Prozeß zu sehen heißt natürlich Ziele, Prioritäten und Reihenfolge gemeinsam festlegen. Man kann auf einen fahrenden (Planungs-)Zug wohl an verschiedenen Stellen aufspringen, das richtet sich auch nach vielen Faktoren der betrieblichen Situation. Aber schließlich muß man wohl in den Bereich der Lokomotive kommen, um etwas erreichen zu können.

Die Arbeitgeber treiben dabei oft ein buntes Verwirrspiel mit den Betriebsräten, um zu verhindern, daß sie »da vorn« erscheinen. Beispielsweise wurde in einem Beratungsfall mindestens die halbe Mannschaft des Betriebsrats mit der Frage des Kantinenumbaus ständig von der Geschäftsleitung abgelenkt, währenddessen PPS, CAD, Betriebsdatenerfassung und PAISY-Einführung kontinuierlich im Hintergrund abliefen. Nun ist die Kantine bestimmt nicht unwichtig, aber es ist wichtig, eine gemeinsame Arbeit auch in den Kapazitäten vernünftig planen zu können. Die Ziele festlegen heißt also auch, alle sonstigen laufenden Arbeiten in ihrer Bedeutung und in ihrem Volumen abzuschätzen, um dann überlegen zu können, was denn noch leistbar ist. Die Arbeit des Technologieberaters als Expertenarbeit zu organisieren, indem er nur sein Wissen einbringt, ist deshalb nicht ausreichend.

5. Über den Einzelbetrieb hinaussehen

Und was sollte das Spezialwissen eines Beraters denn nun sein? Unabhängig davon, daß viele Einzeldisziplinen von den verschiedenen Beratern angeboten werden, Arbeitswissenschaft, Ingenieurdisziplinen, Betriebswirtschaft usw., muß ein betriebsübergreifender Überblick als Grundlage vorhanden sein. In der Praxis der Innovations- und Technologieberatungsstelle (IBS) in Berlin heißt das, branchenbezogen zu arbeiten. Wenn ein Berater nicht die grundsätzliche Entwicklung einer Branche sowie die regionalen Besonderheiten kennt, wird er bei den einzelnen betrieblichen Planungen wohl zu oft im dunkeln tappen.

Branchenbezogene Konferenzen zur Lage der Elektroindustrie in Berlin, des Endgerätemarktes, der Kabelindustrie, des Maschinenbaus und zu den Entwicklungen zur Umwelttechnologie, zu den neuen Anforderungen, die sich aus dem ökologischen Stadtumbau für das Installationshandwerk ergeben, sowie zum Automobilhandwerk bezogen auf die neueste Automobiltechnik, wurden in Berlin geplant und durchgeführt. Dabei war nicht so sehr die Entwicklung direkt beeinflußbar, aber viel Wissen zu gewinnen. Kolleginnen und Kollegen aus den Betrieben, hatten zudem die Möglichkeit, mit den Geschäftsführungen der Betriebe zu diskutieren, und konnten deren Entwicklungsvorstellungen mit unseren gewerkschaftlichen Vorstellungen direkt vergleichen. Eine solche übergreifende Arbeit braucht viel Zeit. Kontakte und Gesprächsbereitschaft müssen erst einmal hergestellt werden. Unter dem Druck kurzfristiger Erfolgsbewertung von Einzelberatung und ständiger »Feuerwehreinsätze« in den Betrieben besteht immer die Gefahr der Vernachlässigung dieser Aufgaben. Wenn aber Kolleginnen und Kollegen in den Betrieben solche Entwicklungen beeinflussen wollen, soweit es eben in dem betrieblichen Einzelfall jeweils möglich ist, dann sind solche Bestandteile von Beratung unverzichtbar. Auch die Seminar- und Veranstaltungsarbeit der IBS muß in ihrem Volumen aus diesem Grunde in der Zukunft viel stärker zunehmen.

Wenn auch aus dem betrieblichen Einzelfall heraus eine generelle Entwicklungstendenz nicht entscheidend verändert werden kann, so ist doch zumindest auf der Ebene von Verwaltungsstellen und Bezirken diese Arbeit notwendiger Bestandteil. Es sei an die Frage der Produktkonversion erinnert, die am Anfang angesprochen worden ist. Hier ist die Arbeit der IBS an der Schnittstelle zu Wirtschafts- und Strukturpolitik zu sehen. Seit geraumer Zeit besteht ein Arbeitskreis Wirtschafts- und Strukturpolitik in der Verwaltungsstelle Berlin, der mit Wissenschaftlern aus den Instituten und Hochschulen der Stadt einen Einfluß auf die Entwicklung nehmen will.

In einem Arbeitspapier zur Produktentwicklung und Produktkonversion in der Berliner Metall- und Elektroindustrie[4] — bei einer wissenschaftlichen Arbeits-

---

4 Arbeitspapier der Arbeitsgruppe »Regionale Innovationspolitik«, Produktkonversion und Produktinnovation in der Berliner Metall- und Elektroindustrie, Hg. IG Metall, Verwaltungsstelle Berlin, Innovations- und Technologieberatungsstelle der IG Metall (IBS/IGM), IG Metall Vorstand, Abteilung Automation/Technologie/HdA, Berlin, Februar 1991.

weise kommt eben zunächst oft ein Papier heraus — wurden Vorstellungen zum Erhalt des Industriestandortes Berlin dargelegt.

Daß dabei die Produktentwicklung und Produktkonversion von zentraler Bedeutung ist, gilt sicher nicht nur für die Entwicklung der regionalen Potentiale und Ressourcen dieser Stadt. Bei den bisher vorhandenen Modellen von »verlängerten Werkbänken und flachen Fertigungsstrukturen« läßt sich wohl auf Dauer ein Industriestandort wie Berlin nicht erhalten.

Damit wird deutlich, wie sehr die allgemeinen Ziele einer Technologieberatung von den regionalen Bedingungen geprägt werden und wie wenig stets allgemein gelten kann, »was zu tun ist«. Aber auch die Notwendigkeit ist in der Praxis klar ersichtlich, zwischen Detailarbeit, Einzelbetriebsberatung und übergreifenden Fragen ein vernünftiges Maß der Aufteilung von Arbeitskapazitäten zu finden. Obwohl die IBS Berlin schon 11 Jahre besteht, ist dies eine Daueraufgabe, die in ständiger Auseinandersetzung aufgrund verschiedener Interessen gelöst werden muß.

Uwe Loss/Georg Simonis/Walter Weiß

Sozialverträgliche Technikgestaltung — Erfahrungen aus Nordrhein-Westfalen

1. Einleitung

Von der Landesregierung Nordrhein-Westfalens wird seit 1984 das Programm »Mensch und Technik — Sozialverträgliche Technikgestaltung« (kurz: SoTech-Programm) gefördert. Bis 1990 wurden für über 100 Forschungs- und Gestaltungsvorhaben etwa 60 Mio. DM aufgewendet. Im Frühjahr 1988 beschloß die Landesregierung das zunächst für fünf Jahre geplante Programm über das Jahr 1989 hinaus als arbeits- und sozialorientiertes Technologieprogramm fortzusetzen — allerdings auf einer stark reduzierten finanziellen Basis. Zur Zeit der Abfassung dieses Artikels (Anfang 1991) werden noch etwa zehn Projekte gefördert.

Die zur Zeit durchgeführten Projekte sind auf die Lösung von praktischen Problemen »vor Ort« konzentriert, wobei gleichzeitig versucht wird, die Erfahrungen aus der ersten Programmphase umzusetzen. In dem nachfolgenden Artikel werden einige dieser Erfahrungen, die für die Gestaltungsdiskussion in den Gewerkschaften von Bedeutung sein könnten, aus der Sicht von Mitarbeitern des für das SoTech-Programm zuständigen Projektträgers, der seit Herbst 1989 beim Institut Arbeit und Technik in Gelsenkirchen angesiedelt ist, dargestellt.[1]

---

[1] *U. v. Alemann/H. Schatz/G. Simonis/E. Latniak/J. Liesenfeld/U. Loss/B. Stark/W. Weiß*, Ergebnisse und Leitbilder sozialverträglicher Technikgestaltung. Bericht des Projektträgers zum NRW-Landesprogramm »Mensch und Technik — Sozialverträgliche Technikgestaltung«, Oldenburg 1991 (i. E.); Projektträger des Programms »Mensch und Technik — Sozialverträgliche Technikgestaltung«, SoTech-Literatur, Bibliographie zu den Projekten und dem Programm »Mensch und Technik — Sozialverträgliche Technikgestaltung« der Landesregierung Nordrhein-Westfalen (= Ministerium für Arbeit, Gesundheit und Soziales des Landes Nordrhein-Westfalen [Hg.]: Werkstattbericht Nr. 85), Düsseldorf 1990; *G. Simonis/E. Latniak/U. Loss/W. Weiß*, Gesellschaftsorientierte Technologiepolitik — Das Landesprogramm »Mensch und Technik — Sozialverträgliche Technikgestaltung« in Nordrhein-Westfalen. In: *W. Fricke* (Hg.), Jahrbuch Arbeit und Technik Nordrhein-Westfalen 1990. Bonn 1990.

2. Leitbilder sozialverträglicher Technikgestaltung

Zur Vermeidung technikzentrierter Fehlinvestitionen und gesellschaftlicher Fehlentwicklungen sind alternative handlungsorientierende Leitbilder erforderlich, die von vornherein die Entwicklung technischer Systeme so orientieren, daß sie gleichermaßen die Fähigkeiten und Interessen der Beschäftigten, die sozialen Bedürfnisse und ökologischen Erfordernisse der Gesellschaft angemessen berücksichtigen. Auf einer sehr allgemeinen Ebene bedeutet dies, daß die Leitbilder der Technikentwicklung nicht nur von den Kriterien der Wirtschaftlichkeit und der technischen Effizienz, sondern auch von den Kriterien der Sozial- und Umweltverträglichkeit bestimmt sein müßten.

Werden diese Kriterien zur Gestaltung der neuen Informations- und Kommunikationstechnologien herangezogen, ergibt sich ein Spektrum von Normen, das die Funktion eines umfassenden Leitbildes für die sozialverträgliche Gestaltung dieser Technologien übernehmen kann. Von sozialverträglich gestalteten Informations- und Kommunikationstechnologien wäre zu verlangen:

1. Technikanwender und -nutzer sollten
   - partizipations- und lernfähig sowie
   - gestaltungskompetent sein.

2. Technische Systeme sollten
   - fehlerfreundlich und risikoarm,
   - transparent und
   - gestaltungsoffen sein.

3. Die Arbeitsorganisation sollte
   - nicht diskriminierend (z. B. nach Geschlechterrollen),
   - partizipations- und lernfördernd sowie
   - humanzentriert aufgebaut sein.

4. Anwendungen und Nutzungen der neuen Technologien sollten in eine staatliche Modernisierungspolitik eingebunden sein, die
   - sozialverpflichtet,
   - demokratiefördernd und
   - grundrechtesichernd angelegt ist.

Dieses Leitbild begreift Technik nicht als Artefakt, als »hardware«, sondern als soziotechnisches System, das in die Gesellschaft und in die Politik eingebunden ist. Die Informations- und Kommunikationstechnologien lassen sich nur sozialverträglich gestalten, wenn ihre Anwender und Nutzer sowie die gesellschaftlichen Rahmenbedingungen mit in die Gestaltung einbezogen werden.

3. Betroffenenbeteiligung – die betriebliche Handlungsebene

Im folgenden soll aus den vielfältigen Aktivitäten des SoTech-Programms zunächst auf den Bereich der betrieblichen Beteiligung eingegangen werden, bevor die überbetriebliche Handlungsebene thematisiert wird. Hinsichtlich beider Handlungsebenen wurden zahlreiche Projekte im Rahmen des SoTech-Programms durchgeführt. Sie beinhalteten sowohl Modellversuche als auch konzeptionelle und analytische Projekte. Eine umfassende Analyse der Projektergebnisse dürfte hinsichtlich zukünftiger gewerkschaftlicher Politik ausgesprochen lohnenswert sein; diese kann hier jedoch nicht geleistet werden. Hier können lediglich Ausschnitte wiedergegeben werden.

Keine allgemeingültige Tendenz

Ein allgemeines Ergebnis des SoTech-Programms vorweg: Die immer noch häufig vertretene Auffassung, daß mit der Einführung neuer Techniken die Arbeitsverhältnisse menschengerechter würden, kann nicht bestätigt werden. Einen solchen Automatismus gibt es nach den Ergebnissen des SoTech-Programms nicht. Vielmehr zeigen die Programmergebnisse, daß weiterhin die unterschiedlichsten betrieblichen Formen und Strategien nebeneinander bestehen, wobei eher eine Tendenz zum Strukturkonservatismus festzustellen ist.[2] Hauptsächlich werden neue Techniken unter der Beibehaltung traditioneller Formen von Arbeitsteilung, Qualifikation und Nichtbeteiligung der Betroffenen eingesetzt und angewandt. Daneben existieren allerdings auch Einsatzformen, die von vornherein eine Beteiligung der betroffenen Beschäftigten vorsehen und die auf Höherqualifizierungen sowie Rücknahme von Arbeitsteilung abzielen. Ob »alte Produktionskonzepte« oder »neue Produktionskonzepte« zur Anwendung kommen, wird demnach nicht durch die bloße Einführung neuer Techniken entschieden, sondern durch die am Entscheidungsprozeß beteiligten Personen, ihren Interessen und deren Durchsetzungsbedingungen.

Beteiligungsmodelle und Folgeprobleme

Anders gewendet bedeutet dies, daß die von Technikeinführungen Betroffenen versuchen müßten, ihre Interessen schon bei Planung des Einsatzes neuer Techniken und sonstiger Veränderungen des Arbeitsprozesses »vor Ort« einzubrin-

---

2 L. Pries/R. Schmidt/R. Trinczek (Hg.), Trends betrieblicher Produktionsmodernisierung, Opladen 1989; L. Pries/R. Schmidt/R. Trinczek, Entwicklungspfade von Industriearbeit, Opladen 1990; A. Fiedler/U. Regenhard, Mit CIM in die Fabrik der Zukunft? Probleme und Erfahrungen, Opladen 1991 (i. E.); J. Bünnig/G. Fobbe/U. Höfkes u. a., Moderne Zeiten – Alte Branche. Neue Technologien und Neue Produktionskonzepte in der Eisen- und Stahlindustrie, Opladen 1991 (i. E.).

gen. Mitbestimmung am Arbeitsplatz wird notwendig, da dort die eigentlichen Experten für Veränderungen der Arbeitsbedingungen agieren. Die Beteiligung von Arbeitnehmerinnen und Arbeitnehmern bei der Gestaltung ihrer Arbeitsbedingungen hat jedoch viele Gesichter. Sie reicht von durch das Management initiierten Sozialpraktiken, die lediglich die Akzeptanz der Beschäftigten für Rationalisierungsmaßnahmen sichern sollen, bis hin zu Beteiligungskonzepten, die tatsächlich die Umsetzung der Betroffenenvorstellungen zum Ziel haben. Hier zu unterscheiden ist oft schwierig und kann nur am konkreten betrieblichen Fall nachvollzogen werden.

Die eigentliche Schwierigkeit liegt darin begründet, daß es sich letztlich immer um Veränderungen handelt, die einen reibungslosen Produktionsablauf und einen verbesserten Output, also eine Produktion unter verbesserten betriebswirtschaftlichen Bedingungen, zum Ziel haben. So steht jede betriebliche Beteiligungsmaßnahme unter einem Rationalisierungsvorbehalt. Das bedeutet, daß aus Sicht der Beschäftigten ein »offenes Auge« − auch über den Betrieb hinaus − angebracht ist. Bei jeder Beteiligungsmaßnahme sind auch die Folgeprobleme zu bedenken. Diese können in der Terminierung sowie in bereichs-, abteilungs-, betriebs- und/oder unternehmensübergreifenden Handlungsfeldern liegen. Gilt es doch zu beachten, daß nicht neue Segmentationslinien geschaffen werden, bei denen bestimmte Beschäftigte oder Beschäftigungsgruppen ausgegrenzt werden. In Analogie zu der Aufteilung in Rationalisierungsgewinner und -verlierer kann die Möglichkeit nicht ausgeschlossen werden, daß Gruppen von Beteiligungsgewinnern und Beteiligungsverlierern entstehen. Durch eine soziale Aspekte berücksichtigende Anlage des Beteiligungsprozesses kann dieser Gefahr von vornherein entgegengewirkt werden.

Beteiligung als Moment der Demokratisierung

Durch die unmittelbare Beteiligung der Beschäftigten kann eine Demokratisierung des Betriebsgeschehens eingeleitet werden. Die Arbeitnehmerinnen und Arbeitnehmer geben sich oft nicht mehr damit zufrieden, daß hinsichtlich ihrer unmittelbaren Arbeitsbedingungen stellvertretend für sie gehandelt wird. Spätestens seit Mitte der 80er Jahre wird zunehmend erkannt, daß gewerkschaftliches Handeln und die betriebliche Interessenvertretung Beteiligungsabsichten ernst nehmen muß, seien sie nun von Unternehmensleitungen angeregt oder kommen sie von den betroffenen Beschäftigten selbst. Auf den Arbeitsplatz beschränkte Interessendurchsetzung hat zwar häufig den Nachteil, weitergehende Konsequenzen auszublenden. Die Verbindung betriebspolitischer Demokratisierungsinteressen mit überbetrieblichen industriepolitischen und gesellschaftspolitischen Interessen könnte aber den Gewerkschaften neue Handlungsfelder erschließen.

Betriebliche Beteiligung im SoTech-Programm: ein erstes Beispiel
Ein betriebliches Beteiligungsprojekt wurde im Rahmen des SoTech-Programms von der Thyssen Edelstahlwerke AG, Magnetfabrik Dortmund, in Kooperation mit der Universität-Gesamthochschule Essen durchgeführt. Grundlage des praktischen Projektteils war eine Analyse gängiger Konzepte arbeitsbegleitender und vorausschauender Qualifizierung − sogenannte Lernstattkonzepte − gerade auch im Hinblick auf Beteiligungsmöglichkeiten für bisher gering qualifizierte Arbeitskräfte.[3] Die praktische Umsetzungsphase beinhaltet die Durchführung einer Lernstatt in zwei Produktionsabteilungen, in denen neue Produktlinien gefertigt werden. Bei den dort hergestellten Produkten handelt es sich vorwiegend um kleinere Chargen, die häufig kundenspezifischen Anforderungen angepaßt werden müssen, was in der Vergangenheit durchaus zu Qualitäts- und Lieferengpässen führte. Die Bildung von Kleingruppen der Beschäftigten zum Zweck der Gestaltung der Arbeitsprozesse ist Kernstück des Lernstattkonzepts. Das Unternehmen erwartet nun von einer veränderten Personalentwicklung ein verbessertes Betriebsergebnis. Zur Absicherung und Einbindung des Modellversuchs in die unternehmensinternen Entscheidungsverläufe auf der einen und in das System delegativer Interessenvertretung auf der anderen Seite wurde eine paritätisch besetzte Projektsteuerungsgruppe gebildet. Die Umsetzungsphase des Projekts ist derzeit noch nicht abgeschlossen − erste Ergebnisse zeigen, daß das Projekt die Qualifizierungs- und Beteiligungsmöglichkeiten für Arbeitnehmer am unteren Ende der betrieblichen Hierarchie ausdehnt.

Gerade dieses Beispiel macht deutlich, daß betriebliche Gestaltungsprojekte sich im Rahmen der unternehmerischen Rationalisierungspolitik bewegen. Sie befinden sich auf der Grenzlinie zwischen unternehmerischem Handeln und Interessenpolitik der Beschäftigten. Ein wesentlicher Unterschied zu traditionellen Rationalisierungsprozessen ist jedoch, daß die Beschäftigten nicht Opfer, sondern arbeitspolitisch handelnde Subjekte sind und damit ihre eigene Position stärken sowie ihre eigene Situation verbessern können. Deutlich wird auch: Es gibt keine gestaltungspolitischen Rezepte; es handelt sich immer um Lernprozesse mit unterschiedlichen Ausgangsbedingungen und handelnden Akteuren.

Betriebliche Beteiligung im SoTech-Programm: zweites Beispiel
Die Beteiligung der Beschäftigten und der betrieblichen Interessenvertretung hängt in einem erheblichen Maße von betrieblichen Strukturen, den Formen

---

3 *S. Peters/M. Loberg/R. Jende,* Lernstatt. Ein neues Konzept für die betriebliche Aus- und Weiterbildung? − Eine Problemskizze (= Ministerium für Arbeit, Gesundheit und Soziales des Landes Nordrhein-Westfalen [Hg].: Werkstattbericht Nr. 72) Düsseldorf 1989.

der Interessenvertretung sowie den spezifischen Handlungsstrategien der Beschäftigten ab. Arbeitspolitisches Handeln ist beispielsweise geschlechtsspezifisch sehr unterschiedlich; Frauen haben einen anderen Zugang zur Vertretung ihrer Interessen als Männer. Das Projekt »Interessenvertretung von Frauen im Betrieb unter Berücksichtigung von technologischen und arbeitsorganisatorischen Umstrukturierungen im gewerblichen und im Angestelltenbereich« erkundete frauenspezifische Zugangsweisen zu betrieblichem Interessenvertretungshandeln auf institutioneller und informeller Ebene. Projektnehmer war das Institut zur Erforschung sozialer Chancen (ISO), Köln, die Projektleitung hatte *Petra Frerichs*.[4] Ziel dieses Projekts war es, Möglichkeiten einer Verbesserung betrieblicher Mitbestimmung für die weiblichen Beschäftigten im gewerblichen und im Angestelltenbereich auszuloten und auf mögliche Konsequenzen für die gewerkschaftliche Interessenvertretung hinzuweisen. Die Ergebnisse beruhen auf einer Untersuchung der Anlässe und Formen von Widerstandshandeln oder Beteiligungswillen weiblicher Arbeiterinnen und Angestellten. Ein zentraler Unterschied zur bestehenden betrieblichen Interessenvertretungspolitik ist ein erweiterter Interessenvertretungsbegriff: Es werden kulturelle und biographische Aspekte einbezogen, die im weiblichen Lebenszusammenhang eine besondere Rolle spielen. Hinsichtlich des Interessenvertretungshandelns und der thematisierten Probleme wurden verschiedene Differenzen herausgestellt: Frauen praktizieren verstärkt individuelle Formen der Selbstvertretung; Unrechtsempfinden und Mißachtungserfahrungen machen sich thematisch fest an Lohn, Gehalt und Eingruppierung, der Ortlosigkeit ihrer Tätigkeit (Hin- und Herschieben von Arbeitskräften), der Arbeitszeitgestaltung bei ihren zumeist differenzierten Arbeitszeitinteressen, Benachteiligungen bei Information, Mitsprache und Mitbestimmung sowie der Mißachtung ihrer Kompetenzen durch Vorgesetzte. Auf der Basis dieser Projektergebnisse werden Hinweise für die gewerkschaftliche Betriebsarbeit gegeben, die darauf hinauslaufen, daß nur eine partizipative Öffnung betrieblich-gewerkschaftlicher Interessenvertretung mit erweiterten Artikulations- und Durchsetzungsmöglichkeiten für Frauen geschlechtsspezifische Unterschiede verringern kann. Zentral für eine Neustrukturierung gewerkschaftlicher Betriebspolitik, die verstärkt weibliche Zugangsweisen und Interessen im Betrieb berücksichtigt, wird nach den Ergebnissen des Projekts eine inhaltliche Aufwertung der Vertrauensleutearbeit sein müssen.

---

4 *P. Frerichs/M. Morschhäuser/M. Steinrücke*, Foraueninteressen im Betrieb. Arbeitssituation und Interessenvertretung von Arbeiterinnen und weiblichen Angestellten im Zeichen neuer Technologien, Opladen 1989.

Instrumente des Beteiligungshandelns

Die beiden ausgewählten Beispiele und die Ergebnisse weiterer SoTech-Projekte erlauben drei Schlußfolgerungen:

- Innerbetriebliche Beteiligungs- und Gestaltungsmaßnahmen haben sehr unterschiedliche Voraussetzungen, die in der Branche, der Betriebsgröße, der Sozialstruktur u. v. m. begründet sind. Daher variieren Formen von Beteiligungs- und Gestaltungsmaßnahmen bei unterschiedlichen Betrieben.
- Die betriebliche Interessenvertretung, will sie stärker die zu vertretenden Beschäftigten in ihre Arbeit einbeziehen, hat die unterschiedlichen Zugangsweisen zu arbeitspolitischem Handeln zu berücksichtigen. Besonderer Beachtung bedürfen die frauenspezifischen Zugangsweisen, die im betrieblichen Alltag nicht angemessen zur Geltung kommen.
- Beteiligungsmaßnahmen bewegen sich immer auf der Grenzlinie unterschiedlicher Interessen. So konkurriert einerseits die unternehmerische Zielsetzung nach einer Produktion unter verbesserten betriebswirtschaftlichen Bedingungen mit den Interessen der Beschäftigten nach menschengerechten Arbeitsbedingungen andererseits. Diese Interessen müssen sich in ihrer Durchsetzung nicht gegenseitig ausschließen; sie sollten aber beständig hinsichtlich möglicher Folgeprobleme hinterfragt und ausgeglichen werden.

Da Beteiligungsmaßnahmen innerhalb von Betrieben immer Aushandlungsprozesse darstellen, die auf einen Konsens zielen, ihn aber nicht garantieren können, ist es wichtig, Vorgehensweisen zu regeln und erzielte Ergebnisse abzusichern. Hierzu gibt es verschiedene Instrumente, die in den genannten und in weiteren SoTech-Projekten erörtert und erprobt wurden. Solche Instrumente sind beispielsweise *Betriebsvereinbarungen,* die Ergänzung technischer und ökonomischer Pflichtenhefte durch *soziale Pflichtenhefte* bei betrieblichen Umstellungen und auch *sozialverträgliche Techniknormung*. Wie diese zentralen Instrumente betrieblicher Gestaltung eingesetzt werden können, wurde in zahlreichen Projekten des SoTech-Programms behandelt. Auch wurden sie in Form von konkreten Hilfestellungen den betrieblichen Akteuren vermittelt. Auf diese Maßnahmen sei in diesem Zusammenhang nur verwiesen; sie können hier nicht näher beschrieben werden. Zwei Bedingungen sollen jedoch noch erwähnt werden, die betriebliche Beteiligungs- und Gestaltungsmaßnahmen zwar nicht gewährleisten, aber doch verbessern und sichern können:

- Voraussetzung für die Absicherung von Gestaltungsmaßnahmen ist die Existenz der betrieblichen Interessenvertretung, da sie sich auf gesetzliche Grundlagen stützt und damit betriebliche Vereinbarungen bindend abschließen kann.
- Es hat sich als äußerst günstig herausgestellt, betriebliche Maßnahmen mit

externer Hilfestellung durchzuführen. Durch Beteiligung von wissenschaftlichen Einrichtungen oder Beratungsstellen wird die betriebszentrierte Sichtweise durchbrochen, darüber hinaus kann mit der externen Hilfestellung ein Partner betraut werden, der nicht in die betrieblichen Interessenkonstellationen verflochten ist und so eine moderierende Rolle einnehmen kann.

4. Überbetriebliche Handlungsfelder sozialverträglicher Technikgestaltung

Zweifellos können die betrieblichen Gestaltungsprojekte des SoTech-Programms unbestreitbare Erfolge verzeichnen. Diese bestehen in einer betrieblichen Verankerung von neuen gestaltungs- und nicht verrichtungsorientierten Qualifikationsmodellen, neuen Beteiligungsformen (Lernstatt, Beteiligungsgruppen usw.) und exemplarischen Prozessen partizipativ angelegter Technikeinführung und -gestaltung. Es versteht sich hierbei von selbst, daß diese Themenkomplexe trotz unterschiedlicher Schwerpunktsetzung nicht getrennt gesehen werden können, sondern stark aufeinander verweisen:

Gestaltungskompetente Mitarbeiter in beteiligungsorientierten Arbeitsstrukturen benötigen gestaltungsfreundliche Techniklinien, um neue arbeitspolitische Optionen gegenüber tradierten tayloristischen Leitbildern zu generieren und konkret im betrieblichen Arbeitsalltag zu verankern.

Betriebliche Handlungsebenen reichen nicht aus

Technische, arbeitsorganisatorische und *qualifikatorische* Innovationen sowie veränderte industrie- und interessenpolitische Leitbilder sind Voraussetzungen einer arbeitspolitischen Modernisierung, die mehr ist als Belastungsabbau und das Herumwerkeln an benutzergerechten Bildschirmmasken, ohne daß die Arbeitsstruktur tangiert würde. Eine Arbeitsorganisation, die – gestützt auf eine gestaltbare technische Ausstattung – die Kompetenzen der Arbeitnehmer fördert, statt sie zu entwerten, eröffnet zugleich neue qualitative Möglichkeiten betrieblicher Mitbestimmung. Betriebliche Interessenvertretungen könnten auf der Basis vorhandener Gestaltungskorridore in ein arbeitsorientiertes Ko-Management oder eine Konzeptionskonkurrenz um die soziotechnische Struktur der betrieblichen Produktions- und Verwaltungsprozesse eintreten. Es zeigt sich jedoch auch, daß die Restrukturierung der Arbeitsbeziehungen an Voraussetzungen anknüpfen können muß, die auf überbetrieblichen Ebenen reguliert werden:

Betriebliche Beteiligungsprojekte sind darauf angewiesen, die oft langjährig erworbene Beteiligungsabstinenz, die sich um so häufiger in Gleichgültigkeit und innerer Kündigung ausdrückt, je anspruchsloser und monotoner die zu verrichtenden Tätigkeiten sind, zu überwinden. Dies kann nur gelingen, wenn reale

Dispositions- und *Gestaltungsspielräume* geschaffen werden können, anderenfalls die Lernstatt, die Beteiligungsgruppe oder der Qualitätszirkel schnell als Sandkastenspiel entlarvt wird. Diese Gestaltungsspielräume müssen sowohl unternehmensseitig durch (teil)autonome Arbeitsstrukturen gestützt und toleriert werden, als auch durch die bewußt wahrgenommene Neubestimmung des Verhältnisses von arbeitsplatznaher und delegativer Interessenvertretung durch Betriebsräte und Vertrauensleute gefördert werden. Aus diesem Grund wurden projektbegleitende Beiräte eingerichtet, in denen die angesprochenen Gruppen den betrieblichen Interessenausgleich bewerkstelligten. Als besonderes Problem hierbei galt und gilt auch die Bewältigung von Funktions- und Statusproblemen der mittleren Führungsebene, deren Definitions- und Kontrollkompetenz durch ernstgemeintes autonomeres Arbeitshandeln zweifellos beschnitten wird.

Ein weiteres gravierendes Problem für *Technikgestaltungsprozesse* besteht vor allem in der oftmals vorgefundenen technischen Ausstattung, die eher arbeitsteilige als aufgabenintegrierende Arbeitszuschnitte festlegt; in deren Konstruktion gemäß eines tradierten industriellen Leitbildes wurde die Aufspaltung in Detailfunktionen und deren möglichst weitgehende Automatisierung angelegt. Eine solche technische Ausstattung dieser Art bietet wenig Gestaltungsspielräume; zur Disposition steht sie in der Regel erst nach ihrer Abschreibung bzw. bei Neuinvestitionen. In diesem Fall (hier liegt auch einer der strategischen Ausgangspunkte des SoTech-Programms) ist es jedoch eine wesentliche Voraussetzung, daß ein marktgängiges Angebot gestaltungsfreundlicher Technik vorgefunden wird, da die Betriebe nur zu einem geringen Teil ihre Ausrüstungen selbst konzipieren und entwickeln. Erst hierdurch würde im Einführungsfalle neuer Techniklinien die materielle Basis zur Nutzung eines sozialen Innovationspotentials im Rahmen moderner Produktionskonzepte geschaffen.

Es sollte deutlich geworden sein, daß selbst bescheidene Restrukturierungsversuche betrieblicher Projekte auf Handlungsebenen verweisen, die außerhalb betrieblicher Handlungsreichweiten liegen. Das Programm hat deshalb versucht, auf betriebsübergreifenden Ebenen Projekte zu plazieren, die verschiedene Akteure anzusprechen und miteinander zu vernetzen hatten. Zugleich sollten hiermit wirksame und dauerhafte Strukturen des Ergebnistransfers und der projektübergreifenden Umsetzung geschaffen werden.

Gefahren betriebszentrierter Arbeitsgestaltung

So richtig es ist, die segmentierenden und marginalisierenden Wirkungen neuer Techniken in alten Arbeitsbeziehungen durch soziale Innovationen am Ort ihrer unmittelbaren Entstehung zu bekämpfen, so darf nicht übersehen werden, daß bei dieser Verbetrieblichung auch innovativer Gestaltungsansätze das Risiko eines Rationalisierungspaktes zwischen Rationalisierungs-, Beteiligungs-, Qualifizierungsgewinnern einerseits und »modernem« Management andererseits besteht, das von einem dem Gemeinwohl verpflichteten sozialen Technologieprogramm nicht einfach ignoriert werden kann. Zu groß ist die Gefahr weiterer Marginalisierung größerer Bevölkerungsteile einschließlich der des sozialen Sprengstoffs, der hierin enthalten wäre. Eine ausschließlich betriebs- oder gruppensyndikalistische Arbeitspolitik und betriebliche Interessenvertretung würde nicht nur zur Ablösung der Interessenvertretung von den Gewerkschaften (»Japanisierung«), sondern auch zu beschleunigtem Bedeutungsverlust des normierten Verhandlungssystems auf überbetrieblichen Ebenen führen. Letzteres wird durch Herausbildung vernetzter Logistikketten zwischen verschiedenen Branchen ohnehin zukünftig zum drängenden Problem, dem sich die Funktionsmechanismen branchenorientierter Tarifpolitik wenig gewachsen zeigen. Der Ausweg aus diesem Dilemma läßt sich gegenwärtig nur schemenhaft und wenig konturiert beschreiben.

Überbetriebliche Weiterbildung für Technikgestaltung

Das Ziel einer dem Gemeinwohl verpflichteten sozialen Modernisierung und die damit verbundene Reintegration bereits marginalisierter Bevölkerungsschichten erfordert neue Politikmuster von Verbänden, intermediären Organisationen und nicht zuletzt solche staatlichen Handelns, die auch überbetriebliche, diskursiv anzulegende Konzeptionskonkurrenzen ermöglichen.

Letztlich wird hier die Frage zu entscheiden sein, ob einem technozentrischen, naturwüchsig sich entwickelnden marktvermittelten Pfad der Modernisierung wesentliche Schaltstellen moderner Gesellschaftsentwicklung überlassen bleiben oder ob es gelingt, wirtschaftliche und soziale Kriterien unter Einbeziehung bisheriger Modernisierungsopfer zu entwickeln, um diese in Leitbilder und erfolgreiche Regulationsmodelle praktisch umzusetzen.

Einzelne Ansätze hierfür sind erkennbar; diese wurden vom SoTech-Programm identifiziert und teils als geförderte Projekte aufgegriffen. Von ihnen werden im folgenden einige wenige genannt.

Gestaltung von Arbeit und Technik als Kristallisationspunkt gewerkschaftlicher Bildungsarbeit: ein Beispiel

Hinter dem harmlos klingenden Titel »Arbeit und neue Technik − Entwicklung und Erprobung eines Seminarprogramms für Arbeitnehmervertreter und Betroffene« verbirgt sich thematisch die aktuelle Debatte um die Zukunft der Gewerkschaften angesichts fortschreitender Erosion der Normalarbeitnehmerschaft und der Versuch der DGB-Bundesschule in Hattingen, die Gestaltung von Arbeit und Technik auch als »politisch-kulturelles Modernisierungsprojekt der Gewerkschaften« in Seminarangebote umzusetzen. Das Projekt erteilte dem bisherigen faktischen arbeitspolitischen Konservatismus in Gestalt eines bloßen Abwehrens der betrieblichen Folgen neuer Techniken eine ebensolche Absage wie einem Modernisierungspakt zwischen Rationalisierungs- und Beteiligungsgewinnern der Stammbelegschaften und dem Management. Hier wird ein Zielbündel formuliert, das eine solidarische Verteilung von Arbeit, Einkommen und Lebenschancen für alle beinhaltet und Konsequenzen sowohl für die betriebliche Interessenvertretungspolitik als auch für gewerkschaftliche Orientierungen zieht. Die Gestaltung von Arbeit und Technik wird als didaktischer Knotenpunkt einer neu gestalteten gewerkschaftlichen Bildungsarbeit gesehen, in der politischer Disput unterschiedlicher Arbeitnehmergruppen stärker als bisher zugelassen und in der eine Neubestimmung des Verhältnisses von delegativer und direkter Arbeitnehmerbeteiligung vorgenommen wird. In diesem Denkmodell nehmen Betriebsräte nicht allein stellvertretend die Interessen der Beschäftigten wahr, sondern werden auch zu Moderatoren arbeitnehmerorientierter Gestaltungsprozesse durch die Beschäftigten werden. Daraus ergibt sich auch, daß sich die entwickelten Seminarangebote nicht mehr nur vorwiegend an Funktionsträger wenden, sondern »einfachen« Mitgliedern offenstehen.

Als Ergebnis der Seminarerprobungen sind mittlerweile drei Weiterbildungshefte der Reihe »Arbeit, Technik, Gesellschaft«[5] erschienen, die sich sowohl zur Verwendung im Seminar als auch zum Selbststudium eignen. Weitere vier Hefte befinden sich derzeit in der Vorbereitung.

Technikbewertung und -entwicklung, Referenzlinien für gestaltungsfreundliche Technik und Einführungsprozesse

Beinahe alle betrieblichen Technikgestaltungsprojekte sehen sich mit dem Umstand konfrontiert, daß bei der im Betrieb vorgefundenen Technik gestaltungsunfreundliche Lösungen überwiegen. In diesem Fall ist beteiligende Gestaltung nur am Ende der Kette Technikentwicklung, -implementation und -nutzung möglich. Technikgestaltung degeneriert hier unversehens zur Ausgestaltung von Bildschirmmasken o. ä., ohne daß die Neuorganisation betrieblicher Abläufe und Arbeitsstrukturen ins Blickfeld arbeitnehmerorientierter Gestaltungsansätze rücken könnte. Insbesondere wenn die potentiell vorhandenen Gestaltungsspielräume von CAD, PPS und CIM für arbeitspolitische Inno-

---

5 DGB-Bildungswerk e. V. (Hg.), Weiterbildungshefte Arbeit, Technik, Gesellschaft, Düsseldorf 1990: Betriebliche Informatisierung: Kontrollpotentiale, DV-Systementwicklung und Betroffenenbeteiligung (Heft 1); Frauenarbeit, Technikentwicklung und Geschlechterbeziehungen (Heft 2); Gestaltung von Arbeit und Technik, gewerkschaftspolitische Zukunftsdebatte und politische Bildung (Extra).

vationen genutzt werden sollen, bedarf es arbeitnehmerorientierter Referenzlinien und Musterlösungen, aber auch beteiligungsorientierter Einführungsverfahren, die letztlich auch auf die Technikhersteller als zu berücksichtigende Sollkonzepte durchschlagen. Eine Reihe von SoTech-Projekten hat sich daher mit der Bewertung von technischen Lösungen befaßt oder mit Hilfe partizipativer Software-Entwicklungsverfahren Beschäftigte und Betroffene an der Systemgestaltung von z. B. CAD oder PPS beteiligt.

CAD-Beratungsbaukasten: erstes Beispiel

Eine überbetriebliche Arbeitsgruppe aus Betriebsräten von vier Dortmunder Metallbetrieben erstellte unter Projektleitung der Gesellschaft für Arbeitsschutz- und Humanisierungsforschung (GFAH) und unter Beteiligung der IGM-Verwaltungsstelle ein Sollkonzept für die Auswahl, Einführung und Anwendung von CAD-Systemen in der Konstruktion, erprobte dieses in betrieblichen Beratungsfällen und verdichtete die Ergebnisse zu einem »Beratungsbaukasten«.[6] Dieser multivariat verwendbare Beratungsbaukasten orientiert nicht auf die unreflektierte Übernahme enger technischer Empfehlungen, die angesichts rasanter Hard- und Software-Fortschritte rasch veralten würden, sondern enthält Leitlinien für arbeitnehmergerechte Gestaltungsoptionen, die von den Benutzern auf das jeweilige konkrete betriebliche Handlungsfeld zu beziehen sind. Bemerkenswert an diesem Projekt sind vor allem auch der überbetriebliche intensive Erfahrungsaustausch und die kooperative Arbeitsgruppenstruktur unter Einbeziehung der örtlichen IGM-Verwaltungsstelle, womit Ansätze einer regionalen Beratungsinfrastruktur geschaffen wurden.

Gesprächskreise »Neue Technik« für technische Angestellte und Ingenieure: zweites Beispiel

Während einige Projekte sich mit der Implementation sozialverträglicher Technikgestaltung als Bildungsthema in das Ingenieurstudium und in die Weiterbildungsangebote (RWTH Aachen, Ruhr-Universität Bochum, VDI usw.) befaßten, wählte die IG Metall-Bezirksleitung Dortmund, Büro Essen, einen anderen Weg.[7] Dort wurde Ingenieuren und technischen Angestellten die Möglichkeit eines überbetrieblichen Erfahrungsaustausches geboten, der bewußt nicht an die Vereinnahmung in interessenpolitischen »Arbeitskreisen« gebunden war. Dabei

---

6 *A. Eggers/A. Köchling,* CAD-Gestaltungs- und Beratungskonzept. Teil I – Das Beratungskonzept, i. E.
7 *W. Klöcker/R. Sadowski,* Gesprächskreise »Neue Technik« (= Ministerium für Arbeit, Gesundheit und Soziales des Landes Nordrhein-Westfalen [Hg.]: Werkstattbericht Nr. 63), Düsseldorf 1989.

zeigte sich, daß zwar viele Ingenieure eine Einschränkung der ihnen zugeschriebenen Technikgestaltungskompetenz und eine Leistungsverdichtung verspüren, dies aber keinen systematischen Ausgangspunkt interessenorientierter Organisierung darstellt. Die Motivation zur Teilnahme an den überbetrieblichen Gesprächskreisen leitete sich viel stärker aus Zweifeln an der eigenen Berufsrolle und aus produkt- und verfahrensbezogenen Bedenken ab. Bhopal und Tschernobyl, Waffenexporte und Verdrängung menschlicher Arbeit durch neue Techniken bildeten eher Anknüpfungspunkte als klassische Themen gewerkschaftlicher Arbeitspolitik wie Entgelt, Arbeitszeit und Belastungsfragen. Die parallel zu den Gesprächskreisen durchgeführte Befragung von Ingenieuren (unter Leitung von Prof. *Wilfried Müller*) stellte heraus, daß diese die Wirkungen der Technik durchaus registrieren, ihren eigenen möglichen Gestaltungsbeitrag für eine sozialverträgliche Technikgestaltung jedoch eher gering veranschlagen und die Politik in der Verantwortung sehen. Dennoch ist mit diesen überbetrieblichen Gesprächskreisen ein, wenn auch bescheidener, Anfang zu einem Gestaltungsdialog geschaffen, der auch nach Auslaufen der Projektförderung fortgeführt wird.

Fazit

Die genannten Beispiele machen deutlich, daß arbeitsorientierte betriebliche Gestaltung der Ergänzung auf überbetrieblichen Handlungsebenen bedarf.

Betriebliche Gestaltungsaktivitäten drohen zu verpuffen, wenn es nicht gelingt, ihre Wirkungen in über- und zwischenbetrieblichen Gestaltungsnetzwerken zu verallgemeinern und neue arbeitsorganisatorische, qualifikatorische und technische Leitbilder industriepolitisch zu verankern.

Dieser Verweisstruktur zwischen betrieblichen und überbetrieblichen Ebenen versucht das SoTech-Programm durch akteursorientierte Anstöße in Projekten und durch den Aufbau von Netzwerkstrukturen gerecht zu werden. Diese Netzwerkphilosophie wurde auch verfolgt, indem die Projekte zur projektübergreifenden Zusammenarbeit in Workshops und Arbeitsgruppen verpflichtet wurden; einige Projekte wurden eigens mit der Entwicklung und Moderation von Gestaltungsnetzwerken beauftragt. In dem Zusammenführen betrieblicher und überbetrieblicher Gestaltungsansätze liegt der spezifische Programmerfolg eines sozialorientierten Technologieprogramms.

Teil IV

Josef Schmid

Arbeit und Technik im Spannungsfeld gewerkschaftlicher und unternehmerischer Interessen. Eine kritische Bestandsaufnahme[1]

1. Vorbemerkungen: Konsens als Problem

Die neuen Informations- und Kommunikationstechnologien haben die Welt und damit auch die Arbeitswelt grundlegend verändert. Dies ruft an unterschiedlichen Orten und mit unterschiedlicher Intensität Spannungen und Konflikte hervor, die der Regulierung bedürfen. Auf der anderen Seite können solche technisch induzierten Wandlungsprozesse aber auch alte Konfliktstrukturen transformieren und neue, kooperativere Strategien befördern.[2] Insofern liegt es nahe, die Problematik des Konsenses zwischen Unternehmern und Gewerkschaften näher zu beleuchten. Konsens soll dabei nicht heißen, daß Interessengegensätze völlig aufgehoben werden, sondern bezieht sich auf die erfolgreiche Konfliktregulierung und die daraus resultierenden Arbeitskompromisse. *Peter Glotz* hat diesen Sachverhalt einmal treffend als »antagonistische Kooperation« bezeichnet. Eine der zentralen Formen solcher Konsensbildung stellt die Mitbestimmung dar, wie sie auf der Ebene der Betriebe im Betriebsverfassungsrecht verankert ist. Vergleichbares gilt über den engen juristischen Sprachgebrauch hinaus für die geforderten formalen Mitspracherechte und die bereits praktizierten Verhandlungen von Gewerkschaften und Unternehmern auf der Ebene von Branchen und der gesamten Volkswirtschaft.

Im folgenden sollen nun weniger inhaltliche Bereiche der faktischen und potentiellen Übereinstimmung von Gewerkschaften und Unternehmern, wie etwa Qualifikationskonzepte, Gestaltung der Arbeitsorganisation[3] behandelt werden. Vielmehr stehen die Fragen im Vordergrund, auf welche Art und Weise Konsens

---

[1] Die vorliegenden Überlegungen stellen die Meinung des Verfassers dar und haben nicht den Charakter einer offiziellen Stellungnahme des Sonderforschungsbeirates 187.
[2] Vgl. etwa D. *Sauer*, Neuer Rationalisierungstyp und Interessenvertretung, in: Mitteilungen des SFB 333, Nr. 2/1990.
[3] Zur Ambivalenz eines solchen Konsenses siehe B. *Mahnkopf*, Gewerkschaftspolitik und Weiterbildung, Wissenschaftszentrum Berlin, Discussion paper FS 1 89–11.

denn entstehen kann und welche Prozesse der erfolgreichen wechselseitigen Anpassung und Abstimmung dabei stattfinden. Damit wird zugleich der Versuch unternommen, politikwissenschaftliche Überlegungen mit industriesoziologischen und arbeitswissenschaftlichen zu verbinden. Dabei werden drei Varianten aus der aktuellen Diskussion, die das Problem weitgehend außerhalb solcher Aushandlungsprozesse ansiedeln, beurteilt. Anschließend werden verschiedene kooperative Aushandlungsprozeduren systematisiert sowie einige bislang eher unterbelichtete Probleme und Optionen dargestellt.

Um Mißverständnisse von vornherein zu vermeiden: Wege der Mitbestimmung im Bereich Arbeit und Technik können als halbwegs aussichtsreich oder aber auch als halbwegs aussichtslos eingestuft werden — ich ziehe hier die letztere Version vor. Dabei ist beabsichtigt, daß gelegentlich professionelle Skepsis in politische Kritik übergeht; diese wird jedoch geleitet durch die konstruktiv gemeinte Warnung vor dem Griff nach den allzu einfachen Rezepten.

2. Neue Technologien und Konsens: Deus ex machina?

Wegen der veränderten Bedingungen auf den nationalen und internationalen Märkten treten höhere Anforderungen an die betriebliche Produktivität, Flexibilität und Qualität auf. Diese sind — zumindest auf Dauer und von Marktnischen abgesehen — mit herkömmlichen Formen der Rationalisierung nicht mehr zu bewältigen; statt dessen ist eine weitreichende Umstrukturierung der industriellen Produktion gefordert. Gerade den neuen Informations- und Kommunikationstechnologien wird die Fähigkeit zugeschrieben, das »Ende der Arbeitsteilung«[4] einzuleiten. Flexible Abläufe, dezentrale Organisationsformen und komplizierte Technologien erfordern ein hohes Maß an Qualifikation der Belegschaften, befördern kooperative Arbeitsformen wie Gruppenarbeit und schaffen interessante Arbeitsplätze.[5]

Obwohl die vielbeschworene »Fabrik der Zukunft« bislang fast nur auf dem Papier existiert, ist die öffentliche Wirkung dieser Diskussionslinie erstaunlich hoch. Sowohl Gewerkschaften wie auch Arbeitgeber-/Unternehmerverbände verbreiten — zumindest verbal — eine ähnlich optimistische Botschaft: Die Fabrik der Zukunft auf der Basis rechnerintegrierter Fertigung verbindet Wirt-

---

[4] H. Kern/M. Schumann, Das Ende der Arbeitsteilung?, München 1986³, s. a. F. Lehner, Fabrik der Zukunft, in: Gegenwartskunde, Nr. 1/1989.
[5] Siehe dazu P. Brödner, Fabrik 2000, Berlin 1985, F. Lehner, Technik, Betrieb und Politik, in: J. Schmid/H. Tiemann (Hg)., Aufbrüche. Die Zukunftsdiskussion in Parteien, Verbänden und Kirchen, Marburg 1990.

schaftlichkeit mit Sozialverträglichkeit – oder anders formuliert: gesellschaftliche Rationalität stellt sich als Nebeneffekt technischer Rationalisierung ein. Dahinter steht in vielen Fällen die implizite Annahme, daß Konsenspotentiale als Folge des technischen Fortschritts[6] auftreten. Selbst diejenigen, die in solchen »Modernisierungsbündnissen« erhebliche Risiken entdecken, unterliegen des öfteren einem Technik-Determinismus, der gelegentlich mit den Strukturzwängen eines postfordistischen Akkumulationsmodells gesellschaftstheoretisch untermauert wird. In diesem Sinne haben *W. Fach* und *U. Weigel* ebenfalls das Defizit an Implementationsvorschlägen bei der bekannten Arbeit von *Kern/Schumann* über die sich abzeichnenden Rationalisierungstrends kritisiert und diese politisch-praktische »Lücke als Leistung« ironisiert, dem der industriesoziologische Bestseller seine übergreifende und positive Resonanz verdankt.[7]

Unabhängig davon, wie die theoretischen Differenzen beurteilt werden – die reale Divergenz der Entwicklungsmuster industrieller Arbeit tritt deutlich zutage: »Nur eine Minderheit der Betriebe«, so eine empirische Studie des ISF in München, »nutzt alternative technisch-arbeitsorganisatorische Konzepte.«[8] Die Mehrheit verhält sich »strukturkonservativ« und setzt den alten Taylorismus mit moderneren Mitteln fort oder befindet sich in einer offenen Suchphase. Eben an diesem paradoxen Ergebnis, daß sich das von allen Gewünschte gerade nicht von alleine einstellt, setzt der nächste Diskussionsstrang an.

3. Der stille Zwang erfolgreicher Lösungsmodelle?

Umfassende betriebliche Reorganisationen verlangen neue Konzepte von Management, Organisation, Personalentwicklung, Marketing, Produktionstechnik usw. Ist schon in jedem einzelnen Feld für sich ein hoher Aufwand an Planung und Abstimmung notwendig, so wird eine ganzheitliche Gestaltung aller Aspekte schnell zu einem erheblichen Risiko, da es an den hierzu erforderlichen Informationen mangelt. Wissenschaftliche Ergebnisse insgesamt und besonders anwendungsorientierte Grundlagenforschung und Pilotprojekte in zentralen

---

6 Interessanterweise scheint die Einschätzung der Zukunftspotentiale von Technik auf betrieblicher und gesellschaftlicher Ebene entkoppelt zu sein; zu letzterem vgl. etwa *W. Süß/K. Schröder* (Hg.), Technik und Zukunft, Opladen 1988.
7 *W. Fach/U. Weigel*, Die Lücke als Leistung, in: Zeitschrift für Soziologie; Nr. 2/1986.
8 *R. Schulz-Wild u. a.*, An der Schwelle zu CIM, Eschborn/Köln 1989, S. 194. S. a. *H. Hirsch-Kreinsen*, Entwicklungsmuster industrieller Arbeit, in: *J. Schmid* (Hg.), Technik – Arbeit – Betrieb, Arbeitspapier des SFB 187, Bochum 1991.

Problembereichen sollen die Lücke beheben und das notwendige Wissen bereitstellen. Dieser Prämisse folgt eine Reihe von Förderungsprogrammen wie Humanisierung der Arbeit, Arbeit und Technik des BMFT oder das SoTech-Programm in NRW sowie eine Fülle weiterer wissenschaftlicher und gewerkschaftlicher Projekte. Ihre gemeinsame Wirkungslogik basiert auf zwei Schritten. Zum einen soll ein konkretes Gestaltungsproblem, dem ein hoher strategischer Wert zukommt, gelöst werden, also exemplarisch Wirtschaftlichkeit mit Sozialverträglichkeit versöhnt werden. Andererseits soll sie ihre über den Einzelfall hinausgehende, gesellschaftsweite Wirkung durch Nachahmungs- und Diffusionseffekte erzielen, d. h. eben durch den stillen Umsetzungszwang erfolgreicher Lösungen.

Der Gedankengang ist sicherlich nicht falsch, doch ist auch dieser Weg mit vielen Steinen versehen. Im Hinblick auf Wissenschaft und der von ihr primär betriebenen Theorieproduktion existieren nämlich strukturelle Differenzen zur Handlungsebene. Verallgemeinerbare Ergebnisse und ceteris-paribus-Klauseln vertragen sich kaum mit der konkreten Totalität der betrieblichen Praxis. Hier steht der Einzelfall ohne Ausschluß von einzelnen Rahmenbedingungen an. Über diesen Umstand sollte auch die Fähigkeit der Gewerkschafts- und Unternehmerverbandszentralen, neue wissenschaftliche Erkenntnisse aufzunehmen, ja manchmal selbst zu produzieren, nicht hinwegtäuschen. Sie sind in ihrem Bestreben, Interessen zu homogenisieren und mehrheitsfähige Beschlüsse zu fassen, der Logik des Wissenschaftsapparates näher als betriebliche Akteure. Harte Methodiker zweifeln zudem an der Tragfähigkeit von Ergebnissen der industriesoziologischen Forschung − werden diese doch vor allem über Fallstudien gewonnen, denen die für Theoriebildung nötige Repräsentativität fehlt.[9] Sicherlich ist auch der Eindruck, daß manch ein Betrieb zur Wallfahrtsstätte der Industriesoziologie geworden ist, nicht völlig verfehlt.

Ohne auf diesen Methodenstreit näher einzugehen, gibt es doch einige praktische Bedenken, die in dem Zusammenhang der Diffusion erfolgreicher Lösungsmodelle von Bedeutung sind. Betriebe, in denen Modellversuche durchgeführt werden, weichen durch verschiedene Faktoren vom Normalfall ab. Erstens werden sie vielfach durch staatliche Mittel alimentiert, wodurch ein erheblicher Teil des Risikos − oder gar Gewinnausfalls − arbeitsorganisatorischer Innovationen kompensiert wird. Zweitens führt die intensive Beteiligung von Wissenschaftlern an den Pilotprojekten zu einer Veränderung von Form und Inhalt der Auseinandersetzungen, weil Wissenschaftler häufig eine Moderatorenfunktion übernehmen. Drittens herrschen oft besondere Umstände, wie die

---

9 *P. Hauptmanns*, Zur Kritik der Fallstudie als dominante Methode der Industriesoziologie, Ms., Bochum 1991.

Machtverteilung in Aufsichtsräten staatseigener Unternehmen (z. B. VW), oder Betriebe sind vom Konkurs bedroht und deren Management und Eigentümer sind daher zu fast allem bereit. Diese Faktoren bilden zwar notwendige Voraussetzungen für das Initiieren und den Erfolg von Modellprojekten, erweisen sich andererseits geradezu als Diffusionssperren, die die Verbreitung an sich und im jeweiligen Fall richtiger Lösungen erschweren. Verstärkend können dann noch ideologische Barrieren auf der Unternehmerseite hinzutreten, die etwa auf einem generellen Desinteresse über das, was außerhalb des »eigenen Ladens« läuft, oder eine Abneigung gegen Sozialwissenschaften basieren und vor allem bei gewerkschaftseigenen Projekten massiv auftreten.[10] Daraus resultiert: »Umsetzung muß vielmehr als Prozeß gestaltet werden.«[11]

Zieht man die inzwischen vorgelegten übergreifenden Evaluationen zum HdA-Programm, dem Programm Arbeit und Technik des BMFT sowie dem SoTech-Programm des Landes NRW[12] heran, so sind ohne Zweifel Erfolge eingetreten. Gemessen an den noch offenen Problemen und Bedarfen scheint jedoch nur ein begrenzter Ausschnitt an Lösungsräumen ausgefüllt. Weitgehend unbehandelt ist eigentümlicherweise die Frage, inwieweit sich die ungleiche Machtverteilung in Gesellschaft und Wirtschaft auf die Verbreitung und Durchsetzung sozialverträglicher und ökonomischer Modelle auswirkt. Solche Fragen gehen weit über die zum Teil erfolgreich induzierte Betroffenenpartizipation und öffentliche Diskussion von Arbeit und Technik hinaus und sind auch durch eine intensivere Beteiligung von Gewerkschaften in Projektbeiräten u. ä. nicht vollständig zu lösen.

4. Mikropolitik: Jeder gegen jeden?

Haben sich die beiden bislang kritisch diskutierten Varianten eher »oberhalb« der Ebene von Mitbestimmung bewegt, so kursieren derzeit in der organisa-

---

10 Als kurzen Überblick über die Aktivitäten und Ergebnisse des gewerkschaftlichen Aktionsprogramms Arbeit und Technik vgl. IG Metall, Übersicht über Aktionsmappen und Werkstattberichte, Frankfurt o. J. S. a. B. *Kaßebaum,* Betriebliche Technologiepolitik, Frankfurt 1990.
11 So *W. Fricke,* Qualitative Modernisierungspolitik, hrsg. von der Friedrich-Ebert-Stiftung, Bonn 1990, S. 21. Er stellt weiter fest: »Mit den traditionellen Umsetzungsverfahren Pilotprojekte, Publikation wissenschaftlichen Wissens, Beratung und Weiterbildung, Handlungsanleitungen bis hin zum Versuch der Beeinflussung von Marktprozessen allein wird die Umsetzung von HdA-Ergebnissen und -Erkenntnissen nicht gelingen. Diffusion von Ergebnissen kann nicht durch Verallgemeinerung und Übertragung einmal erarbeiteter, empirisch fundierter und logisch konsistenter Modelle geschehen.« (Ebd.)
12 *E. Staudt u. a.,* Forschungsmanagement durch Evaluation, Frankfurt 1988; *E. Staudt u. a.,* Perspektiven der Evaluation im Programm Arbeit und Technik, Projektbericht, Bochum 1989, Landesprogramm Mensch und Technik – Sozialverträgliche Technikgestaltung. Eine programmpolitische Bestandsaufnahme, Ms., Gelsenkirchen 1990.

tionssoziologisch orientierten Betriebswirtschaftslehre[13] Vorstellungen, die die Auswirkungen neuer Technologien »unterhalb« der Mitbestimmungsebene ansiedeln. Macht und individuelle Akteure sind die zentralen Schlüsselkategorien dieses Ansatzes. Betriebe sind demzufolge »Arenen heftiger Kämpfe, heimlicher Mauscheleien und gefährlicher Spiele mit wechselnden Spielern, Strategien, Regeln und Fronten«.[14] Der Stärkere setzt sich eben durch und ist darüber hinaus auch noch in der Lage, das Ergebnis des Kampfes im nachhinein als ökonomisch effizient und sozialverträglich zu definieren.

Solche Überlegungen tragen zum einen der Tatsache Rechnung, daß die Einführung neuer Technologien ein unstrukturiertes Entscheidungsproblem darstellt, bei dem keine ausreichenden Informationen über Wirkungszusammenhänge und Erfolgsaussichten vorliegen. Zum anderen berücksichtigen sie das Zersetzungspotential von Informations- und Kommunikationstechnologien sowohl innerhalb der Unternehmensleitungen wie auf seiten der Belegschaften. Chancen und Risiken werden nämlich neu und erheblich ungleichmäßiger als bisher verteilt, was kollektive und repräsentative Formen der Interessenauseinandersetzung unterminieren kann. Insbesondere droht eine massive Fragmentierung der gewerkschaftlichen Interessenbasis, die nicht nur die Entwicklung gemeinsamer politischer Forderungen erschwert.

Viel gewichtiger ist das Problem, daß Interessen so auseinanderfallen können, daß sie sich wechselseitig ausschließen. Ein in seiner Brisanz bisher undiskutiertes Beispiel hierfür stellt die gewerkschaftliche Forderung nach werkstattorientierter Programmierung dar, die zwar die Interessen der Facharbeiter berücksichtigt, diejenigen der Programmierer in den Arbeitsvorbereitungen aber verletzt.

Da derartige mikropolitische Aushandlungsprozesse jedoch in ihrer Form weitgehend offen und im Hinblick auf die materiellen Ergebnisse, d. h. der Gestaltung von Arbeit und Technik, unbestimmt sind, lassen sich aus den − überaus spannend zu lesenden − Analysen keine systematischen Zusammenhänge und Erkenntnisse ableiten. Daß auf dieser Basis ebenfalls keine übergreifenden politisch-strategischen Schlußfolgerungen zu gewinnen sind, ist offensichtlich, zumal der verwendete Politikbegriff jeglicher gesellschaftsweiten Regelungsintention entkleidet ist.

---

13 *W. Küpper/G. Ortmann* (Hg.), Mikropolitik, Opladen 1988; s. a. *G. Ortmann/A. Windeler* (Hg.), Umkämpftes Terrain, Opladen 1989, und *A. Windeler*, Mikropolitik, in: *J. Schmid* (Hg.), Technik − Arbeit − Betrieb, Arbeitspapier des SFB 187, Bochum 1991. S. a. zum Bereich Beschaffung *Möller* . . ., Arbeitspapier des SFB 187, Bochum 1991.
14 *W. Küpper/G. Ortmann* a. a. O., S. 7.

5. Aushandlungsprozesse auf verschiedenen Ebenen oder: Das Mikro-Meso-Makro-Puzzle der Neokorporatismus-Theoreme

Dem gesellschaftspolitischen Anliegen der Gewerkschaften und der Konsensfindung zwischen Kapital und Arbeit kommen Neokorporatismus-Theoreme erheblich näher; nicht zuletzt, weil sie auch die staatliche Politik mit einbeziehen. Aushandlungs- und Mitbestimmungsformen von Unternehmerverbänden, Gewerkschaften und Staat im Bereich Arbeit und Technik sind nichts Neues, die oben angeführten Gestaltungsprogramme basieren in hohem Maße darauf. Gerade im Rahmen der Förderung von Fertigungstechnologien hat das BMFT mit der Gründung einer Expertenkommission »Chancen und Risiken von CIM« (1990) den »Dialog von Wissenschaft, Wirtschaft und Gewerkschaft« gesucht. Dieses Vorgehen ist in zweierlei Hinsicht bemerkenswert. Zum einen relativiert es Thesen einer antigewerkschaftlichen Politik der konservativ-liberalen Bundesregierung, wie sie im Rahmen von Neokonservatismus-Untersuchungen häufig annonciert worden sind. Zum anderen erweist sich dieses als Öffnung gegenüber den Gewerkschaften und ein Stück weit auch gegenüber sozialwissenschaftlicher Expertise, da sich frühere Kommissionen erheblich stärker aus Unternehmern und Ingenieuren rekrutiert haben.

Neben dieser tripartistischen Politikformulierung existieren Formen, in denen Verbände quasi in staatlichem Auftrag selbstregulierend tätig werden. Die beiden für den Komplex Arbeit und Technik bedeutendsten sind die Bereiche Berufsbildung und Normierung.[15] Erstaunlich ist in diesem Zusammenhang die geringe Aufmerksamkeit, die Fragen der technischen Normierung bei den Gewerkschaften einnehmen, obwohl diesen bei der Gestaltung von Techniken und Arbeitssystemen eine hohe Bedeutung zukommt.[16]

Die klassische Domäne, in denen Arbeitgeberverbände und Gewerkschaften den Kompromiß suchen, bildet natürlich die Tarifpolitik und damit die Branchenebene. Insbesondere im Zuge einer stärker qualitativ ausgerichteten Tarifpolitik sind Probleme der Qualifizierung, der Regelung von Folgen des Technikeinsatzes usw. in den Mittelpunkt gerückt. Die Härte der Auseinandersetzungen bei

---

15 Vgl. vor allem *H. Voelzkow*, Die Normung von CIM-Schnittstellen, Arbeitspapier des SFB 187, Bochum 1989; *M. Kleinaltenkamp*, Der Einfluß der Normung und Standardisierung auf die Diffusion technischer Innovationen, Arbeitspapier des SFB 187, Bochum 1990, und *W. Streeck u. a.*, The Role of Social Partners in Vocational Training and Further Training in the Federal Republic of Germany, Wissenschaftszentrum Berlin, Discussion paper IIM/LMP 87—12.
16 So *J. Welsch*, Soziale Technikgestaltung durch Demokratisierung technischer Normung, in: WSI-Mitteilungen, Nr. 10/1990.

Tarifverhandlungen belegt, daß das ähnlich klingende programmatische Vokabular der Kontrahenten von erheblichen Interessengegensätzen durchzogen ist. Diese scheinen um so stärker aufzutreten, je konkreter der Regulierungsgegenstand wird.

Um aus dem Dilemma der notwendigen, aber kaum möglichen Tarifierung einer Gestaltung von Arbeit und Technik herauszukommen, haben in jüngster Zeit Tariföffnungs- oder Generalklauseln zugenommen. Damit werden tarifliche Funktionen auf die betriebliche Ebene verlagert, und die dortigen Akteure gewinnen an Bedeutung. Diese »reflexive Steuerung« mag aus systemtheoretischer Perspektive durchaus eine adäquate Antwort sein[17], wirft aber wiederum verschiedene neue Probleme auf.

Die offene Flanke korporatistischer Aushandlungsformen — unabhängig auf welcher Ebene sie nun angesiedelt sind — stellt das Verhalten der Unternehmerseite dar. Unter den für sie derzeit günstigen politischen, ökonomischen und arbeitsmarktmäßigen Bedingungen ist die Verweigerung von Kooperation eine durchaus erfolgversprechende Strategie. Daran ändert sich auch nichts, wenn bei fehlendem Konsens das Problem wie ein Kuckucksei hin und her geschoben wird. Nimmt man ferner die Mikro-Meso-Makro-Differenzierung nicht als triviale Aufzählung, sondern als komplexes, verschachteltes Mehrebenenverhandlungssystem ernst, so braut sich hier schnell eine Überlastung der Steuerungs- und Koordinationsfähigkeit der beteiligten Organisationen zusammen.[18] Am Beispiel der Betriebsräte — aber nicht nur dort — ist schon vielfach auf deren begrenzte technische Kenntnisse sowie Zeitbudgets verwiesen worden, die eine wirksame Beteiligung bei der Gestaltung von Technik und Arbeit einschränken.[19] Kritiker von korporatistischen, auf (partiellen) Konsens zwischen Kapital und Arbeit ausgerichteten Strategien entdecken bei solchen Modernisierungsbündnissen häufig selektive Wirkungen, d. h. die Interessen schwacher Randbelegschaften werden zugunsten der Kernmitgliedschaft geopfert. Schließlich gilt die alte Bauernregel »Gib du mir, so geb ich dir« auch und gerade bei korporatistischen Prozeduren. Forderungen nach staatlichen Organisationshilfen für Gewerkschaften oder ein Entgegenkommen der Unternehmer erzeugen ihre Kosten, da hierfür erhebliche Gegenleistungen verlangt werden.

---

17 So vor allem *G. Teubner/H. Willke*, Kontext und Autonomie. Gesellschaftliche Selbststeuerung durch reflexives Recht, in: Zeitschrift für Rechtssoziologie, Nr. 1/1984; kritisch dazu *M. Hartmann*, Komplexitätssteigerung und dezentrale Kontextsteuerung, in: Archives européennes de Sociologie, Nr. 1/1988.
18 Korporatistische Arrangements verfügen zwar durchaus über einen beachtlichen theoretisch-funktionalen Charme, was aber über die tatsächliche Existenz und die notwendigen Voraussetzungen nichts aussagt.
19 *E. Hildebrandt/R. Seltz*, Wandel der betrieblichen Sozialverfassung durch systemische Kontrolle?, Berlin 1989.

6. Interessen und Gegensätze: Ein politisches Terrain

Die Problematik, welche Auswirkungen die Einführung neuer Informations- und Kommunikationstechnologien haben, wie Konflikte strukturiert und welche Lösungsverfahren denn erfolgversprechend sind, läßt sich nur dann sinnvoll bearbeiten, wenn über die dabei tangierten Interessen Klarheit besteht. Nun ist dies, wie die mikropolitischen Ansätze zu Recht betonen, bei Unternehmern wie bei Gewerkschaften ein unübersichtliches Gelände, das sich nicht so einfach auf die Formel vom »Grundkonflikt zwischen Kapital und Arbeit« reduzieren läßt. Betriebsintern erzeugen der Einsatz von neuen Technologien und die damit verbundenen Flexibilisierungsstrategien massive Fragmentierungs- und Heterogenisierungseffekte bei den betroffenen Belegschaften wie auch im mittleren Management. Hierdurch wird die gemeinsame Interessenbasis als Grundlage kollektiven Handelns erheblich erschüttert; sie ergibt sich nicht mehr quasi naturwüchsig aus der Identität der Opfer und ihrer Arbeitsbedingungen. Es ist auch nicht nur eine Frage fehlenden fachlichen Wissens, das sich im übrigen durch externe Beratungen kompensieren läßt. Die Identifikation von konkreten Interessen erfordert intensive politische Kommunikation, in deren Rahmen sie sich erst ausbilden können. Allgemeine Programme und Richtlinien können dabei nur Eckwerte liefern, die der weiteren Konkretisierung bedürfen. Dies verlangt von den Akteuren ein hohes Maß an sozialen Kompetenzen, sofern es sich um Personen handelt. Bei Organisationen erfordert es dezentrale, offene und diskursfreundliche Strukturen, die in der Lage sind, Ungewißheit und Heterogenität auszuhalten.[20]

Ebenso wie die Frage nach den Interessen von Betroffenen erheblich klärungsbedürftiger als bislang diskutiert zu sehen ist, sind es zwei weitere, damit verbundene Aspekte. Zum einen ist es der räumlich-soziale Bezugsraum, in dem sich Interessen konstituieren, organisiert und repräsentiert werden. Der Betrieb liefert sowohl bei Gewerkschaften wie bei Unternehmern den gleichsam naturgegebenen Bezugsrahmen. Allerdings wird dieser durch die raumüberwindende Funktion neuer Informations- und Kommunikationstechnologien zunehmend in Frage gestellt.[21] Strategien der betriebsübergreifenden Produktionsvernetzung, der Just-in-time-Logik u. ä. verlangen bei den Gewerkschaften nach neuen Formen der Interessenvertretung und Mitbestimmung. Daran schließt sich der andere Aspekt an, und zwar, gegen wen die Kräfte eigentlich mobilisiert wer-

---

20 Zu diesem Aspekt siehe *J. Schmid/H. Tiemann,* Die Reform des DGB: Exekution finanzieller Sachzwänge oder innovative Reorganisation, in: Perspektiven ds, Nr. 1/1990.
21 *D. Läpple,* Neue Technologien in räumlicher Perspektive, in: Informationen zur Raumordnung, Nr. 4/1989. Auf die hier ebenfalls wichtige Rolle kultureller oder lokalpolitischer Interessen außerhalb des Betriebs kann an dieser Stelle nicht eingegangen werden.

den. Diese Entwicklung eröffnet nämlich auch neue Optionen für die Bildung von politischen Allianzen zur Gestaltung von Arbeit und Technik. Zwei — gewiß etwas unorthodoxe — Hinweise können dies veranschaulichen: Bei der Beschaffung von Technik spielen die Anbieter eine wichtige Rolle; mittelständische Zulieferer geraten in eine verstärkte Abhängigkeit von Großunternehmen.[22] In beiden Fällen sind Bündnisse mit Gewerkschaften vorstellbar, was allerdings zur Folge hat, daß die Definition von Interessengegensätzen zum politisch gestaltbaren Problem wird und nicht mehr umstandslos vorausgesetzt werden kann.

7. Ausweitung der Mitbestimmung: Kontextsteuerung von Arbeit und Technik

Ausgangspunkt für Gestaltungspolitiken der Arbeitnehmer und ihrer Vertretungen bildet nach den vorliegenden empirischen Erkenntnissen in der Regel die konkrete Einführung einer neuen Technik in den betrieblichen Funktions- und Sozialzusammenhang. Trotz gegenteiliger wissenschaftlicher Forderungen und Empfehlungen und entgegen »aufgeklärter« Beschlüsse und Programme auf der Unternehmerseite, erfolgen arbeitsgestaltende, organisatorische und qualifikatorische Maßnahmen im nachhinein und unter dem starken Einfluß eines Strukturkonservatismus. Gestaltung vollzieht sich so im wesentlichen als Nachbessern von technischen Vorgaben, ohne das Design technischer Systeme von Beginn an mit zu definieren. Daher kommt der stärkeren Mitgestaltung auf der Ebene der Genese soziotechnischer Systeme eine zentrale Bedeutung zu. Das macht die Beteiligung bei der Entwicklung oder zumindest Beschaffung technischer Anlagen und Geräte notwendig, um frühzeitig arbeitsorganisatorische oder qualifikatorische Kriterien in die Technikentwicklung einzubauen.[23] Ein solches Vorgehen ist allerdings für Gewerkschaften schwierig, weil der Zugang zu den hier tätigen Ingenieuren in Hochschulen und F&E-Abteilungen zu den inzwischen erkannten Problemfeldern gewerkschaftlicher Arbeit zählt und hier das Management über eindeutige Vorteile in der Wahl der Strategie (Technikwahl, Beschaffungsprozedere, Produktdefinition) sowie der Disposition über Sachkompetenz verfügt.

---

22 Vgl. dazu *M. Kleinaltenkamp/K. Schubert* (Hg.), Entscheidungsverhalten bei der Beschaffung neuer Technologien, Berlin 1990, sowie *N. Altmann/D. Sauer*, Systemische Rationalisierung und Zulieferindustrie, Frankfurt 1989.
23 Vgl. in diesem Zusammenhang die Überlegungen bei *J. Schmid u. a.*, Wissenschaftsstadt Ulm: Konzept, Kontext und politisch-ökonomische Funktion. Informationen zur Technologiepolitik und zur Humanisierung der Arbeit, hrsg. von DGB-Bundesvorstand, Düsseldorf 1991.

Erschwert wird die Fähigkeit, Technik und Arbeit aktiv zu gestalten, ferner durch die Tatsache, daß betriebsexterne Einflüsse eine wichtige Rolle spielen, die jedoch ihrerseits unter den bestehenden Bedingungen für Gewerkschaften kaum beeinflußbar sind und insofern riskante Umwelten darstellen. Hierzu zählen vor allem die Entwicklungen im Bereich technischer Innovation und der Käufermärkte sowie die politisch-rechtlichen Aspekte. Aber auch betriebliche Faktoren, die ebenfalls nur begrenzt veränderbar sind, berühren die Gestaltungsfähigkeit von Technik und Arbeit. So »erzwingen« Produkteigenschaften wie Komplexität und Losgröße bestimmte Leistungen von Geräten und Personal. Die Größe des Betriebs — so eine weitere Erkenntnis der Organisationsforschung[24] — setzt Dezentralisierungs- und Enthierarchisierungsbestrebungen, die z. B. eine wesentliche Voraussetzung für Gruppenarbeit darstellen, ebenso Grenzen.

Die drei genannten Aspekte — Technikgenese, Umwelteinflüsse und betriebliche Kernstrukturen — sind einerseits faktisch wie juristisch einer Mitbestimmung weitgehend entzogen. Andererseits spielen sie in der gewerkschaftlichen Diskussion über die Gestaltung von Arbeit und Technik so gut wie keine Rolle, da sich diese auf die Potentiale einer Entkoppelung der beiden Faktoren konzentriert. Trotzdem kann eine breitere Betrachtung des Bedingungsgefüges industrieller Arbeit insofern von Nutzen sein, als dadurch über humanisierungs-, interessen- und machtpolitische Motive und Widerstände hinausgehende Gestaltungsrestriktionen sichtbar werden. Deren konstruktive Beeinflussung und Regulierung verwischen erneut die klassischen Konfliktlinien von Arbeit und Kapital und nähern sich den durchaus umstrittenen Konzepten eines »Co-Managements« an. Die Entwicklung alternativer Unternehmensstrategien, neuer Produkt- und Produktionskonzepte sowie Überlegungen zur »idealen« Betriebsgröße gehören dann zum Aufgabenfeld einer Mitbestimmung, die ihr eigentliches Anliegen, nämlich die Gestaltung von Technik und Arbeit (auf der Ebene konkreter Arbeitsplätze) über einen Umweg — systemtheoretisch: Kontextsteuerung — zu realisieren versucht.

8. Fazit

Die Ausgangsfragestellung, ob besonders günstige Mechanismen im Bereich Technik und Arbeit vorliegen, die einen Konsens zwischen Unternehmern und Gewerkschaften erzeugen, wird hier skeptisch beantwortet. Damit wird der

---

24 Als fundierten Überblick siehe *R. Freriks,* Die Struktur kontingenztheoretischer Ansätze, in: *J. Schmid* (Hg.), Technik — Arbeit — Betrieb, Arbeitspapier des SFB 187, Bochum 1991.

Wert einer gewerkschaftlichen Gestaltungspolitik nicht bestritten, sondern nur behauptet, daß es dafür keinen Königsweg gibt – möglicherweise aber einige Holzwege. Darüber hinaus attackieren einige neue Pfade massiv das traditionelle Selbstverständnis der Gewerkschaften – unabhängig, wie sie beurteilt werden, indizieren sie die fundamentale Bedeutung des Mitbestimmungsfeldes Arbeit und Technik.

Ulrich Beck
Politik in der Risikogesellschaft

I.

Die Erfolge der Ökologiebewegung zwingen alle zu Wiederholungen. Daß die Arten sterben, die Meere verseucht sind, Klimakatastrophen drohen, ist ein Grundtatbestand des zeitgenössischen Bewußtseins geworden, den die Kommunisten mit der CSU, die chemische Industrie mit den grünen Fundamentalisten teilen. Manchmal muß man fast fürchten, die chemische Industrie macht ihre Großreklamen wahr und gründet sich als eingeschriebener Naturschutzverein neu. Doch diesem Siegeszug des Themas stehen Blockaden im Handeln gegenüber; mehr noch: Es hat bisher eine ernsthafte Debatte über die Art der Blockaden und die Möglichkeiten ihrer Überwindung nicht stattgefunden. Darauf zielt die Frage nach der Politik in der Risikogesellschaft.

Als ich im Jahre 1984 mit dem Begriff »*Risikogesellschaft*« experimentierte, war er ein Begriff aus der Schreibtischretorte, der allgemeines Kopfschütteln erregte. Inzwischen hat er – wie später die DDR – die Gänsefüßchen verloren. Vielen geht er über die Zunge, als würden sie einen Sinn damit verbinden. Noch hat er etwas Stachliges. Man muß Traute haben, um das Wohlstandswunderland Deutschland eine Risikogesellschaft zu nennen. Zivilcouragierte CDU-Anhänger fügen deshalb das anheimelnde »unsere« davor. Gemeint ist wohl »diese unsere« Risikogesellschaft. Verweise zu meinem Schreibtisch werden nur noch in Grenzfällen hergestellt. Inzwischen gerate ich in öffentlichen Diskussionen eher unter den Verdacht, einen fremden Begriff marktgerecht besetzt zu haben. Das ist ein schönes Beispiel dafür, daß Soziologen nur nichtpatentierbare Erfindungen in Umlauf setzen können. Das Verschwinden im Allgemeinbewußtsein ist der höchste Gipfel praktischen Erfolgs, den Soziologen erklimmen können.

Doch nun zur Sache. Risikogesellschaft meint eine Epoche, in der die Schattenseiten des Fortschritts mehr und mehr die gesellschaftlichen Auseinandersetzungen bestimmen. Das, was anfangs niemandem vor Augen stand, nicht gewollt wurde: Die Selbstgefährdung, die Zerstörung der Natur wird zum Movens der Geschichte. Dabei geht es mir nicht um eine Gefahrenanalyse als solche, sondern um den Nachweis, daß unter dem Druck industrieller Selbstvernichtungsgefahren und der dadurch bedingten Auflösung traditionaler Klassen- und Interessengegensätze neue *Gestaltungschancen* entstehen.

II.

Zentral für die politische Analyse ist die *Unterscheidung zwischen Risiken und Gefahren*. Es ist die Konfrontation der Gesellschaft mit künstlich erzeugten Selbstvernichtungsmöglichkeiten, die in meinen Augen diese Zäsur markiert. Atomare, chemische, ökologische und gentechnische Gefahren sind (im Unterschied zu frühindustriellen Risiken) erstens weder örtlich noch zeitlich noch sozial eingrenzbar, zweitens nicht zurechenbar nach den geltenden Regeln von Kausalität, Schuld, Haftung und drittens nicht kompensierbar, nicht versicherungsfähig. Wo private Versicherungen ihren Schutz versagen – und das ist bei den genannten großtechnischen Entwicklungen der Fall –, wird immer wieder die Grenze zwischen Risiken und Gefahren überschritten.

Die Verwandlung der ungesehenen Nebenfolgen industrieller Produktion in globale ökologische Krisenherde läßt sich so als eklatantes gesellschaftliches Regulationsproblem deuten mit beträchtlichem politischem Gehalt. Gefahren werden industriell erzeugt, ökonomisch externalisiert, juristisch individualisiert, naturwissenschaftlich legitimiert und politisch verharmlost. Die Schlüsselfrage lautet: Wie gewinnt dagegen eine ökologische Politik der Selbstbegrenzung Macht und Durchsetzungsfähigkeit?

Vor zwei Naivitäten sei gewarnt: Eine solche Politik kann sich weder auf die Größe der Gefahr noch auf die Universalität der Betroffenheit verlassen. Denn viele Gefahren – Paradebeispiel: atomare Strahlungen – sind unsichtbar, entziehen sich der Alltagswahrnehmung. Das heißt: Zerstörung und Protest sind *symbolisch vermittelt* (Beispiele »Waldsterben«, »Robbensterben«). Nur in kulturell bedeutsamen und öffentlich inszenierten Bildern und Symbolen kann angesichts der Unsinnlichkeit vieler Bedrohungen der kulturell erblindete Alltag »sehend« werden.

Zweitens wachsen mit der Größe und der Nähe der Gefahr die *Widerstände* gegen die Einsicht in die Gefahr. Gerade die am härtesten Betroffenen sind oft jene, die die Gefahr am heftigsten leugnen, leugnen müssen, um überhaupt weiterleben zu können. Das Bombardement mit apokalyptischen Visionen wirkt deshalb leicht kontraproduktiv, bestärkt Ohnmacht und Fatalismus. Auch die Frage nach dem revolutionären Subjekt, die die Klassengesellschaft uns hinterlassen hat, wird wohl auch dann nicht fündig werden, wenn die Vermißtenanzeigen nun in subkulturellen Szeneblättern aufgegeben werden.

III.

Gut, es gibt kein »ökologisches Proletariat«. Ist die Sache damit aber gelaufen? Meiner Einschätzung nach nicht. Denn diese Sicht bleibt blind gegenüber der neuen prekären Handlungsmobilisierung, jener Systemalarmierung, die die Bewußtwerdung allgemeiner Lebensbedrohungen im Milieu bürokratisch versprochener Sicherheit bedeuten. Ich meine damit die *»politische Reflexivität« der Gefahr*. Wenn eingesehen, nachgewiesen wird, daß die Hüter von Rationalität und Ordnung Überlebensgefahren legalisieren, ist politisch der Teufel los. Es ist nicht falsch zu sagen: Der Frage nach dem politischen Subjekt in der Industrie- und Klassengesellschaft entspricht die Frage nach der politischen Reflexivität in der Risikogesellschaft. Wie ist das zu verstehen?

Im alten industriellen Konflikt Kapital gegen Arbeit geht es um *Positives*: Gewinne, Wohlstand, Konsumgüter. Im neuen ökologischen Konflikt geht es dagegen um *Negatives*: Verluste, Zerstörungen, Bedrohungen. Der ökologische Konflikt ist ein Negativ-Summenspiel kollektiver Selbstschädigung. Ein Spiel also zwischen Verlierern, die ihren Verlust nicht wahrhaben wollen, ihn abwälzen.

Genauer gesagt: nur Verlierern. Es gibt beim ökologischen Roulette keine Gewinner. Es gibt nur relative Vorteile, die immer bedroht sind. Zum einen durch die fortschreitende Zerstörung, die die Grenzen zwischen Tätern und Opfern unterlaufen, aufheben; zum anderen durch immer nur provisorische Siege in den Abwälzungs- und Leugnungskonflikten, die durch neues wissenschaftliches Wissen oder Nadelstich-Aktivitäten kleiner Gruppen plötzlich umkippen können. Gefährdungslagen sind ihrer sozialen Konstruktion nach ein Pulverfaß, das u. U. schon ein Informationsfunke zur Explosion bringen kann. Sie bedeuten eine pauschale, universelle Verunsicherung aller — gerade auch der Machtzentren der Industrie — bis in die Politik hinein. Ich habe in Gesprächen gelernt, wie gebannt die Leitungen von Weltkonzernen auf die winzigen Aktivitäten beispielsweise kleiner Gruppen auf den Nordseeinseln schauen, eine »chemiefreie Zone« auszurufen. Weil sie wissen oder ahnen, daß solche Aktivitäten einen Flächenbrand auslösen können. Im Konflikt Kapital gegen Arbeit schlagen Lohnsenkungen als Gewinnsteigerung zu Buche. Im ökologischen Negativkonflikt entfällt dagegen (rein idealtypisch gedacht) diese Direktverzahnung der Gegeninteressen. Abwälzen oder Leugnen von Gefahren bedeutet als solches kein Abschöpfen von Gewinnen. Was bleibt und zentral wird, ist die *Marginalisierung der Geschädigten*. Läßt sich die Schädigung nicht leugnen, so muß sie möglichst diffus bleiben, unzurechenbar und in begrenzbaren Geschädigtenenklaven konzentriert werden. Daß dies nicht oder nur vorübergehend gelingt, ist sehr wahrscheinlich — aufgrund des Universalismus der Zerstörungen und der wachsenden ökologischen Sensibilität der Bevölkerung. Entsprechend werden mehr und mehr auch die einflußreichen Mittelschichten von Schädigungen erfaßt, ihr erwirtschafteter Wohlstand (Garten, Häuschen, Urlaub) bedroht. Wenn die gesellschaftliche Mitte in Mitleidenschaft gezogen wird — dies eine Daumenregel der Soziologie —, klingelt es im politischen System. Verschärfend wirkt: Die Kinder auch der Verantwortlichen in Wirtschaft, Technik und Politik stellen bohrende Fragen. Doch alles dies bedeutet keine Automatik.

IV.

Zwei Stadien im ökologischen Konflikt sind zu unterscheiden. In einem ersten Stadium ist es ein *Aufdeckungskonflikt einer gegen alle,* weil allen zunächst die Chancen der industriellen Expansion vor Augen stehen. Das Thema und die Dimension der Bedrohung müssen bewußtgemacht werden. Aus diesem Konflikt, der bei uns mit den 70er Jahren begann, ist die Ökologiebewegung — auch im internationalen Vergleich — völlig überraschend als Sieger hervorgegangen. Meßbar etwa in dem Hochschnellen der Dringlichkeit, die die ökologische Frage inzwischen im Bewußtsein der überwältigenden Mehrheit der Bürger in der Bundesrepublik — vor Arbeitslosigkeit, sogar vor Fragen der Vereinigung der beiden deutschen Staaten — einnimmt. Diese Erfolge sind einer *Politik der realistischen Schreckensszenarien* zu verdanken.

Ein zweites Stadium ergibt sich dann, wenn das ökologische Wissen um die Dimensionen der Zerstörungen im Prinzip *angekommen ist,* aber im Handeln nichts oder eher Kosmetisches geschieht. Sei es, daß die Vertreter der Industrie von den Bürgergruppen gelernt haben (die Dramaturgie des Ozonlochs bringt Kernenergie neu ins Spiel); sei es, daß die Blockaden in den Institutionen greifen; sei es, daß mit den Tagesthemen die Prioritäten wechseln — der Kollektivaufstieg der BRD durch die »Unterschichtung« der DDR: Nun glänzt alles, was vorher fragwürdig war. Der Konflikt, der dann entsteht, ist im Kern ein *Zurechnungskonflikt.* Die Abwälzkonstruktionen, die Weichenstellungen der Normalisierung in den Institutionen erhalten Schlüsselbedeutung. Ich glaube, daß wir seit Mitte der 80er Jahre mehr und mehr in diesem Stadium sind, ohne daß dies so recht begriffen wird. Nicht zuletzt hat darin das Stagnieren der Umweltbewegung ihren Grund: Ihre Themen und Fragen sind durchgesetzt. Alle politischen Gruppierungen haben sie auf ihre Fahnen geschrieben. Mit der Pfiffigkeit, mit der in der ersten Phase die Leugnungspanzer geknackt wurden, lassen sich keine neue Lorbeeren gewinnen.

Jedenfalls nicht das Hauptproblem der *legalisierten Normalvergiftung*: durch zu hohe oder gar keine Grenzwerte, unerbringliche Kausalnachweise auf seiten der

Geschädigten aufspießen und aufbrechen. Nun läuft sich der Protest in dem fest, was bisher seinen Sieg wesentlich begründet hat: naturwissenschaftliche Schreckensszenarien, die blind und unbeweglich bleiben und machen gegenüber den Normen ihrer institutionellen und politischen Verarbeitung.

Anders gewendet heißt dies: Notwendig wäre die *Herstellung von Zurechenbarkeit* auf allen Ebenen und mit allen Mitteln. Das bedeutet beispielsweise:

- Veränderung der Beweislasten in kleinen und großen Schritten, mit der Konsequenz, daß die betrieblichen und wissenschaftlichen Akteure rechtfertigungspflichtig in der Öffentlichkeit werden (erste Schritte: Umweltgesetze in Kalifornien);
- Öffnung der Gremien und Gutachter in der Grauzone von Politik, Wissenschaft und Industrie für den fachlichen Pluralismus, Gegenexperten, Laienanwälte;
- Haftungsfragen aufwerfen, Haftungsrecht reformieren;
- Aufdeckung der Versicherungslosigkeit, der Unversicherbarkeit vieler großtechnischer Entwicklungen;
- Verursacherprinzip reformulieren: regionale Zurechnungen von Gewinner- und Verliererbranchen herstellen (beispielsweise Küstenregionen mit ihrer Gaststätten- und Hotelstruktur und den Chemie- und Industrieregionen, die jenen die Giftsuppe einbrocken und die Gäste vertreiben);
- Abkommen vorschlagen, aushandeln zwischen Industriebetrieben in einer Region und der Bevölkerung über die Anerkennung von Schädigungen und Entschädigungsleistungen (wie zum Teil in Japan).

Alles dies nicht, um auf diese Weise schon das Ziel einer »ökologischen Gesellschaft« zu erreichen, sondern als Zwischenschritt, auch um den gesellschaftlichen Lernprozeß in Gang zu setzen.

Allerdings: Die politische Reflexivität dient beiden Herren: dem ökologischen Protest und der Industriepolitik. Entscheidend ist die »kausale Architektur« der aufgedeckten Gefährdungslage im Schmelzpunkt der politischen Reflexivität. Kausalität mag prinzipiell unklar, mehrdeutig, unlesbar sein. Tatsächlich gibt es am Ende *einen* Stoff, *ein* Produkt, *eine* Branche, die den Schwarzen Peter im ökologischen Verdrängungswettbewerb zugesteckt bekommt. Der Universalkausalität entspricht am Ende eine Individualursache. Das ist das moderne Opferritual der symbolischen Umweltpolitik. Z. B. das Waldsterben: nicht Geschwindigkeitsbegrenzung, nicht Lastwagenverkehr, nicht Kohlekraftwerke, sondern Personenkraftwagen und – nach dem alten industriellen Erfolgsrezept – am Ende der fehlende Katalysator.

Auf diese Weise werden, wissenschaftlich verklausuliert, die Weichen der gesellschaftlichen Bearbeitung gestellt.

V.

Augenblicklich tobt dieser Definitionskampf um die Zentralursache der ökologischen Zerstörung überhaupt: *Bevölkerungswachstum.* Wenn dies so festgeschrieben wird, dann sind wir in den hochentwickelten Industrieländern endlich aus dem Schneider, und die Dritte Welt hat auch noch den Schwarzen Peter für den Untergang der Erde zugespielt bekommen.

Nicht zuletzt die Ökologiebewegung und die Grünen selbst sind gespalten in der Frage, ob nicht die Größe und Dringlichkeit der Gefahren zu radikalem Gegenhandeln nötigt. 5 vor 12 Uhr kann nicht mehr auf Freiheitsrechte oder die längst veralteten Ideale der Aufklärung Rücksicht genommen werden. Meines Erachtens liegt hier ein Denkfehler vor. Nicht erkannt wird die geheime Wahlverwandtschaft zwischen Ökologisierung und Demokratisierung der Gesellschaft. Politik gegen die Gefahr heißt: Verlangsamung, Revidierbarkeit, Zurechenbarkeit, damit auch Zustimmungsfähigkeit, also Erweiterung von Demokratie in den bislang dagegen abgeschotteten Bereichen von Wissenschaft, Technik und Industrie. Nicht erkannt und genutzt werden also die *Chancen* der Risikogesellschaft. Das Ziel wäre nicht ein Zurück, sondern eine *andere Moderne,* die den Anspruch auf Selbstbestimmung gegen dessen Halbierung in der Industriegesellschaft einklagt und einlöst.

Das alles mag zu wenig erscheinen, zu wenig konkret, zu klein angesichts dessen, was droht. Daher möchte ich − selbstkritisch − schließen mit einem Zitat von *Hans Magnus Enzensberger*: »An das Ende ihrer Traktate, in denen die Unvermeidlichkeit des Endes (der Industrialisierung, der Zivilisation, des Menschen, des Lebens auf dem Planeten) überzeugend dargetan, wenn nicht bewiesen wird, hängen sie jedoch stets ein Kapitel an, in dem sie betonen, daß es auch anders geht... Dabei steht die Entsetzlichkeit der angekündigten Katastrophe in einem merkwürdigen Gegensatz zu der Harmlosigkeit der Ermahnungen, mit denen wir entlassen werden. Dieser Kontrast ist so augenfällig, so penetrant, daß die beiden Seiten der Argumentation einander wechselseitig beschädigen: mindestens eine von ihnen wirkt unglaubwürdig. Entweder die Schlußpredigt, die uns gut zureden, oder die Analyse, die uns erschrecken will.«

Literaturauswahl zum Mitbestimmungsfeld Arbeit und Technik

Aichholzer, G./Schienstock, G. (Hrsg.), Arbeitsbeziehungen im technischen Wandel. Neue Konfliktlinien und Konsensstrukturen, Berlin 1989.

Alemann, U. v./Schatz, H., Mensch und Technik. Grundlagen und Perspektiven einer sozialverträglichen Technikgestaltung, Opladen 1987.

Alemann, U. v., u. a., Technologiepolitik. Grundlagen und Perspektiven in der Bundesrepublik Deutschland und in Frankreich, Frankfurt/New York 1988.

Alemann, U. v., u. a., Ergebnisse und Leitbilder sozialverträglicher Technikgestaltung. Bericht des Projektträgers zum NRW-Landesprogramm »Mensch und Technik – Sozialverträgliche Technikgestaltung«, Oldenburg 1991.

Altmann, N., u. a., Ein »Neuer Rationalisierungstyp«, in: Soziale Welt 2/3/1986, S. 189 ff.

Altmann, N./Düll, K., Rationalisierung und neue Verhandlungsprobleme im Betrieb, in: WSI-Mitteilungen 5/1987, S. 261 ff.

Bachmann, S./Bohnet, M./Lompe, K., Industriegesellschaft im Wandel. Chancen und Risiken heutiger Modernisierungsprozesse. Hildesheim 1988.

Baethge, M./Oberbeck, H., Zukunft der Angestellten. Neue Technologien und berufliche Perspektiven in Büro und Verwaltung, Frankfurt a. M./New York 1986.

Bahl-Benker, A./Soosten-Höllings, A. v., Büro- und Kommunikationssysteme. Neue Techniken – Neue Arbeit? Ein Fallbeispiel, Frankfurt/M. 1989.

Bahl-Benker, A./Soosten-Höllings, A. v., Die Arbeit von Sekretärinnen, Kontoristinnen und Schreibkräften im Büro von heute und morgen – Ein Fallbeispiel, Frankfurt/M. 1989.

Bartölke, K., u. a., Möglichkeiten der Gestaltung von Arbeit und Technik in Theorie und Praxis, Bonn 1986.

Bechmann, G. (Hg.), Risiko und Gesellschaft, Opladen, 1990.

Beck, U., Risikogesellschaft. Auf dem Weg in eine andere Moderne, Frankfurt/M. 1986.

Beck, U., Gegengifte. Die organisierte Unverantwortlichkeit, Frankfurt/M. 1988.

Beck, U., Der ökologische Gesellschaftskonflikt, in: WSI-Mitteilungen 12/1990, S. 750 ff.

Bergstemann, J./Brandherm-Böhmker, R. (Hg.), Systemische Rationalisierung als sozialer Prozeß, Bonn 1990.

Bierter, W., Mehr autonome Produktion – weniger globale Werkbänke, Karlsruhe 1986.

Biervert, B./Monse, K. (Hg.), Wandel durch Technik. Institution, Organisation, Alltag, Opladen 1990.

Birke, M./Schwarz, M., Neue Techniken, neue Arbeitspolitik? Neuansätze betrieblicher Interessenvertretung bei der Gestaltung von Arbeit und Technik, Frankfurt/New York 1989.

Bleicher, S. (Hg.), Technik für den Menschen. Soziale Gestaltung des technischen Wandels. Eine Dokumentation. Köln 1987.

Bleicher, S./Stamm, J. (Hg.), Fabrik der Zukunft, Flexible Fertigung, neue Produktionskonzepte und gewerkschaftliche Gestaltung, Hamburg 1988.

Blum, U., Gewerkschaftspolitik im Wandel. Erweiterte Pflichtenhefte als Gestaltungskonzept, in: Forum Wissenschaft 2/1989, S. 21 ff.

Brödner, P., Fabrik 2000. Alternative Entwicklungspfade in die Zukunft der Fabrik, Berlin 1985.

Burmeister, K., u. a. (Hg.), Netzwerke. Vernetzungen und Zukunftsgestaltung, Weinheim/Basel 1991.

Christmann, B./Schmidt-Dilcher, J., Die Einführung von CAD als Reorganisationsprozeß, Opladen 1990.

DGB-Bundesvorstand (Hg.), Wissenschafts- und forschungspolitische Leitsätze des Deutschen Gewerkschaftsbundes, Düsseldorf 1990.

DGB-Bundesvorstand, Abt. Technologie/HdA (Hg.), Gewerkschaftliche Politik zur Gestaltung von Arbeit und Technik − Ziele, Aufgaben und Maßnahmen, Arbeitsprogramm, Düsseldorf 1991.

Die Mitbestimmung 9/1990, (Schwerpunkt) Arbeits- und Technikgestaltung.

Drinkuth, A., Das IG Metall-Aktionsprogramm »Arbeit und Technik« − Eine Zwischenbilanz, in: Gewerkschaftliche Monatshefte 10/1986, S. 617 ff.

Düll, K./Lutz, B. (Hg.), Technikentwicklung und Arbeitsteilung im internationalen Vergleich, Frankfurt a. M./New York 1989.

Dunckel, H./Resch, M., Computer für den Menschen? Risiken und Chancen des Computereinsatzes am Arbeitsplatz, Köln 1987

Eichener, V./Mai, M. (Hg.), Arbeitsorientierte Technikgestaltung. Gesellschaftliche Grundlagen, innovative Modelle, Praxisbeispiele, Wiesbaden 1991.

Einemann, E./Kollatz, M. (Hg.), Technologieentwicklung und Reformpolitik, Marburg 1988.

Fiedler, A./Regenhard, U., Mit CIM in die Fabrik der Zukunft? Probleme und Erfahrungen, Opladen 1991.

Frerichs, P./Morschhäuser, M./Steinrücke, M., Fraueninteressen im Betrieb. Arbeitssituation und Interessenvertretung von Arbeiterinnen und weiblichen Angestellten im Zeichen neuer Technologien, Opladen 1989.

Fricke, W. (Hg.), 1990 Jahrbuch Arbeit und Technik, Bonn 1990.

Gesamtverband der metallindustriellen Arbeitgeberverbände − Gesamtmetall − (Hg.), Mensch und Arbeit. Gemeinsame Interessen von Mitarbeitern und Unternehmen in einer sich wandelnden Arbeitswelt, Köln 1989.

Gewerkschaft Handel, Banken und Versicherungen (Hg.), Zur Zukunft der Arbeit im privaten Dienstleistungsbereich. Technologie- und rationalisierungspolitisches Arbeitsprogramm der Gewerkschaft HBV, Düsseldorf 1989.

Greifenstein, R./Jansen, P./Kißler, L., Neue Technologien und Mitbestimmung am Arbeitsplatz, Opladen 1991.

Hans-Böckler-Stiftung (Hg.), Neue Techniken und betriebliche Mitbestimmung − Perspektiven für eine humane Arbeitswelt, Düsseldorf 1988.

Helfert, M., Gewerkschaften und technische Entwicklung. Sozialwissenschaftliche Aspekte gewerkschaftlicher Handlungsmöglichkeiten, Köln 1987.

Helfert, M., Sozialer Fortschritt und der Fortschritt der Individualisierung. Über die Schwierigkeiten der Gewerkschaften, die soziale Frage und die Technik zu politisieren, Köln 1991.

Henning, K./Süthoff, M./Mai, M. (Hg.), Mensch und Automatisierung. Eine Bestandsaufnahme, Opladen 1990.

Heß, K. D./Richenhagen, G., Computertechnik für Arbeitnehmervertreter, Band 1–4, Köln 1990.

Hildebrandt, E./Seltz, R., Wandel betrieblicher Sozialverfassung durch systemische Kontrolle?, Berlin 1989.

Hindrichs, W./Mäulen, C./Scharf, G., Neue Technologien und Arbeitskampf, Opladen 1990.

Hochschule für Wirtschaft und Politik (Hg.), Auswirkungen neuer Technologien auf Betrieb, Wirtschaft und Gesellschaft, Opladen 1989.

Hoyer, J., Neue Techniken. Betriebliche EDV-Systeme, eine Daueraufgabe für Betriebsräte, in: Arbeitsrecht im Betrieb 11/1989, S. 334 ff.

Hurrle, G./Schütte, H., u. a., Neue Techniken – Veraltete Gewerkschaften?, Opladen 1990.

IG Chemie-Papier-Keramik (Hg.), Gentechnologie. Ein Nachschlagewerk für Arbeitnehmer, Hannover 1990

Industriegewerkschaft Metall (Hg.), Maschinen wollen sie – uns Menschen nicht, Rationalisierung in der Metallwirtschaft, Frankfurt/M. 1983.

Industriegewerkschaft Metall (Hg.), Aktionsprogramm Arbeit und Technik, Frankfurt/M. 1984.

Industriegewerkschaft Metall (Hg.), Technologieentwicklung und Steuerung. Für die soziale Gestaltung von Arbeit und Technik, Köln 1988.

Industriegewerkschaft Metall (Hg.), Gewerkschaftliche Betriebspolitik: Die andere Zukunft gemeinsam gestalten. Eckpunkte gewerkschaftlicher Betriebspolitik der IG Metall für die 90er Jahre, Frankfurt/M. o. J. (1990).

Industriegewerkschaft Metall (Hg.), Tarifreform 2000. Ein Gestaltungsrahmen für die Industriearbeit der Zukunft. Diskussionsvorschläge, Frankfurt/M. 1991.

Kamp, L. (Hg.), Arbeit in der Fabrik der Zukunft, Marburg 1989.

Kaßebaum, B., Betriebliche Technologiepolitik. Arbeitsgestaltung in der Politik der IG Metall, Frankfurt/M. 1990.

Kern, H./Schumann, M., Das Ende der Arbeitsteilung? Rationalisierung in der industriellen Produktion, München 1984.

Kißler, L., Die Mitbestimmung in der Bundesrepublik Deutschland, Marburg 1991.

Kißler, L. (Hg.), Partizipation und Kompetenz. Beiträge aus der empirischen Forschung, Opladen 1990.

Kißler, L./Kreuder, T., Der halbierte Fortschritt. Modernisierungspolitik am Ausgang des 20. Jahrhunderts, Marburg 1989.

Klöcker, W./Sadowski, R., Gesprächskreise »Neue Technik«, Werkstattbericht Nr. 63, Düsseldorf 1989.

Klotz, U., Die zweite Ära der Informationstechnik, in: HARVARDmanager 2/1991, S. 101 ff.

Klotz, U., Die Wende in der Bürokommunikation, in: Office Management 6/1990, S. 46 ff., und 7/8 1990, S. 32 ff.

Klotz, U./Tiemann, H., Aus Betroffenen Beteiligte machen – Gewerkschaftliche Organisation im Umbruch, in: Die Mitbestimmung 9/1990, S. 589 ff.

Kohl, H./Schütt, B. (Hg.), Neue Technologien in der Arbeitswelt. Was erwartet die Arbeitnehmer?, Köln 1984.

Kreibich, R., u. a. Ökologisch produzieren. Zukunft der Wirtschaft durch umweltfreundliche Produkte und Produktionsverfahren, Weinheim/Basel 1991.

Lang, K./Meine, H./Ohl, K. (Hg.), Arbeit – Entgelt – Leistung. Handbuch Tarifarbeit im Betrieb, Köln 1990.

Lompe, K. (Hg.), Techniktheorie. Technikforschung. Technikgestaltung, Opladen 1987.

Lullies, V./Bollinger, H./Weltz, F., Konfliktfeld Informationstechnik, Frankfurt/M. 1990.

Mambrey, P./Oppermann, R./Tepper, A., Computer und Partizipation. Ergebnisse zu Gestaltungs- und Handlungspotentialen, Opladen 1986.

Manz, T., Innovationsprozesse in Klein- und Mittelbetrieben. Soziale Prozesse bei der Einführung neuer Technologien, Opladen 1990.

Ortmann, G./Windeler, A. (Hg.), Umkämpftes Terrain. Managementperspektiven und Betriebsratspolitik bei der Einführung von Computersystemen, Opladen 1989.

Ortmann, G., u. a., Computer und Macht in Organisationen. Mikropolitische Analysen, Opladen 1990.

Philipzig, H./Zimmermann, B. (Hg.), Mit Mut und Phantasie – Neue Technik gestalten! Alternativen einer arbeitnehmerInnenorientierten Weiterbildung, Hamburg 1989.

Piore, M. J./Sabel, C. F., Das Ende der Massenproduktion. Studie über die Requalifizierung der Arbeit und die Rückkehr der Ökologie in die Gesellschaft, Berlin 1985.

Pries, L., Betrieblicher Wandel in der Risikogesellschaft. Empirische Befunde und konzeptionelle Überlegungen, Opladen 1990.

Pries, L./Schmidt, R./Trinczek, R. (Hg.), Trends betrieblicher Produktionsmodernisierung, Opladen 1989.

Pries, L./Schmidt, R./Trinczek, R., Entwicklungspfade von Industriearbeit. Chancen und Risiken betrieblicher Produktionsmodernisierung, Opladen 1990.

Rammert, W., Das Innovationsdilemma. Technikentwicklung im Unternehmen, Opladen 1988.

Rammert, W. (Hg.), Computerwelten – Alltagswelten. Wie verändert der Computer die soziale Wirklichkeit?, Opladen 1990.

Rauner, F. (Hg.), »Gestalten« – Eine neue gesellschaftliche Praxis, Bonn 1988.

Rock, R., u. a., Dienstleistungsrationalisierung im Umbruch. Wege in die Kommunikationswirtschaft, Opladen 1990.

Rolf, A. (Hg.), Neue Techniken Alternativ. Möglichkeiten und Grenzen sozialverträglicher Informationstechnikgestaltung, Hamburg 1986.

Roßnagel, A./Wedde, P., u. a. Digitalisierung der Grundrechte?, Opladen 1990.

Roßnagel,A./Wedde,P.,u. a. (Hg.), Die Verletzlichkeit der »Informationsgesellschaft«?, Opladen 1990.

Roth, S./Kohl, H. (Hg.), Perspektive: Gruppenarbeit, Köln 1988.

Sachverständigenkommission Arbeit und Technik, Arbeit und Technik. Ein Forschungs- und Entwicklungsprogramm, Bonn 1988.

Schabedoth, H.-J., Mit der Computerisierung zur humanen Arbeitswelt?, in: Vorgänge 1/1990, S. 112 ff.

Schabedoth, H.-J./Weckenmann, R., Strategien für die Zukunft. Neue Technologien zwischen Fortschrittserwartung und Gestaltungsauftrag, Marburg 1988.

Schmid, J./Tiemann, H./Kohler, H., Wissenschaftsstadt Ulm. Wegweiser zukunftsorientierter Technologie- und Innovationspolitik?, in: Informationen zur Technologiepolitik, hrsg. v. DGB, Nr. 15/Juni 1991.

Schmitz, K./Bobrowski, C., Grundzüge einer neuen betrieblichen Politik zum Einsatz elektronischer Datenverarbeitungssysteme, in: IG Chemie (Hg.), Mitbestimmungspraxis Nr. 3/1989.

Senghaas-Knobloch, E./Volmerg, B., Technischer Fortschritt und Verantwortungsbewußtsein, Opladen 1990.

Süß, W./Schroeder, K. (Hg.), Technik und Zukunft. Neue Technologien und ihre Bedeutung für die Gesellschaft, Opladen 1988.

Steinkühler, F./Bleicher, S. (Hg.), Zwischen Aufstieg und Rationalisierung. Die Angestellten, Hamburg 1988.

Teichert, V./Küppers, F., Umweltpolitik im Betrieb – Betriebsvereinbarungen zum Umweltschutz in der chemischen Industrie, in: WSI-Mitteilungen 12/1990, S. 755 ff.

Tholfus, H., Sozialverträgliche Technikgestaltung im Dienstleistungsbereich. Zwei Fallstudien im öffentlichen Dienst und im Bankenbereich zur Technikpolitik betrieblicher Arbeitnehmervertretungen, Berichte des ISO, 45, Köln 1990.

Tschiedel, R., Sozialverträgliche Technikgestaltung, Opladen 1989.

Vogelheim, E. (Hg.), Grenzen der Gleichheit. Frauenarbeit zwischen Tradition und Aufbruch, Marburg 1990.

Wagner, J., Die »Just-in-time«-Produktion. Anlaß zum Überdenken des Arbeitgeber- und Betriebsbegriffs, in: Arbeit und Recht 8/1990, S. 245 ff.

Weltz, F., u. a., Qualifikationsförderung im Büro, Frankfurt a. M./New York 1989

Weltz, J. (Hg.), Soziale Gestaltung der Telekommunikation, Düsseldorf 1991.

Westphalen, R. v. (Hg.), Technikfolgenabschätzung als politische Aufgabe, München/Wien 1988.

Widmaier, U./König, T. (Hg.), Technische Perspektiven und gesellschaftliche Entwicklungen. Trends und Schwerpunkte der Forschung in der Bundesrepublik Deutschland, Baden-Baden 1990.

Zöpel, C. (Hg.), Technikkontrolle in der Risikogesellschaft, Bonn 1988.

Zöpel, C. (Hg.), Technikgestaltung durch den Staat, Bonn 1988.

Zu den Autorinnen und Autoren

Ulrich Beck, geb. 1944, Dr., Professor für Soziologie an der Universität Bamberg.

Elisabeth Becker-Töpfer, geb. 1950, Dipl.-Päd., bis 1990 Leiterin der Abteilung Rationalisierung beim HBV-Hauptvorstand in Düsseldorf, jetzt im Berufsfortbildungswerk des DGB, zuständig für das Referat »Interne Weiterbildung«.

Sabine Groner-Weber, geb. 1958, Dr., Leiterin der Abteilung Forschungspolitik beim Hauptvorstand der Industriegewerkschaft Chemie-Papier-Keramik in Hannover.

Mario Helfert, geb. 1937, Dipl.-Sozialwirt, Dr. rer. pol., Wissenschaftlicher Referent im WSI, Düsseldorf.

Lothar Kamp, geb. 1948, Chemielaborant und Volkswirt, seit 1986 Referatsleiter Technologie in der Abteilung Mitbestimmungsförderung I der Hans-Böckler-Stiftung, Düsseldorf.

Christian Kerst, geb. 1960, Dipl.-Soz., seit 1988 wissenschaftlicher Mitarbeiter in der Arbeitsgruppe für sozialwissenschaftliche Industrieforschung (ASIF), Bielefeld.

Ulrich Klotz, geb. 1948, Dipl.-Ing., Forschungs- und Beratungstätigkeit, von 1987–1991 Mitarbeiter des Projekts »Betriebsorganisations- und Kommunikationsstrukturen«, jetzt Mitarbeiter in der Abt. Automation/Technologie HdA beim Vorstand der IG Metall, Frankfurt.

Norbert Kluge, geb. 1955, Sozialwissenschaftler, bis 1988 Mitarbeiter am Wissenschaftlichen Zentrum für Berufs- und Hochschulforschung an der Gesamthochschule Kassel, jetzt Referatsleiter in der Forschungsförderung der Hans-Böckler-Stiftung, Düsseldorf.

Uwe Loss, geb. 1953, Dipl.-Sozialwissenschaftler, Wiss. Referent beim Projektträger des SoTech-Programms im Wissenschaftszentrum Nordrhein-Westfalen, Institut Arbeit und Technik, Gelsenkirchen.

Marieluise Pfeifer, geb. 1948, Maschinenbau-Technikerin, Dipl.-Sozialökonomin, Mitarbeiterin der Abt. Automation/Technologie/HdA beim Vorstand der IG Metall, Frankfurt.

Karl Röhrig, geb. 1947, Maschinenbautechniker, private und gewerkschaftliche Technikberatung, seit 1987 Berater bei der Innovations- und Technologieberatungsstelle der IG Metall Berlin (im Verein DGB-Technologieberatung e. V.).

Siegfried Roth, geb. 1946, Sozialwissenschaftler, Mitarbeiter in der Abteilung Betriebsräte/Mitbestimmung '76 beim Vorstand der IG Metall, Frankfurt.

Hans-Joachim Schabedoth, geb. 1952, Elektromechaniker, Sozialwissenschaftler, Dr. phil., Mitarbeiter der Abteilung Grundsatzfragen beim Vorstand der IG Metall, Frankfurt.

Michael Schlecht, geb. 1951, Dipl.-Volkswirt, Mitarbeiter in der Abteilung Tarifpolitik beim Hauptvorstand der IG Medien, Stuttgart.

Josef Schmid, geb. 1956, Dr. rer. soc., Hochschulassistent an der Fakultät für Sozialwissenschaft an der Ruhr-Universität Bochum.

Jörg Schröder, geb. 1953, Bürokaufmann, Studium der Sozialwissenschaft und Sport, Mitarbeiter in privaten und gewerkschaftlichen Industriegestaltungsprojekten, seit 1989 Berater bei der Innovations- und Technologieberatungsstelle der IG Metall Berlin (im Verein DGB-Technologieberatung e. V.).

Georg Simonis, geb. 1943, Prof. Dr. rer. soc., Lehrstuhl für Internationale Politik/Vergleichende Politikwissenschaften, Fernuniversität Hagen, Leiter der Abteilung »Politische Steuerung« am Wissenschaftszentrum Nordrhein-Westfalen, Institut Arbeit und Technik, Gelsenkirchen.

Horst Tholfus, geb. 1939, Sozialwissenschaftler, wissenschaftlicher Angestellter am Institut zur Erforschung sozialer Chancen (ISO), Köln.

Peter Wedde, geb. 1955, Dr. jur., wissenschaftliche Arbeit im Bereich Arbeitsrecht, Telearbeit, Verwaltungsautomatisierung, verfassungsrechtliche Bewertung von Technologien, Sicherheit von Computersystemen und Verletzlichkeit der Informationsgesellschaft, derzeit juristischer Mitarbeiter des Gesamtbetriebsrats eines multinationalen Computerkonzerns, Hamburg/München.

Walter Weiß, geb. 1952, Dipl.-Sozialwissenschaftler, Wiss. Referent beim Projektträger des SoTech-Programms im Wissenschaftszentrum Nordrhein-Westfalen, Institut Arbeit und Technik, Gelsenkirchen.

Johann Welsch, Dipl.-Volkswirt, Dr. rer. pol., Referatsleiter in der Abteilung Technologie/Humanisierung der Arbeit des DGB-Bundesvorstands.